パーソナル・コンピュータによる心理学実験入門

誰でもすぐにできるコンピュータ実験

北村英哉・坂本正浩 ● 編
KITAMURA Hideya & SAKAMOTO Masahiro

ナカニシヤ出版

はしがき

　本書は，パーソナル・コンピュータを用いて心理学実験を行うための入門書です。さまざまな心理学実験を行うのに，パーソナル・コンピュータが便利なツールであることは説明を重ねるまでもないことでしょう。特に画面上に刺激を提示し，それに対する反応選択や反応時間を測定するようなタイプの実験ではたいへん威力を発揮します。

　学部生や大学院生で，パーソナル・コンピュータを使って実験したいけれども，どうしたらいいかわからないという人は案外大勢いるのではないでしょうか。こういうスキルは結構人づてに伝達されるものも多く，身近な先輩から教わるとか，わたしも反応時間測定サブルーチンを教わって引用させてもらったりなど周囲の人たちにたいへん助けられました。しかし，周りに同じようなことをしている人がいない，周りの人とは違う目的をどうやって実現したらいいかわからないという人もいるでしょう。それに，何より何でも「初めてやること」は敷居が高いものです。

　そこで，本当に心理学実験のパソコン実施の入門になる本を作ろうと思いました。パソコン関係のソフトウェア入門書では，順を追ってソフトを用いていく手順が過剰なくらい詳しく説明されています。よく思うのですが，「人間の学習システム」というのは，コンピュータのプログラムのように逐次的なものではありません。アバウトにまず全体のイメージを構築したり，ひとつできるようになったことをだんだん広げていったりというようなシステムもあるのではないでしょうか。刺激の提示はできるけど，データの書き出しはわからないというように，アンバランスな知識をもっていたりするのが人間です。人が行いやすいのは，他の人のまね，模倣です。運動でも芸術でもみんな模倣から入ります。ですから，この本は，プログラムの模倣から始められるように，とりあえず，動くプログラムを提示，説明して，しかもそれをCD-ROMで付録につけました。ひとつわかって，ひとつ実際に使えるようになるのはとても重要なことで，0と1は大違いだと思っています。ひとつ使えるようになって，興味をもてば，その興味という動機づけをバネに格段に学習が進むことがあります。問題は最初の一歩と興味関心の喚起にあると考えました。

　ここでは，「すぐに動く」プログラムの解説があります。それを実際にあなたのパソコンに打ち込んで行って，動かせば，目の前に刺激がバンと現れる。それはとても嬉しいことだと思います。純粋にゲームのように楽しいのではないでしょうか。

　編者の北村も15年ほど前に，この本と同じ題名でブレーン出版から出版されている市川伸一先生・矢部富美枝先生編の本のプログラムを見ながら，見よう見まねでBasicによる実験プログラムを始めて，パソコンで刺激を提示したときは，本当に嬉しかったです。その3

ヶ月前には，人物情報刺激を提示するのに，人物情報をひとつひとつカードの真ん中に貼り付けて，複数枚のカードをバインダーのようにして，8秒ごとに鳴る音に合わせて実験参加者がめくっていくというような実験を行っていました。「鳴る音」は趣味的にコンピュータで作成した音声刺激をテープで流しましたが，肝心の人物情報をパソコン提示するには至りませんでした。それが，ちゃんとパソコンで刺激提示ができて，しかも反応時間が測定できたときには感激でした。バインダーによる提示では，厳密に「8秒」が守られないことがあるでしょうし，即座の反応が必要な場合は，バインダーと別に質問紙用紙が必要になったりします。パソコンなら記録も自動的にできますし，はじめから電子ベースのデータですから，そのまま，SASなどの統計ソフトウェアで解析ができます。本当に，便利さを実感したものです。最近は，PsyScopeなどを用いていましたが，不勉強で，新たなWindows用の便利なプログラムの仕方など学習せずにいました。意外に近年のWindows環境ベースでのまとまった心理学実験の本は出回っていないように見受けられます（単に不勉強かもしれませんが）。この本は実は，北村が第1番目の「読者」として読みたかった本なのです。そういうわけで，すぐに見よう見まねでプログラムができて，その面白さから本格的にもっと勉強したくなるというような本を作りたかったのです。内容的には，この道にかけては本当に高度な技術をもつ気鋭の研究者である坂本正浩さんに共編者となっていただいて尽力いただきました。普段の坂本さんの仕事ぶりが，この企画を思いつくヒントになったといえます。彼なしにはこの本は実現しませんでした。

　内容の説明をしますと，欲張りなことに，この本は「特定のプログラミングの仕方」だけを伝える本ではありません。なんと7通りもの使い方ができるのです。すでに普段使っているものを刺激提示用に応用するノウハウを示す，PowerPointの活用（1章）から，最近心理学実験で使われることの多い，SuperLab（2章），ステレオタイプの潜在測定（IAT）などでも最近大活躍のInquisit（3章）の説明があります。これらは，実験に適したあるいは，実験用のソフトウェアを活用しているので，プログラミングをしなくても，必要な情報をワープロや画像で普段通り作成して，それを「設定」していくだけで，実験の用意ができあがります。4章ではプログラミングを行いますが，近年よくあるインターネットを用いた実験，調査を説明しています。そして自分でいろいろプログラミングをしてみようという方に，HSP（6章），Visual Basic（7章），Delphi（8章）によるプログラミングを示しました。この本では，お気に入りをひとつでも見つけてもらって，ひとつの章を読むだけでも「1冊買った値打ちがあった」というような本になることを目指しました。もちろんいろいろ比べてもらっても面白いと思います。プログラミングでは必要とされる共通の概念がありますから，5章ではまとめて，そのような概念や共通の「仕組み」の説明を加えました。さらに，欲張って，近年盛んになっているコンピュータを用いた「シミュレーション研究」についても9章でその一端がかいま見られるように取り上げました。わたしたち執筆者は社会心理学研究者ですので，例は，社会心理学実験，さらにいえば，認知的な領域である社会的認知実験が多くなっています。しかし，基本的な使い方さえ学べば，いろいろな分野に応用できますし，それこそがパソコンを用いることが有効である汎用性というものです。自分でプログラミングするだけではなく，実験演習などの授業に活用したり，そのネタ作りをしたりするのにも役立つでしょう。

　いずれも，もっともっと本格的に行うためには，この本では足りません。それぞれ紹介し

てある各プログラミング言語についての専門の本にあたってほしいと思います。そのために参考資料の部分も充実させたつもりです。しかし，いきなりそのような本にぶつかって，逐次的な解説を目にしても，意欲が萎えたり挫折しかねません。何よりもこの本は，「できること」「使えること」の楽しみを体験して，その仕組みを少し知ることで，「こういうものなんだ」というイメージを具体的にして，「自分にもできるぞ」という将来見通しをもってもらって，力強くプログラミングの道を歩んでいく，スタートのきっかけをうまく提供することができればという願いを実現したものです。

　この本をきっかけに「パソコン実験」を上手に活用していただける研究者人口がひとりでも多くふくらんでいけば，著者一同これ以上の喜びはありません。まず，手にとって，「まね」してみてください。

　本書を企画し，このように実現するにあたっては，ナカニシヤ出版の宍倉由高編集長のたいへんなご尽力を頂きました。ここに感謝申し上げます。

　桜満開の４月に

北村　英哉

　プログラムに付けた行番号については，説明の便のために付しています。プログラム入力の際には，行番号を記述する必要はありませんので，ご注意ください。

本書に掲載されている手順・説明などの実行や，付属CD-ROMの使用により万一損害・障害が発生しても，出版社および著作権者は一切の責任を負いません。また，個々の環境に応じた設定方法等についての問い合わせは，固くお断りいたします。

本書で用いたプログラムソフトMicrosoft Windows Operating System, Microsoft DirectX, Microsoft Excel, Microsoft PowerPoint, Microsoft Visual Basic 6.0, Microsoft Visual Basic.NET, Microsoft Visual Studio.NET,は米国Microsoft Corporationの米国およびその他の国における登録商標です。
SuperLabは米国Cedrus Corporationの米国およびその他の国における登録商標です。
Inquisitは米国Millisecond Softwareの米国およびその他の国における登録商標です。
Borland, Delphiは，米国Borland Software Corporationの米国およびその他の国における登録商標／商標です。
またその他，本書に記載した会社名，システム名，個々の製品，個々の言語，個々のプログラムなどは一般に各社・各開発メーカーの商標または登録商標です。
なお，本文中では，基本的にTMおよびRマークは省略しました。

目 次

はしがき　*i*

1 PowerPointによる心理学実験 ……………………………………………………………… 1
　1.1.　PowerPointの特徴と制限　1
　1.2.　文字列の呈示　2
　1.3.　画像の呈示　5
　1.4.　音声の呈示　6

2 SuperLabによる心理学実験 ………………………………………………………………… 9
　2.1.　心理学のための実験開発ソフト　9
　2.2.　SuperLabによる実験作成の基本的な操作　9
　2.3.　よりよい実験を作成するために　20

3 Inquisitによる心理学実験 …………………………………………………………………… 25
　3.1.　閾下プライミング実験　26
　3.2.　潜在連合テスト　37
　3.3.　知っておくと便利な機能　42
　さいごに　44

4 インターネットによる調査と実験 ………………………………………………………… 45
　4.1.　インターネットによる研究の現状　45
　4.2.　インターネットの研究の利点と限界　47
　4.3.　インターネットによる調査と実験の実際　51

5 心理学実験プログラミングの基礎 ………………………………………………………… 61
　はじめに　61
　5.1.　命令と引数　61
　5.2.　変数と定数　63
　5.3.　配　列　65
　5.4.　演算子　67
　5.5.　条件判断　70

5.6. 繰り返し処理　72
5.7. サブルーチン・関数　76
5.8. その他の基礎知識　77
さいごに　83

6　心理学実験プログラミングの実際——HSP編　85
はじめに　85
6.1. HSPを使用するにあたって　85
6.2. 文字刺激・画像刺激の呈示　88
6.3. 音声刺激・動画刺激の呈示　95
6.4. ファイル入出力　97
6.5. キー入力情報の取得　100
6.6. 時間制御　102
6.7. DirectXプログラミング　105
さいごに　108

7　心理学実験プログラミングの実際——Visual Basic編　109
7.1. はじめに　109
7.2. フォームとさまざまな道具——ミュラー＝リヤーの錯視を題材に　110
7.3. プログラムの実行と保存　115
7.4. 態度の類似性と対人魅力の実験デモンストレーション　116

8　心理学実験プログラミングの実際——Delphi編　125
8.1. Delphiとは　125
8.2. Delphiの基本特性　130
8.3. 文字列呈示のプログラム　135
8.4. 結び　139

9　シミュレーション・プログラミングの実際——Delphiの応用　141
9.1. コンピュータシミュレーション　141
9.2. 内集団の多様性認知——Linvilleらの計算モデル　142
9.3. 組織における男性支配——Martellらの計算モデル　151
9.4. 結び　158

資　料　161
資料1. ハードウェアの紹介　161
資料2. ソフトウェアの紹介　162
資料3. 読書ガイド　162
資料4. インターネット上の情報　166

PowerPointによる心理学実験

1.1. PowerPointの特徴と制限

　本章では，Microsoft Office PowerPoint（以下，PowerPointと略記）を用いた心理学実験の方法について紹介する。PowerPointは，Microsoft社によるビジネス用アプリケーション・ソフトウェアのパッケージ製品であるMicrosoft Officeに含まれるプレゼンテーション用ソフトウェアである。

　さて，PowerPointには「スライドショー」という機能が用意されており，作成した複数のスライドを次々に切り替えながら，それらの全画面表示を行うことが可能である。したがって，個々のスライドを刺激画面として作成することにより，簡単な心理学実験を行うことが可能である。スライドの切り替えが，特定のキー押下，あるいは時間を指定しての自動切り換えによる点も心理学実験に適しているといえよう。また，最初の（あるいは任意の）スライドから順に表示していくだけでなく，個々のスライドをあらかじめ指定した順序で表示する「目的別スライドショー」機能を利用することにより，凝視点呈示画面や空白画面など，実験中に複数回呈示する画面については，1枚のスライドを使い回すことが可能である。

　以上のように用途を刺激呈示のみに限れば簡単な心理学実験を実施することが可能であるが，以下のような制限が存在する点に注意が必要である。

1）刺激呈示時間が秒単位でしか指定できない　PowerPointでは秒単位でしかスライド切り替えの指定ができないため，どのような対策も不可能である。ただし，秒単位の刺激呈示時間の制御で十分な場合も多いであろうから，これが制限となるか否かは実験パラダイムに依存する（注1）。

2）キー押下反応を指標とする実験ができない　PowerPointでは，スライドショー実行中のキー入力を記録することができない。また，一部のキーはスライドショーの制御のために予約されている。それらのキーを押した場合には，スライドが切り替わってしまったり，スライドショーが終了してしまう。

3）刺激呈示からキー押下までの反応時間が測定できない　2）の制限により，キー押下による反応時間を取得することはできない。

　こうした制限はあるものの，PowerPointでは，秒単位での刺激呈示や特定のキー押下による刺激画面の切り替えが可能であり，厳密な時間制御やキー押下による反応取得を必要と

しない多くの実験パラダイムにとっては非常に手軽で有用なツールであるといえよう。次節以降では，PowerPointによりそのような心理学実験を行うための具体的な方法を解説する。なお，本章で引用した画面は，すべて最新版であるPowerPoint 2003のものである。

1.2. 文字列の呈示

　本節では，ディスプレイ上に文字列を視覚刺激として呈示する実験の方法について解説する。ここでは，例として「リンゴ」「ミカン」「ブドウ」という，それぞれ3文字からなる片仮名で表記された果物名を刺激として呈示する場合の作業手順を示す。

1.2.1. 刺激スライドの作成

　最初に行う作業は，刺激スライドの作成である。1刺激につき1スライドとして，必要なスライドを作成する。また，スライドショー実行時にディスプレイ上に表示されるのはスライドのみであるので，空白画面などもスライドとして作成しておく必要がある。ここで想定した実験の方法は，以下の通りである。

　刺　激　「リンゴ」「ミカン」「ブドウ」の3語。
　手続き　実験開始に先立ち，画面上には「Enterキーを押すと実験が始まります」との教示が表示されており，被験者がキーボードのEnterキーを押すことにより実験が開始される。まず画面中央に凝視点（＋）が1秒間呈示され，続いて刺激語が1秒間呈示される。試行間インターバルは1秒間であり，その間は空白画面が呈示される。実験は9試行からなり，3語の刺激語はランダムに3回ずつ呈示される（注2）。9試行目が終了すると，画面上に「実験が終了しました（改行）実験者の指示をお待ち下さい」との教示が表示される。画面の背景は常に黒色であり，教示，凝視点，および刺激語はすべて白色で呈示される。

　したがって，この実験で必要なスライドは，①最初の教示画面，②空白画面，③凝視点呈示画面，④刺激画面（3種類），⑤最後の教示画面の合計7枚となる（図1-1）。教示画面や凝視点呈示画面，刺激画面については，スライド上にテキストボックスを配置することにより

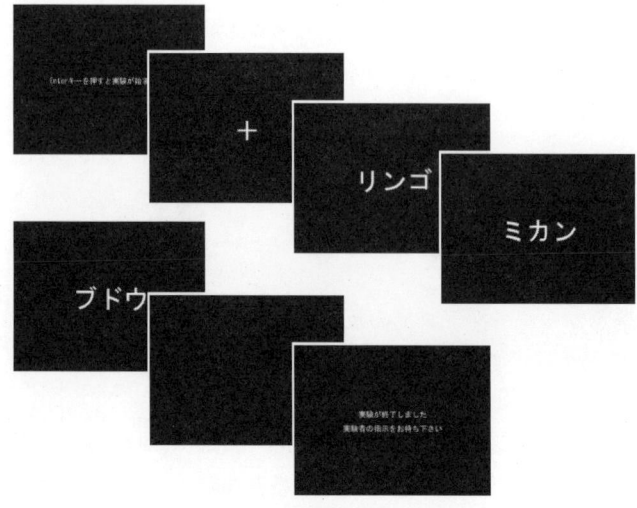

図1-1　準備するスライド一覧

容易に作成可能である。テキストボックスを挿入するには，メニューから「挿入」-「テキストボックス」の順に選択する。刺激呈示位置は，このテキストボックスの位置を移動させることで調整する。細かい位置調整を行うには，ルーラーを利用するとよい（ルーラーが表示されていない場合，メニューから「表示」-「ルーラー」の順に選択する）。刺激文字列のフォントやサイズ，色などは，ツールバーのドロップダウンリストやボタンから操作可能である。

　また，スライドの背景色は，スライド上で右クリックして表示されるメニューから「背景」を選択すると表示される「背景」ダイアログから操作可能である。したがって，空白画面については，背景色の操作のみで作成可能である。刺激によって異なる背景色が必要な場合には，オートシェイプから四角形を選択してスライド上に配置するとよい（メニューから「挿入」-「図」-「オートシェイプ」の順に選択し，表示される「オートシェイプ」ツールバーの「基本図形」ボタンをクリックし，「四角形」を選択する）。オートシェイプの色を変更するには，オートシェイプ上で右クリックして表示されるメニューから「オートシェイプの書式設定」を選択すると表示される「オートシェイプの書式設定」ダイアログの「色と線」タブから操作を行う。なお，PowerPoint 2002以降ではスライド単位で背景色の指定が可能であるので，これを利用するとよい。前述の「背景」ダイアログで「適用」ボタンをクリックすると，選択されているスライドのみに背景の設定が適用される（すべてのスライドに同一の設定を適用するには「すべてに適用」ボタンをクリックする）。

1.2.2. 画面切り替えのタイミングの設定

　個々のスライドを作成したら，それらを切り替える条件（タイミング）の設定を行う。メニューから「スライドショー」-「画面切り替え」の順に選択すると，「画面切り替え」ダイアログ（PowerPoint 2002以降では作業ウィンドウ）が表示される。ここで，画面切り替えのタイミングとして「クリック時」「自動的に切り替え」のいずれか，あるいは両方を選択することができる（図1-2）。「クリック時」を選択すると，画面をクリックしたとき，あるいは特定のキー（N・スペース・Enter・PageDown・下カーソル・右カーソルのいずれか）が押されたときに画面が切り替わるよう設定される。また，「自動的に切り替え」を選択すると，指定した時間の経過を待ってから画面が切り替わるよう設定される（図1-2では1秒）。「クリック時」「自動的に切り替え」の両方を選択した場合には，クリック時，あるいは指定した時間の経過後に画面が切り替わる。

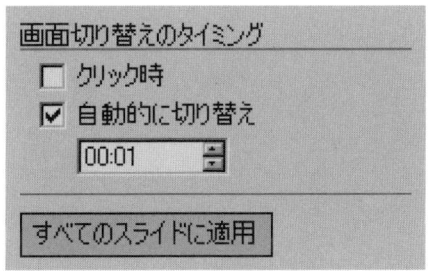

図1-2　画面切り替えの設定を行うための作業ウィンドウ（部分）

さて，設定の適用方法についてはPowerPointのバージョンにより若干異なるのでご注意いただきたい。PowerPoint 2002以降では，前述の設定を行うだけで選択されているスライドに対して設定が適用され，「すべてのスライドに適用」ボタンをクリックすることにより，すべてのスライドに同一の設定が適用される。PowerPoint 2000では，「適用」あるいは「すべてに適用」ボタンをクリックすることにより，選択されているスライドに対して，あるいはすべてのスライドに対して設定が適用される。

1.2.3. 目的別スライドショーの作成

次に，刺激スライドの呈示順序を設定するために，目的別スライドショーを作成する。メニューから「スライドショー」-「目的別スライドショー」の順に選択すると，「目的別スライドショー」ダイアログが表示される（図1-3）。ここで，「新規作成」ボタンをクリックすると，「目的別スライドショーの設定」ダイアログが表示される（図1-4）。「目的別スライドショーの設定」ダイアログ最上部の「スライドショーの名前」ボックスには，任意の名前を入力すればよい（ここでは「文字列呈示実験」とする）。左側の「プレゼンテーション中のスライド」ボックスには，作成したスライドの一覧が表示される。ここで任意のスライド

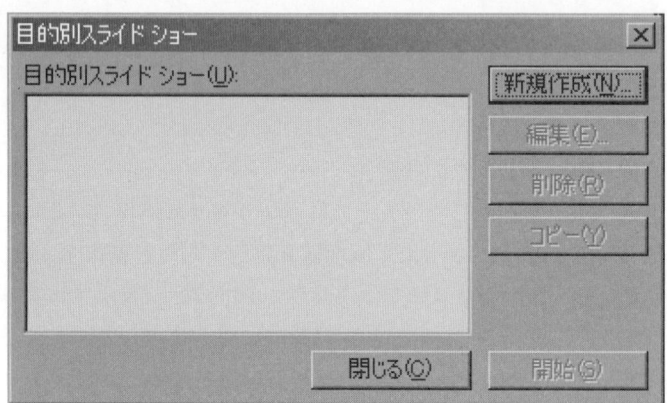

図1-3 「目的別スライドショー」ダイアログ

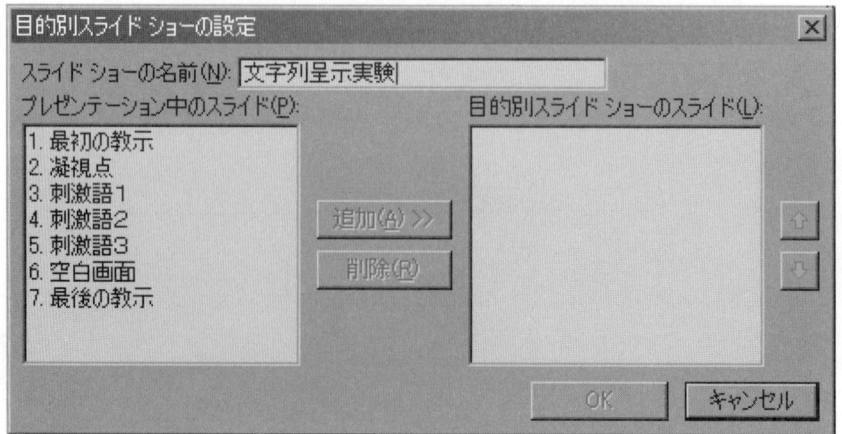

図1-4 「目的別スライドショーの設定」ダイアログ

を選択し，中央の「追加」ボタンをクリックすると，そのスライドが右側の「目的別スライドショーのスライド」ボックスに追加される。このようにして，必要なスライドを必要な回数だけ「目的別スライドショーのスライド」ボックスに追加していく。追加後のスライドの順序は，ダイアログ右端の矢印ボタンをクリックすることで変更可能である（作成した目的別スライドショーのスライドは，「目的別スライドショーのスライド」ボックスに表示されている順で表示される）。なお，ダイアログ中央の「削除」ボタンをクリックすることにより，追加後のスライドを「目的別スライドショーのスライド」ボックスから削除することが可能である。

設定が完了したら，ダイアログ右下の「OK」ボタンをクリックし，「目的別スライドショー」ダイアログに戻る。

1.2.4. 目的別スライドショーの実行

目的別スライドショーを実行するには，まず「目的別スライドショー」ダイアログを表示させ，「目的別スライドショー」ボックスから実行する目的別スライドショーを選択する。次に，ダイアログ右下の「開始」ボタンをクリックすると，選択された目的別スライドショーが開始される。

1.2.5. 補足事項

1）空白画面の利用について　本節では，試行間インターバルで呈示する画面として空白画面を利用したが，実験開始前，あるいは実験終了後にPowerPointの操作画面を被験者に見せることが好ましくないような場合にも空白画面を利用するとよい。たとえば，目的別スライドショーの最初と最後のスライドを空白画面にしておき，最初のスライドの「画面切り替えのタイミング」を「クリック時」としておく。目的別スライドショーの実行後に被験者を実験室に入室させ，被験者（あるいは実験者）のキー操作により実験を開始させれば不要な画面を見せることなく実験を開始することが可能である。

2）マウスの使用について　スライドショー実行中にマウスを操作すると，画面上にカーソルが表示されてしまうだけでなく，画面左下には各種の操作を行うための「ナビゲーションボタン」が表示されてしまう。これを回避するには，キーボードのみで操作を行い，マウスは被験者の手の届かない場所に設置しておく必要がある。

ここで紹介した実験は，char.pptというファイル名で付録CD-ROMに収録した。各スライドの画面切り替えのタイミングの設定や目的別スライドショーの設定など，参考にしていただきたい。

1.3. 画像の呈示

刺激として画像を呈示する実験を実施する場合も，基本的な手順は前節で解説した文字列の場合と同様である。ここでは，例として「赤」「青」「黄」の3色のカラーパッチを刺激として呈示する場合の作業手順について解説する。

まず，呈示すべき画像ファイルを用意する。本節で使用するようなカラーパッチであれば，

Microsoft ペイント等のソフトウェアでも簡単に作成可能である。もちろんデジタルカメラ等で撮影した写真を刺激として用いる場合でも，以下の手順は同様である。ここで想定した実験の方法は，以下の通りである。

刺　激　「赤」「青」「黄」の3色のカラーパッチ。
手続き　実験開始に先立ち，画面上には「Enterキーを押すと実験が始まります」との教示が表示されており，被験者がキーボードのEnterキーを押すことにより実験が開始される。まず画面中央に凝視点（＋）が1秒間呈示され，続いてカラーパッチが1秒間呈示される。試行間インターバルは1秒間であり，その間は空白画面が呈示される。実験は9試行からなり，3種類のカラーパッチはランダムに3回ずつ呈示される。9試行目が終了すると，画面上に「実験が終了しました（改行）実験者の指示をお待ち下さい」との教示が表示される。画面の背景は常に黒色であり，教示および凝視点はすべて白色で呈示される。

　したがって，この実験で必要なスライドは，①最初の教示画面，②空白画面，③凝視点呈示画面，④カラーパッチ（3種類），⑤最後の教示画面の合計7枚となる。教示画面，凝視点呈示画面，および空白画面の作成方法については，前節と同様である。スライドに挿入する画像ファイルは，メニューから「挿入」-「図」-「ファイルから」の順に選択すると表示される「図の挿入」ダイアログで指定する。画像ファイルの挿入後，スライド上の画像の位置を調整するにはルーラーを表示しておくとよい（1.2.1.参照）。スライド上に挿入された画像に対しては，「図」ツールバーの操作によってコントラストや明るさの調整，トリミング，回転などの操作を行うことが可能であるが，そのような処理はスライドへの挿入前に行っておくべきであろう。

　画面切り替えのタイミングの設定，および目的別スライドショーの作成と実行については，前節で解説した文字列の呈示を行う場合と同様である。

　ここで紹介した実験は，pict.pptというファイル名で付録CD-ROMに収録した。各スライドの画面切り替えのタイミングの設定や目的別スライドショーの設定など，参考にしていただきたい。

1.4. 音声の呈示

　刺激として音声を呈示する実験を実施する場合も，基本的な手順は文字列や画像の呈示を行う場合と同様である。ここでは，例としてピッチの異なる3種類の音（低音・中音・高音）を刺激として呈示する場合の作業手順について解説する。

　まず，呈示すべき音声ファイルを用意する。PowerPoint 2003では，WAV形式をはじめ，MIDI形式，MP3形式など，非常に多くの音声ファイルを扱うことが可能である（ただし，MIDI形式のファイルは，環境により再生にタイム・ラグが生じるなどの問題が発生する可能性が高く，刺激として使用するには注意が必要である）。ここで想定した実験の方法は，以下の通りである。

刺　激　ピッチの異なる3種類の音。

手続き　実験開始に先立ち，画面上には「Enterキーを押すと実験が始まります」との教示が表示されており，被験者がキーボードのEnterキーを押すことにより実験が開始される。まず刺激呈示開始の合図として画面中央に凝視点（＋）が1秒間呈示され，続いて刺激音が1秒間呈示される。刺激音呈示中，ディスプレイには空白画面が表示される。試行間インターバルは1秒間であり，その間は空白画面が呈示される。実験は9試行からなり，3種類の刺激音はランダムに3回ずつ呈示される。9試行目が終了すると，画面上に「実験が終了しました（改行）実験者の指示をお待ち下さい」との教示が表示される。画面の背景は常に黒色であり，教示および凝視点はすべて白色で呈示される。

したがって，この実験で必要なスライドは，①最初の教示画面，②空白画面，③凝視点呈示画面，④刺激音呈示画面（3種類），⑤最後の教示画面の合計7枚となる。教示画面，凝視点呈示画面，および空白画面の作成方法については，前節と同様である。刺激音呈示画面はいずれも空白画面であるが，呈示される刺激音によって異なる音声ファイルが挿入されるため，3種類用意する必要がある。

スライドに挿入する音声ファイルは，メニューから「挿入」-「ビデオとサウンド」-「ファイルからサウンド」の順に選択すると表示される「サウンドの挿入」ダイアログで指定する。ここで，任意の音声ファイルを選択して「OK」ボタンをクリックすると「スライドショーでサウンドを自動的に再生しますか？」と尋ねるメッセージボックスが表示されるので（図1-5），「自動」ボタンをクリックし，スライドの切り替えと同時に音声ファイルが再生されるよう設定する。

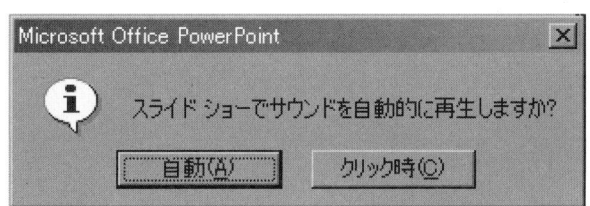

図1-5　サウンドの自動再生設定メッセージボックス

サウンドを挿入すると，スライド上にはサウンドのアイコンが表示されるが（図1-6），多くの実験では不要な刺激となろう。そこで，これを右クリックして表示されるメニューから「サウンドオブジェクトの編集」を選択すると，「サウンドオプション」ダイアログが開く（図1-7）。ここで，「表示オプション」の「スライドショーを実行中にサウンドのアイコンを隠す」をチェックしておくと，スライドショー実行中にはアイコンは表示されない。また，「再生オプション」の「音量」ボタンをクリックすることで再生時の音量を調整できるが，そのような処理はスライドへの挿入前に行っておくべきであろう。

図1-6　サウンドのアイコン

画面切り替えのタイミングの設定，および目的別スライドショーの作成と実行については，文字列や画像の呈示を行う場合と同様である。

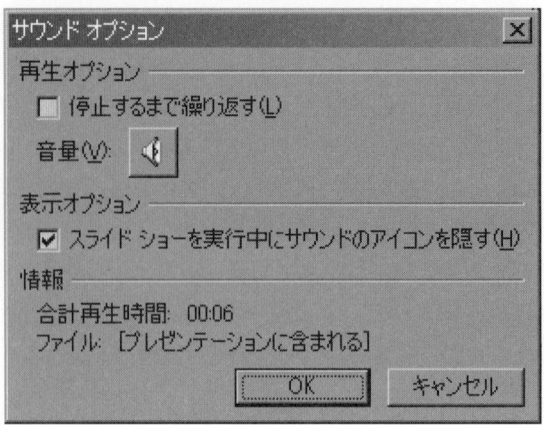

図1-7 「サウンドオプション」ダイアログ

　ここで紹介した実験は，sound.pptというファイル名で付録CD-ROMに収録した。各スライドの画面切り替えのタイミングの設定や目的別スライドショーの設定など，参考にしていただきたい。

　以上のようにいくつかの制限はあるものの，秒単位で視覚・聴覚刺激を呈示するだけでよく反応時間の測定などが不要な場合には，PowerPointは十分実用的なソフトウェアであるといえよう。しかしながら，ここで紹介したような単純な刺激呈示だけではなく，より複雑な手続きが必要な実験（たとえば，被験者の反応内容によって次に呈示される刺激が決定されるような場合）や，反応時間の測定が必要な実験を計画した場合には，2章以降で紹介する各種のソフトウェアを使用したり，5章以降で解説するように自分自身でソフトウェアを開発しなければならない。PowerPointほど手軽に利用できるものばかりではないが，まずは各章で提供されているサンプルを実行してみるところから始めていただければ幸いである。

（注1）PowerPointでは，秒単位でスライドの切り替えを行うことが可能であるが，その精度はMicrosoft Windows Operating Systemのタイマの分解能に依存する点に注意が必要である（詳細は，第5章5.8.5.参照）。
（注2）PowerPointには，スライドを無作為に並べ替える機能はない。したがって，あらかじめ乱数表を用いるなどして，刺激の呈示順序を決めておく必要がある。

SuperLabによる心理学実験

2.1. 心理学のための実験開発ソフト

　今日までに人間の認知過程を明らかにするために心理学ではさまざまな方法が発案されてきた。現在では，そのような方法の多くをコンピュータ上で再現できるようになった。自ら実験を再現してみることはそこで用いられた技法や知見の理解を深めるばかりではなく，新たな実験の計画にも貴重な洞察を促すだろう。本章で紹介するSuperLabは，心理学実験作成のための最も強力なツールのひとつである。

　SuperLabは，心理学実験の開発・実施を支援するツールとして米国のCedrus Corporationによって開発された。SuperLabの最大の特徴は，汎用コンピュータ上で画像刺激や音声刺激を呈示し，ミリ秒単位で反応の測定を行う実験を，マウスをクリックしていくだけで作成できる点にある。ウインドウズやマックなどのグラフィカルユーザーインターフェイスの利用さえできれば，画面上の刺激呈示位置や呈示のタイミング，反応に応じたフィードバックなどをオプションから選択していくだけで作成，変更できるように設計されている。つまり，心理学実験に必要な大抵の機能をプログラムの知識なしで作成できるため，初学者にとってはきわめて使い勝手がよい。また，個人購入も学割制度などのサービスを用いれば大変入手しやすい（詳細は，Cedrus Corporationのホームページ，http://www.cedrus.com/を参照）。2003年現在で，最新版はSuperLab version2.0である。

　本章では，例としてストループ課題（Stroop, 1935）を単純化した実験の再現を行いながら，SuperLabによる実験開発の基本操作を解説し，SuperLabを使いこなすためのテクニックについて説明していく。ここでの説明は付属のサンプル刺激に対応している。

2.2. SuperLabによる実験作成の基本的な操作

　では，SuperLabを活用した基本的な心理学実験作成の流れをみていくことにしよう。SuperLabでは，クリックして選択を繰り返していくだけで必要な機能をもつ実験を作成していくことができる。とはいえ，SuperLabの操作は英語で行われることもあり，初心者は，まずその選択肢の多さや手順に戸惑うかもしれない。SuperLabで実験を作成するコツとして，始めから完全な実験を作ろうとせずに，まずは基本的な機能の作成を行い，その後必要に応じて変更や追加機能を加えていく方法がよいだろう。

本節では，付属に単純なストループ色名命名課題の簡易版をサンプル刺激として用意した。これに基づき基本的な実験作成の流れを見ていくために，まずストループ色名命名課題について簡単に述べておく。

　ストループ（1935）は，互いに連合の強い2つの属性は互いの処理に干渉し合うことを発見した。たとえば，言葉の意味とは異なる色のついた色名単語の色を命名する際には（赤色のインクで書かれた青という文字に対してアカと命名する），無意味な色パッチを命名するよりも反応が遅くなる。ストループは干渉の強度は連合の強度と関わるという仮説を立て，それを検討する実験を計画した。実験では連続して呈示される5色のインクで書かれた5種類の文字と，やはり5色のインクで書かれた無意味な色パッチに対する反応（インクの色の命名）にかかった時間を比較している。付属の実験サンプルでは，以降の説明とその例をわかりやすくするために，上記のオリジナルの実験を簡易化して赤，青，緑の三色だけを用いる。よって，本節では，説明を通じて簡易版のストループ色名命名課題が作成できるようになることを目的している。

2.2.1. SuperLabの起動と実験エディタの基本仕様

　SuperLabを立ち上げると，最初に3つのリスト，イベント（Events），トライアル（Trials），ブロック（Blocks）で構成された実験エディタを見ることができる。「イベント」とは実験の最小単位であり，刺激そのものや制御シグナルの設定などを格納しておく場所である。「トライアル」は1つ以上のイベントの集合であり，「ブロック」はそのトライアルの集合である。実験はこの「イベント」「トライアル」「ブロック」を組み合わせることで作成され，実験実行のためには1つ以上のブロック，1つ以上のトライアル，1つ以上のイベントが関連づけられている必要がある。これは，SuperLabでの実験作成の基本なのでしっかりと頭に入れておきたい。

　起動直後は，図2-1のように，ブロックのリストには青枠がかかっている。これはそのリストが現在アクティブな状態であることを示しており，他のリストにマウスのカーソルを合わせてクリックすると青枠が移動し，そのリストがアクティブになる。

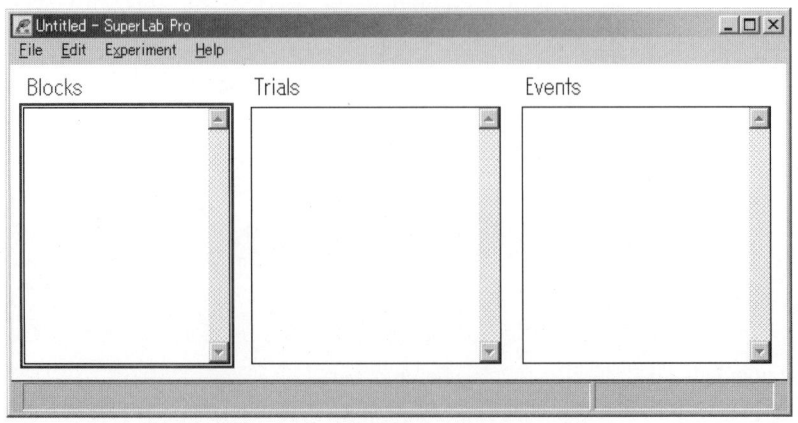

図2-1

　SuperLabによる実験作成は，大きく分けて「作成ステップ」と，「リンキングステップ」の2つのステップで構成されているといえる。まず，作成ステップで，イベント，トライア

ル，ブロックの順でそれぞれを作成し，リンキングステップでそれらの関連づけを行う。どのような実験作成でも，その作成の流れは基本的に一緒である。

では，さっそく作成環境に親しむために新規ブロックを1つ作成し，SuperLabの画面がどのように変化するのかをみてみよう。以下のステップを実行してみよう。

- 「Edit」メニューをクリック。するとメニューが表示される。
- 「One New Block」を選択。するとブロックエディタのダイアログが表示される。
- 「Instructions」と入力してOKボタンをクリック。するとブロックエディタが閉じ，「Instructions」がブロックのリストに入る。

これで新規ブロックが1つ作成されたことになる。本節の例では，後にこのブロックを教示の呈示に用いていく。SuperLabでは，アクティブなリストに応じてメニュー内容が自動的に変化し，効率よく作成できるようになっている。試しに，続いて実験エディタ上でトライアルのリストをクリックしてほしい。青枠が移動してトライアルのリストがアクティブになる。そして，「Edit」メニューを再びクリックすると，先ほどと異なるメニューが表示されるのが確認できるだろう。

ここでは，一旦トライアルの作成を後回しとして，先に実験に使用するキーの指定から始めていこう。

2.2.2. 反応キーを指定する

トライアルやイベントを作成する前に，先ずは参加者が使用する反応キーをあらかじめ指定しておくのがよいだろう。反応キーは自由に設定することができるので，参加者にとってわかりやすい組み合わせを選ぶとよいだろう。ここでは，ストループ課題で参加者に命名を求める色の数に応じてZ（青），X（緑），C（赤）の3つを指定することにする。これを行うには，以下の手順を踏む。

- 「Experiment」メニューをクリックし，「Responses」を選択する。レスポンスエディタが表示される。
- レスポンスエディタ内の「New」ボタンをクリック。すると反応キーを入力するための小さなダイアログが表示される。
- Zキーを一回押して，「OK」ボタンをクリック。これでZキーが使用可能となる。
- 「New」ボタンを再びクリック，Xを一回押して，「OK」ボタンをクリック。

上記の操作を繰り返して，Z, X, Cの3種類のキーを使用可能にする。なお，入力はすべて大文字で表示され，ここで小文字と大文字は区別されない。上記の手順を繰り返すことで，SuperLabでは，1〜11文字（半角）のキー反応を最大64種類指定することができる。

2.2.3. イベントを作成する

次に，実験の最小単位であるイベントを作成する。イベントには，参加者に呈示する刺激，その刺激に対する正誤反応の設定，参加者からの反応に応じたフィードバックなどが含まれるため，慎重に作成していきたい。SuperLabでは作成したイベントの多くはその場で確認できるので，納得がいくまで繰り返して完成させるとよいだろう。作成の手順は以下の通りである。

- 実験エディタ上のイベントリストをクリックしてアクティブにする。
- 「Edit」メニューから「One New Event」を選択してイベントエディタを表示させる。

イベントエディタはInputセクション，Feedbackセクション，Eventセクションの3つのプロパティシートに分かれており，各ボタンを押すことでセクションが切り替わるようにできている。呈示する刺激内容の指定はEventセクションで，イベントに対する正誤反応の設定はInputセクションで，そして反応に対してフィードバックを返す条件の設定などはFeedbackセクションで行われる。

まずは，呈示刺激を設定するEventセクションの操作方法から解説を始める。SuperLabでは，通常は以下の4種類のイベントを選択することができる。

- 刺激間隔（Inter-Stimulus Interval（ISI））：刺激間の遅延時間。
- 画像ファイル（Picture File）：ビットマップ形式（.BMP）の画像ファイルを描写。
- 音声ファイル（Sound File）：WAVE形式（.WAV）の音声ファイルを再生。
- 文字（Text）：文字刺激を呈示。フォント，サイズ，フォントカラーを編集可能。

「Event Type」のコンボボックスをクリックすると，使用中のパソコンの設定に応じて作成可能なイベントのリストが表示される。1つのイベントを選択すると，その種類に応じた内容にイベントエディタが自動的に変化する。ここの例では，参加者への教示が書かれた画像ファイル「instructions.bmp」の呈示を設定していく。

- 「Event」ボタンをクリックしてイベントセクションに切り替える．
- 「Event Type」のコンボボックスから，「Picture File」を選択する。
- 「File」ボタンをクリックして，「ファイルを開く」のダイアログを表示させる。
- 「..¥stroop」フォルダ内の「instructions.bmp」を選択して「OK」ボタンをクリック。

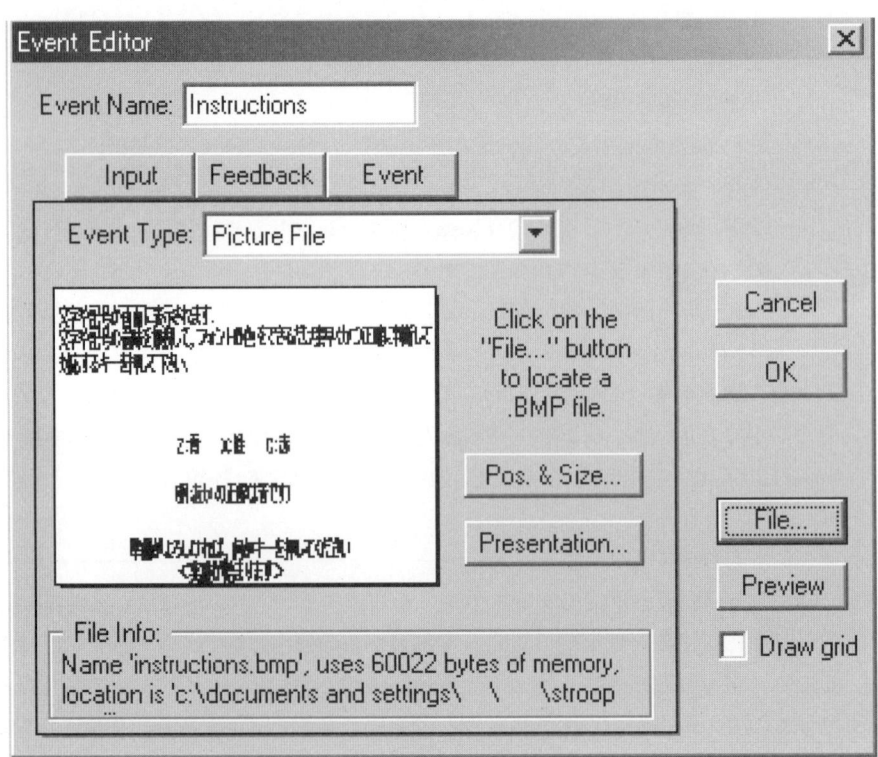

図2-2

すると，選択した画像の縮小版とファイル情報が表示されることが確認できる（図2-2）。あらかじめイベント名を指定していなければ，拡張子を除いた画像ファイル名がEvent Nameフィールドに自動挿入される。これを変更する必要はないが，以後同じイベント名が重複しないように注意しよう。

それでは，たった今指定した画像ファイルが実験実行中には実際にどのように表示されるのかをプレビューしてみよう。

・「Preview」ボタンをクリックすると，プレビュー画面が表示される。

初期設定では，画像は元のサイズで水平垂直に中央揃えされている。また，画面の左下端には画像呈示にかかった時間がミリ秒単位で表示される。プレビューからイベントエディタ画面には，マウスのクリックかキー押しで戻る。付属の刺激例では，初期設定をそのまま用いることができるように作成されているが，呈示位置と表示サイズは自由に調整することができる。これには，「Pos.&Size…」ボタンを用いる。

呈示位置とサイズの編集
- 呈示位置
  - 水平中央揃え：「Center picture horizontally」のチェックボックスをオン。
  - 垂直中央揃え：「Center picture vertically」のチェックボックスをオン。
  - 位置を指定：「Picture Position」エディットフィールドで，画面中央を0地点として刺激の中央位置をピクセル単位で数値を指定する。
- サイズ
  - オリジナルサイズで表示：「Original picture frame」のラジオボタンを選択。
  - 画面に合わせて拡大・縮小：「Scale to fit display」のラジオボタンを選択。
  - サイズを指定：「My own frame size」のラジオボタンを選択。「Picture Size」エディットフィールドで，縦横のピクセル数を指定する。

また，これ以外にもSuperLabでは，実験に応じて呈示の制御も任意に変更できるので，実験作成時には覚えておくと便利である。

画像呈示の制御（「Presentation」ボタンをクリック）
- 「Erase screen before presenting stimulus」：チェックボックスをオフにすると，呈示された刺激が消されずに残り，複数の視覚刺激が重ねて呈示される。
- 「Use off screen buffering」：チェックボックスをオンにすると，実行時に作成されたオフスクリーンバッファリングに画像をコピーしておいて利用時の処理を速める。
- 「Make picture back ground transparent」：チェックボックスをオフにすると刺激フレーム内の映像がすべて上書きされる。
- 「Wait__ms before starting to draw」：指定した時間遅延して描画を開始する。

プレビューで刺激を確認した後，「OK」ボタンをクリックすると，イベントエディタが閉じて実験エディタに戻る。イベントリストには「Instructions」が追加されているはずである。先頭に見られる菱形"◇"については，後のリンキングの際に説明する。

ストループ課題の実験では，教示用の「instructions.bmp」ファイルの他にもたくさんの文字刺激の画像ファイルを使っている。このストループ簡易版の例では，青と緑と赤の3色だけを使用するが，「bluegreen.bmp」「bluered.bmp」「bluexxx.bmp」「greenblue.bmp」 「greenred.bmp」「greenxxx.bmp」「redblue.bmp」「redgreen.bmp」「redxxx.bmp」の9つのファイルの視覚刺激を用いることになる。これらのファイルは，内容に応じた名称が与えられ一目で内容が分かるようになっている。たとえば，「bluegreen.bmp」は青い色で書かれた「みどり」，「redxxx.bmp」は赤い色で書かれた「※※※」（パッチ）である。これらの9つについて，先ほど行った教示（「instructions.bmp」）の場合と同様にイベントを作成していく。

・イベントリストをアクティブにして，「Edit」メニューから「Many New Events」を選択する。これは「One New Event」と内容は同じだが，「Done」ボタンをクリックするまでイベントエディタが閉じずに残る。
・「File」ボタンをクリックして，最初の刺激，「bluegreen.bmp」ファイルを開く。
・イベントエディタ上で「OK」をクリックしてもイベントエディタが残るので，続けてイベントが作成できる。

上記の操作を残りのファイルでも繰り返す。すべての画像ファイルの指定が完了したら，最後に「Done」ボタンをクリックしてイベントエディタを閉じる。これでイベントリスト内には教示と視覚刺激を含む合計10個のイベントが作成されたことになる（図2-3）。

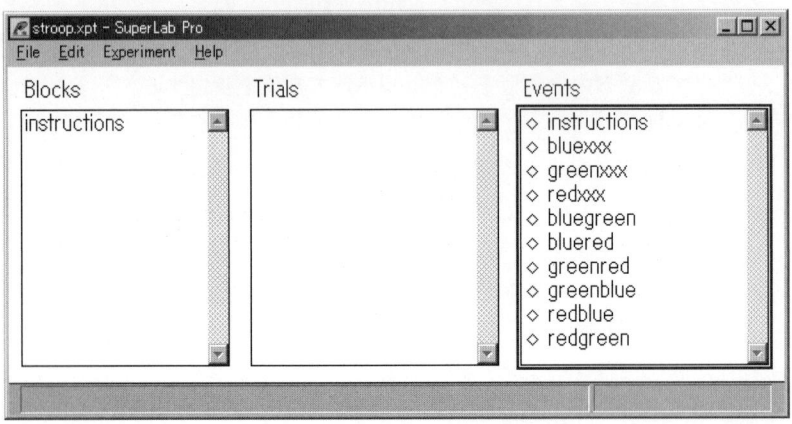

図2-3

2.2.4. インプットの設定

続いて，Inputセクションにおいて，参加者から入力されてくる情報の設定を行う。この例のストループ課題の実験では，参加者が正反応を返すまで刺激が画面に呈示されたままになるように設定したい。そのためには，刺激のフォントカラーに応じた色のキー入力を正反応として認識させておく必要がある。

慣れないうちは，この設定が最も混乱しがちである。まず正反応の定義から行うとよい。通常，設定すべき内容は，複数のイベント間で共通のものと，個々のイベントで異なるものがある。まずは参加者が正反応を返すまで，他の処理がストップする共通の設定から以下に示す。

・イベントリスト内の「bluegreen」をクリックすると，「bluegreen」が反転し，選択された状態になる。
・Shiftキーを押しながら「redxxx」をクリックすると，並んでいる9個の文字刺激イ

ベントがすべて反転した状態になる。このように，Shiftキーを押すことで連続する複数の項目を同時に選択することができる。また，Ctrlキーを使えば連続していない項目も複数選択することができる。たとえば，Ctrlキーを押しながら「greenxxx」をクリックすると「greenxxx」のみ反転が解除される。もう一度クリックすれば再び反転される。複数のイベントを同時に選択した状態で行われた編集はすべてのイベントに反映される。

- 「Edit」メニューから「Edit Event」を選択し，イベントエディタを表示させる（他の方法として「Enter」キーを押すことでも編集画面が開ける）。
- 「Input」ボタンをクリックしてInputセクションに切り替える。
- 「Correct key」のラジオボタンをクリックして，「OK」をクリック。他の設定はひとまず初期設定のままにしておく。

これで参加者が正反応を返すまで処理がストップするように設定された。また，この処理は選択されている4つの刺激すべてに反映されている。次に，イベントごとに異なる正反応の設定を行っていく。

- イベントリスト内で，「bluegreen」のみを選択して，「Edit」メニューから「Edit Event」を選択する（リスト上でダブルクリックをしてもイベントエディタが開く）。
- 「Correct response」のコンボボックスから適切な正反応を選択する。「bluegreen」の正反応はZ（青）なので，「Z」を選択する。
- 「OK, Next」ボタンをクリックして，次のイベントの編集に移る。イベントエディタには「OK, Next」と「OK, Previous」のボタンがあり，変更を加えながらイベントリストを次々にブラウズすることができる。
- 上記の操作を繰り返して，9つすべての刺激の正反応を定義する。
- 「OK」ボタンをクリックしてイベントエディタを終了する。

また，教示用のイベント「Instructions」については，文字刺激のイベントとは異なった設定を行わなくてはならない。ここでは，参加者が読み終えるまで教示が表示され，参加者が教示を読み終えた後は，どのボタンを押しても実験試行に入ることができるように設定する。

- イベントのリストで「instructions」をダブルクリックし，イベントエディタを開く。
- 「Event accepts user input」はオンにする。
- 「Record and save response」はオフにする。
- 「End event」は「Only after criterion response」を選択する。
- 「Event-Ending Response」は「Any key」を選択する。
- 「OK」ボタンをクリックしてイベントエディタを終了する。

これで，ストループ課題において必要なイベントとインプットの設定は終えた。
SuperLabでは，これ以外にもインプットセクションでは次の設定が可能である。

- 「Event accepts user input」：入力を受け付ける。
  - 参加者の反応を求める刺激や入力待ち画面，時間経過待ち画面の場合もオンにする。刺激間隔（ISI）などの場合はオフにする。
- 「Record and save response」：反応を記録・保存する。
  - オフにするとこのイベントに対する反応は記録されなくなる。教示画面やデジタル

出力や時間経過への反応など，不要な反応を記録から外すことでデータの煩雑化を防ぐことができる。
- 「End Event」：イベントの終了を設定する。以下のオプションから選択することができる。何らかの反応後，規定の反応後，時間制限超過後の3つである。
  - 「Time limit」フィールド：時間制限を用いる場合にミリ秒単位で入力する。
  - 「Event-Ending Response」：規定反応を用いる場合，「Any key」か「Correct Key」のどちらかを選ぶ。
  - 「Correct response」：規定反応に「Correct Key」を用いる場合，正反応を定義する必要がある。初期設定では「none」に設定されているので，コンボボックスから任意のキーを選択する。ここではレスポンスエディタであらかじめ登録したキーが選択可能になっている。

2.2.5. トライアルの作成

トライアルはイベントの集合である。たとえば，500ミリ秒の注視点，500ミリ秒の遅延時間，画像刺激の呈示という3つの一連のイベントを，1つのトライアルとして構成することができる。

実際の実験では，1つのトライアルが複数のイベントで構成されているのが普通であるが，この例では1つだけイベントを含むトライアルを10個，便宜上イベントと同じ名前で作成することにする。これには，以下の手順を行う。
- トライアルのリストをクリックしてアクティブにする。
- 「Edit」メニューから「Many New Trials」を選択し，トライアルエディタを表示させる。トライアルエディタには「Use for feedback only」のチェックボックスと，「Code Values」が表示されるフィールドがある。これらについての詳細は後述する。
- 「Trial Name」のフィールドにinstructionsと入力して「OK」ボタンをクリックする。作成されたトライアルが記録されるが，トライアルエディタは消えずに残るので，続けて次のトライアルが作成できる。
- 上記の操作を繰り返して，9つの視覚刺激についてもトライアルを作成する。
- 「Done」ボタンをクリックしてトライアルエディタを終了する。

以上の操作で，イベントと同じ名称のトライアルが10個作成された（図2-4）。

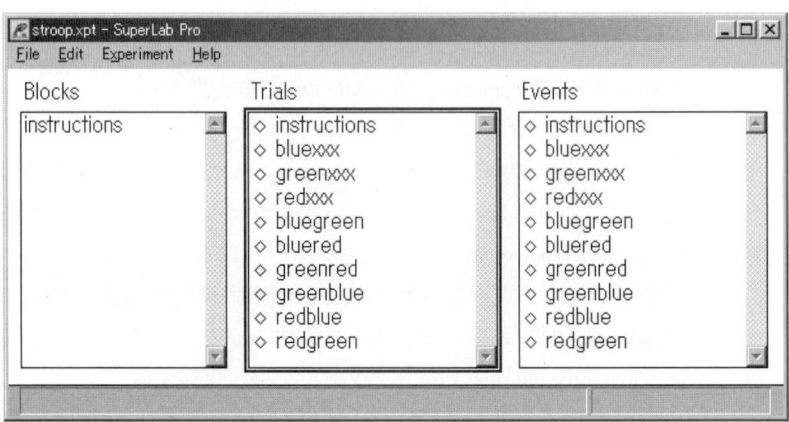

図2-4

2.2.6. ブロックを作成する

トライアルができたら次は，その集合であるブロックを作成する。ブロックには複数のトライアルを含めることができる。ブロックエディタではブロック名称とトライアルの呈示順序，たとえば，ランダム化に関する指定を行う。

- ブロック名称の作成や変更：編集フィールドに名称を入力する。ここで，ブロック名称は重複しないように注意する。
- 「Randomize trials before running」をチェックすると，ブロック内のトライアルの呈示順序をランダム化できる。ランダム化をオンにすると，乱数生成の種数が選択できる。通常の実験では，単純に時間から自動的に選択した種数でよいだろう（つまり「A variable, based on time」のラジオボタンをクリックする）。もし，常に同じランダムシークエンスを使用するなど，自分で種数を選ぶには，まず「A constant」のラジオボタンをクリックして，任意の値を入力することによって行う。

実験は，1つ以上のブロックがあれば実行が可能になる。例では，すでにInstructionsという名称のブロックが作成済みであるが，これには教示呈示のみを含めるので，実験試行を格納するためのブロックをもう1つ作成する。

- ブロックのリストをアクティブにして，「Edit」メニューから「One New Block」を選択。
- 「Block Name」のフィールドにblock1と入力する。
- 「OK」ボタンをクリック。

新しいブロックが作成されたのが確認できる（図2-5）。

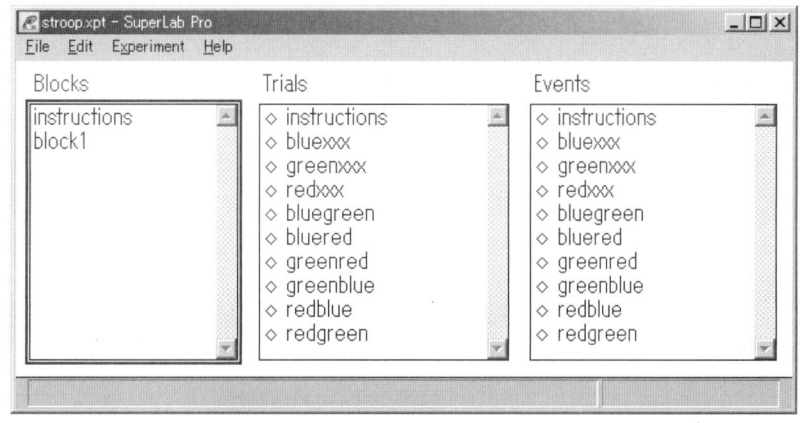

図2-5

現段階では，課題のブロックは「block 1」の1つだけだが，実際の実験では複数のブロックを繰り返すことになるだろう。もし，まったく同じ内容のブロックを繰り返すのであれば，繰り返しの回数だけブロックの複製を行い，それぞれのブロックの名称を変えればよい。ブロックの複製は以下のようにすれば簡単である。

- ブロックのリストで「block1」を選択し，「Edit」メニューから「Copy」を選ぶ。「block1」の選択は自動的に解除される。
- ブロックリスト内で何も選択されていない状態で「Edit」メニューから「Paste」を

選ぶと,「block1」の下に,その複製である「block2」が新たに作成される。

ここで再び「Paste」を選べばさらに「block3」が作成される。このようにして,必要なだけ連番で複製を作成することができる。

これまでの流れで,実験に最低限必要なブロック,トライアル,イベントの3要素がすべて揃ったことになる。しかし,実験実行のためには各要素を関連づけて,どのトライアルにどのイベントが含まれ,どのブロックにどのトライアルが含まれるのかを設定する必要がある。続いて,この関連づけを行っていこう。

2.2.7. リンキングステップ:トライアルとイベント

前述したように,SuperLabによる実験開発は「作成ステップ」と,「リンキングステップ」の2つのステップで構成されている。作成ステップとは,実験に必要なブロック,トライアル,イベントの各要素を作成する段階であり,1~5の説明で既に済んでいる。次のステップは,リンキングステップであり,これは,どのトライアルにどのイベントが含まれ,どのブロックにどのトライアルが含まれるのかを設定する段階である。

最初は,トライアルに対応するイベントをリンクする。

- トライアルリストから「instructions」をクリックして選択する。ここで,クリックするのは,先頭の菱形(◇)ではなく,トライアル名であることに注意する。
- イベントリスト内の各イベントの先頭にも菱形(◇)がある。今度は,イベントinstructの先頭にある菱形(◇)をクリックする。すると,菱形が白抜き(◇)から中黒(◆)へと変化する。こうすることで,トライアル「instruction」はイベント「instruction」にリンクされる。今回の例では1つのイベントに対し1つのトライアルを設定するが,同一のイベントを複数の異なるトライアルに含めることも可能である。

上記の操作を繰り返して,トライアル「bluegreen」にイベント「bluegreen」をリンクさせる……というように,すべての同名のトライアルとイベントのリンクを完成させる。任意のトライアルをクリックすると,リンクされているイベントの先頭の菱形が中黒で表示されるので,どのイベントが含まれているのかをいつでも確認することができる(図2-6)。

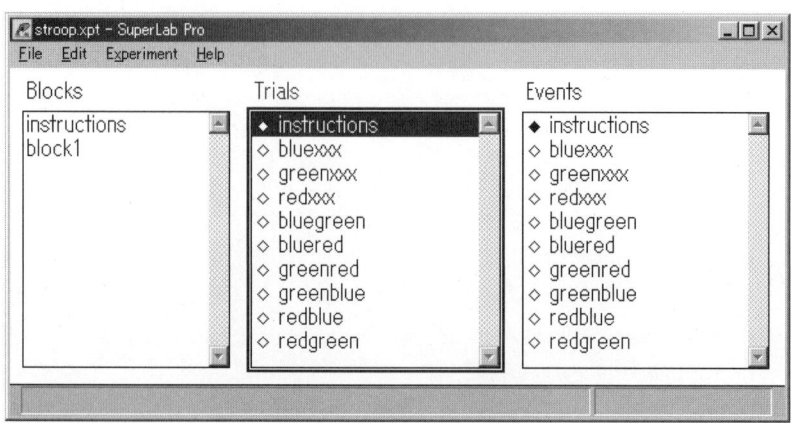

図2-6　instructionsの画面

2.2.8. リンキングステップ：ブロックとトライアル

次は，ブロックとトライアルをリンクさせ，どのブロックにどの試行が含まれているのかを設定する。このリンクの方法はトライアルとイベントのリンクの場合と同じである。例において注意したいのは，「instructions」のブロックには，「instructions」のトライアル（教示）のみを含めることである。逆に，「block 1」のブロックには「instructions」以外のトライアル（視覚刺激の呈示）をすべて含めることにする。

- ブロックリストから「instructions」をクリックして選択する。
- トライアル「instructions」の菱形の部分（◇）をクリックして中黒（◆）に変化させる。
- 「block1」をクリックして選択する。
- Altキーを押しながら，トライアル名いずれかの先頭にある菱形をクリックする。すると，トライアルリスト内のすべての菱形が中黒（◆）に変化する。「block 1」には「instructions」は含めないので，「instructions」の菱形のみをクリックして白抜き（◇）に戻す。

これで，イベントからトライアル，そしてトライアルからブロックのすべてが関連づけられリンクの作業が完了した。

これで，実験を実行するためのすべての準備が整った。やり残しや変更がないことをプレビューで確認しておこう。

2.2.9. 実験の実行

さて，必要な作成とその設定が終われば，いよいよ実験の実行である。実験の実行は，「Experiment」メニューから「Run」を選択することで行う。

- 「Subject's Name」：参加者名の入力フィールド。
- 「Save collected data」チェックボックス：オンにするとデータが記録・保存される。（体験版モードで起動している場合は，データの保存は行われない。記録するためには登録を行う必要がある）。
- 「Run "xxx" only」：ブロックが選択されていると有効になる。選択されているブロックのみを実行する場合にオンにする。動作確認などに利用できる。
- 「Run」：Runボタンをクリックすると，ファイル名を付けて保存ダイアログが表示される。結果の保存先や保存ファイル名を任意に変更をした上で，保存をクリックすると，実験が始まる（「Save collected data」をオフにしている場合は，すぐに実験が始まる）。
- Escキーを押せば実験はいつでも途中終了される。その場合も，直前までの結果が記録される。

2.2.10. データの出力

データは指定したファイルにテキスト形式・タブ区切りで出力される。メモ帳などのテキストエディタを使用してファイルの内容が確認できる。

反応は一行ごとに整理され，左から，トライアル名，トライアル番号，イベント番号，反応内容（Z/X/C），反応の正誤（C：正反応(Correct)/E：誤反応(Error)/SC：修正反応

（Self-Correct）），反応時間（ミリ秒単位），コードの順である。このトライアル番号とイベント番号はリスト内の順番に対応している。もしあらかじめコード割り当ての設定を行っておけば，コードは，出力内容に追加される。

最後に，画像ファイルについて説明しておく。SuperLabの画像ファイルイベントはビットマップ形式（.BMP）のファイルに対応している。大抵のグラフィックファイルはビットマップ形式に変換可能なので，さまざまな開発ツールが使用できる。たとえば，パワーポイントスライドで刺激を作成しておくと，ビットマップに一括変換できるので大変便利である。

ただし，ファイルサイズが大きくなると表示時間に影響を与えるので，サイズを抑える，モノクロ2階調に変換するなど，ファイルサイズを小さくするように工夫したい。もちろんグラフィックに限らずテキストなどもビットマップで呈示できる。日本語フォントはエディタ内では文字化けしてしまうことを考慮すると，付属の刺激のように，text刺激よりもビットマップの利用が便利かもしれない。

2.3. よりよい実験を作成するために

前節までは，単純な実験例を用いてSuperLabを用いた実験プログラムを作成する上での最低限の必要な知識を解説してきた。しかし，実際の実験ではもっと複雑な操作の設定や，参加者の負担を減らすために呈示を工夫する必要があるだろう。これより以降の章では，よりよい実験プログラムを組むために特に役立つ5つのテクニックについて説明を加えていく。参加者にフィードバックを与える，刺激呈示時に注視点を設ける，刺激呈示の間隔を変更する，ブロックとブロックの間に持ち時間を設ける，そしてコードを利用する方法である。どれも比較的簡単な手順で機能を追加することができる。「File」メニュー，「Open」から開くことにできる付属のストループ簡易版（STROOP.XPT）には上記のテクニックがすべて設定済みなので，操作理解の参考にしていただきたい。研究の目的に沿った実験を組むためにも積極的にこれらのテクニックを活用していくと良いだろう。

2.3.1. 参加者にフィードバックを与える

参加者の反応に即座にフィードバックを与えることができるのは，コンピュータ実験の大きなメリットの1つである。SuperLabでは，正反応の場合，誤反応の場合，特定の時間内に反応が無い場合，反応が早すぎる場合，反応が遅すぎる場合の5つのフィードバックを与えることができる。これらのフィードバックには，音声と視覚が使用できる。さらに，フィードバック後は，参加者にそのまま実験を続行させるか，あるいは同じイベントを繰り返させるかを選ぶことができる。

フィードバックは，特殊なトライアルとして作成しなくてはならない。試しに誤反応をすると，赤い文字で一秒間エラーの表示が出るフィードバックを作成してみよう。

- トライアルのリストをアクティブにして，「Edit」メニューから「One New Trial」を選択してトライアルエディタを開く。
- Trial Nameのフィールドに Error Feed と入力し，「Use for feedback only」のチェックボックスをオンにする。「OK」ボタンをクリックして実験エディタに戻る。

トライアルリスト内に，たった今作成したフィードバック「Error Feed」が表示される。フィードバックは先頭が三角（△）で表示され，トライアル（◇）とは区別される。次に，フィードバックとして与える内容のイベントを作成する。

- イベントのリストをアクティブにして，「Edit」メニューから「One New Event」を選択してトライアルエディタを開く。「Event」セクションに切り替えて，「Event Type」は「Text」を選択する。
- 「Event Name」フィールドにERROR FEEDと入力し，「Text（single line）」フィールドにはERRORと入力する。
- 「Style」ボタンを押し，フォント・サイズ・色を指定する。フォントとサイズは初期設定のままにして，色のパレットから赤を選択する。
- 呈示時間の設定は「Input」セクションで行う。「Input」セクションに切り替えて，「Event accepts use input」をオンとし，記録をしないよう「Record and save response」はオフにする。「End Event」は「only after time limit」を選択し，「Time limit」フィールドに1秒の1000と入力する。「OK」ボタンをクリックしてイベントエディタを終了する。

最後に「Error feed」のトライアルと「Error feed」のイベントをリンクさせれば，フィードバックの作成は完了である。このリンクをするには，以下のステップに従って，フィードバックの設定を行う。

- イベントのリストから，フィードバックを設定したいイベントを選択する（複数選択することで同時編集可能）。ここでは，「Instructions」を除くすべての視覚刺激イベントを同時選択する。
- 「Edit」メニューから「Edit Event」を選択し，「Feedback」ボタンをクリックしてフィードバックセクションに切り替える。設定したいフィードバックの種類のチェックボックスをクリックする。誤反応に対するフィードバックを設定する場合，「Incorrect」のチェックボックスをクリックして，右脇の作成したフィードバックのリストから任意のフィードバック（e.g.,「ERROR FEED」）を選択する。
- 「OK」ボタンをクリックしてイベントエディタを終了する。

以上でフィードバックの設定が終了した。実験を実行してフィードバックがイメージ通りに呈示されていることを確認しよう。

このように，フィードバックを行うには，事前にフィードバックをトライアルエディタで作成しておいて，「feedback」セクションで特定の反応に対して返す特定のフィードバックを指定するという流れで行う。

2.3.2. 注視点を設ける

認知心理学，社会心理学の実験では，課題刺激に先行して注視点を呈示する手続きが頻繁に用いられる。注視点のイベントは一個作成しておけば，リンクを使ってすべての試行で使いまわすことができる。

このとき，課題刺激に先行して注視点を呈示させるため，リスト内では課題刺激イベントよりも上の位置に注視点のイベントを作成する必要がある。こうして呈示順序を対応させることに注意する。

- イベントのリストをアクティブにして,「bluegreen」が選択された状態で「Edit」メニューから「One New Event」を選択してイベントエディタを開く。こうすることで,作成されたイベントは選択された「bluegreen」の上に挿入される。
- 「Event Name」フィールドに「Fixation」と入力し,「Event Type」は「Text」を選択する。
- 「Text（single line）」フィールドに注視点の＋と入力する。
- 「Input」セクションに切り替えて,「Event accepts user input」はオン,「Record and save response」はオフにする。ここでは呈示時間を500ミリ秒とするため,「End event」に「only after time limit」を選択し,「Time limit」フィールドに500と入力する。
- 「OK」ボタンをクリックしてイベントエディタを終了する。

以上で注視点のイベントが完成した。各トライアルに「Fixation」とのリンクを追加して実験実行中の変化を確認しよう。

2.3.3. 刺激間隔（遅延時間）を変更する

　実験の中には,課題刺激を注視点の直後に呈示するのではなく,数百ミリ秒の遅延時間を挿入する手続きがとられることも多い。また,刺激によって異なる遅延時間を必要とすることもある。そこで,ここでは,刺激間隔の変更のやり方を示す。変更の際には,呈示順序を考慮して適切な位置に作成するように注意することが大切である。以下では,今まで作成してきたストループ色名命名課題において,500ミリ秒の刺激間隔イベントを作成する方法を示す。

- イベントのリストをアクティブにして,「bluegreen」が選択された状態で「Edit」メニューから「One New Event」を選択してイベントエディタを開く。
- 「Event Name」フィールドにISI500と入力し,「Event Type」は「Inter-Stimulus Interval（ISI）」を選択する。「ISI Duration」フィールドに500と入力する。「Erase screen」をオンにする。
- 「Input」セクションに切り替えて,「Event accepts user input」をオフにする。
- 「OK」ボタンを押してイベントエディタを終了する。

以上で,刺激間隔のイベントが完成した。各トライアルに「ISI500」とのリンクを追加して実験実行中の変化を確認しよう。

2.3.4. 待ち時間を作成する

　実験課題が負荷の高い場合や,行うのに時間がかかる場合,ブロックとブロックの間には,参加者が任意に休息を取れる区切りを置くのが望ましい。これは,以下のように入力待ち画面を呈示するダミーブロックを作成することで実現できる。1つのブロックが終わった後,参加者が休憩を取り,次の用意ができた時点で,キーを押すことによって次のブロックへ進むことができるよう作成してみよう。

- ブロックのリストから「block1」を選択して,その複製である「block2」を作成する。
- ブロックのリストをアクティブにして,「block2」が選択された状態で,「Edit」メニ

ューから「One New Block」を選択し，ブロックエディタを開く。
- 「Block Name」フィールドにkeypressと入力し，「OK」ボタンをクリック。「block1」と「block2」の間に，新しく「keypress」のブロックが作成される。
- トライアルのリストをアクティブにして，「Edit」メニューから「One New Trial」を選択し，「Trial Name」フィールドにkeypressと入力して「OK」をクリックする。
- イベントのリストをアクティブにして，「Edit」メニューから「One New Event」を選択し，「Event Name」フィールドにkeypressと入力する。
- 「Input」セクションに切り替えて，「Event accepts user input」はオン，「Record and save response」はオフにする。「End event」は「Only after criterion response」を選択し，「Event-Ending Response」は「Any key」を選択する。
- 「Event」セクションに切り替えて，「Event Type」は「Text」を選択する。「Text (single line)」フィールドにPress any key to continueと入力する（日本語フォントも呈示することができるが，エディタ内には表示できない）。
- 「OK」ボタンをクリックしてイベントエディタを終了させる。

これで，「keypress」のブロック，トライアル，イベントをリンクさせれば，入力待ち画面が完成する。

2.3.5. コードを利用する

　コードとはトライアルの属性情報である。コードを利用することにより，トライアルを分類すれば，より効率的なデータ処理を行うことができる。たとえば，ここで作成したストループ課題には文字が表示される実験条件と，※※※の色パッチが表示される統制条件がある。また，刺激の文字には，あお，みどり，あか，の3種類がある。さらに，フォントの色は青，緑，赤の3種類で呈示される。このような属性の分類を出力データだけを元に行うことは面倒であるし，ミスを招きかねない。そこで，コードを用いて実験条件（experiment/control）の区分け，文字（BLUE/GREEN/RED）の区分，フォントの色（blue/green/red）の区別といった属性情報を設定しておけば，後に得られたデータの分類がずっと容易になる。

　それでは，完成した実験に上記のような値を含む3つのコードを追加作成する。下に，コード化しようとしている属性の名称（code name）とその個々の値（value）を定義する方法を示す。これには，まず，実験条件に関するコードの定義から始める。

- 「Experiment」メニューから，「Codes」を選択し，コードエディタを表示する。
- 左側の「Code Names」のリスト横の「New」ボタンをクリックする。「Code Name」ダイアログが表示されるので，conditionと入力して「OK」をクリック。コードネームのリストに「condition」が選択された状態で表示される。
- Altキーを押しながら右側の「Values」のリスト横の「New」ボタンをクリックする。experimentと入力して「OK」をクリック。ダイアログが閉じてまたすぐに開く。これは上記の操作でAltを使用した効果。続けてcontrolと入力して「OK」をクリック。またダイアログが開くが，今度は「Cancel」をクリックする。

これで実験条件に関するコードが設定された。引き続き，上記の手順を繰り返して，その他の属性コードの定義を行う。

- 文字：コードネーム「word」，値「BLUE」「GREEN」「RED」。

・フォントの色：コードネーム「color」，値「blue」「green」「red」。

すべてのコードの定義を終了したら，「OK」ボタンを押して実験エディタに戻る。定義後は，これらのコードをトライアルに割り当てを行うことで完成する。教示試行（instructのトライアル）を除く9つの試行に対して，コードを適切に割り当てるよう設定していこう。

・トライアルのリストから，「bluegreen」をダブルクリックしてトライアルエディタを開く。表示されたトライアルエディタ内には作成したコード・コード値がリストされ，割り当てが可能になっている。

・「bluegreen」には，「experiment」「GREEN」「blue」を割り当てる。各コード値をクリックして反転させる。「OK. Next」ボタンをクリックして「bluered」のコードの割り当てに移る。

・このようにして，残りのトライアルにも適切なコードを割り付ける。コード名やコード値の名称を後から編集しても変更は割り付けられているトライアルすべてに反映されるので，再割り当ては必要ない。

参考文献

Stroop, J.（1935）Studies of interference in serial verbal reactions. *Journal of Experimental Psychology*, **18**, 643-662.

Inquisitによる心理学実験

　Inquisit は Windows OS 上で心理学実験を手軽に実施するための有料ソフトであり，ワシントン大学で心理学博士号を取得したショーン・ドレイン（Sean Drain）氏が90年代後半に開発したものである。彼は大学で研究を進める間にミリセカンドソフトウェア（Millisecond Software）社を設立し，Inquisitをその会社の製品として販売し始めた。博士号取得後，彼は米マイクロソフト社に入り，現在では同社 Visual Basic 部門でプログラムマネージャとして活躍している。Inquisitはマイクロソフト社の製品に精通した心理学者が作成し，開発を続けているソフトなのである。歴史こそ浅いが，このソフトは，北米，ヨーロッパ，オーストラリア，アジア，南米など幅広い地域の研究機関で利用されている。

プログラムを作成・実行する前に

　プログラムを作成または実行するには，Inquisitをコンピュータにインストールする必要がある。Inquisitの製品版や無料試用版（60日間有効）は，ミリセカンドソフトウェア社のホームページ（http://www.millisecond.com/）で入手できる。Window OS上でしか機能しないが，Windows 98以降のOSであれば，日本語環境でも容易に動かせる。現在の最新ヴァージョンは2004年春に発売されたInquisit 2.0である。旧ヴァージョンとの大きな違いはなく，旧ヴァージョンで作成したプログラムも Inquisit 2.0で動作する。ただし，現時点のInquisit 2.0には文字情報を提示する際に些細な不具合があるため（画面に提示した際に句読点の位置が移動するなど），ここでは1つ前のヴァージョンであるInquisit 1.33で作成したプログラムを紹介する。Inquisit 1.33はWindows 95上でも動作し，前述のホームページから最新ヴァージョンよりも比較的安価で購入できるようになっている。

　インストールを終えてInquisitを起動させると，図3-1のような画面が表示される。左側はプログラム作成画面であり，右側はプログラムの実行状況を表示する画面である。プログラムに問題があれば，右の画面にエラーメッセージや警告が表示される。

　本章では，Inquisitで作成した2つの実験プログラムをみていく。第1節では，まず，心理学でよく利用されてきたプライミング実験のプログラム例を解説する。第2節では，社会的認知研究を中心に近年盛んに利用されている潜在連合テスト（Implicit Association Test）のプログラム例を簡単に紹介する。

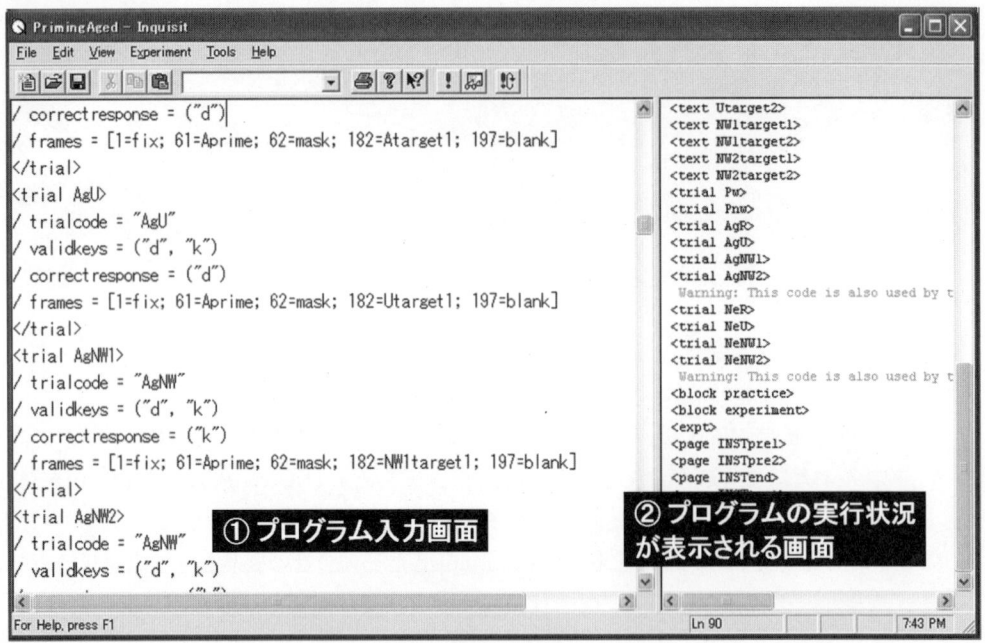

図3-1 Inquisitの画面

3.1. 閾下プライミング実験

　プライミングとは，文脈の効果を検討するために心理学で頻繁に用いられる手法である。具体的には，先行して与えられる刺激（プライム）が，その後に続いて与えられる刺激（ターゲット）の情報処理にどのように影響するかを調べる。ここで，プライムはターゲットを処理する際の文脈にあたり，われわれはプライムとターゲットの内容や提示方法を操作することで文脈効果を詳細に検討することができる。

　プライミング手法を利用した実験にはいくつものタイプがある。プライムを閾上で提示するのか，閾下で提示するのか。プライムとターゲットの関係性は強いのか，弱いのか。プライムとターゲットを提示する時間間隔は短いのか，長いのか。ターゲットへの反応時間を測定することが必要なのか，特定の概念を活性化させるだけで反応時間の測定を必要としないのか。他にもさまざまな操作をすることで刺激が提示される文脈を細かく統制することができる。ここでは，実験内容が単純であり，他の実験にも応用できる例として，閾下プライムを用いた語彙決定課題（lexical decision task）を取り上げた。

3.1.1. 語彙決定課題

　語彙決定課題は，ターゲットとして画面上に提示された文字列が意味のある単語かどうかを判断する課題である。たとえば，「あかい」というターゲットは「意味がある」に対応するキーを，「んるご」は「意味がない」に対応するキーを押す。このとき，ターゲットが提示されてからキーを押すまでの間隔を反応時間として記録する。

　ターゲットへの反応時間に影響を及ぼすのがプライムである。プライムとターゲットの関係が強いほど，ターゲットの情報処理は促進され，語彙決定課題での反応時間は短くなる。

プライムとターゲットの関係が弱ければ，そのような促進効果は生じない。たとえば，プライムとターゲットの組み合わせが「りんご」と「あかい」であれば，「あかい」への反応時間は短くなる。プライムが「######」，ターゲットが「あかい」であれば，「りんご」をプライムとした場合よりも反応時間が長くなる。このように，同じターゲットに対する反応時間にプライムによる差が出ることが，特定の概念間の連合強度を示すよい指標となる。つまり，ある概念が活性化されたときに別の概念が自動的に活性化される程度を，反応時間から相対的に把握できるのである。

本節のプログラム例では高齢者ステレオタイプを扱い，各試行において次の順番で刺激提示をしている（図3-2を参照）。刺激提示方法は，ウィッテンブリンクら（Wittenbrink et al., 1997）を参考にした。

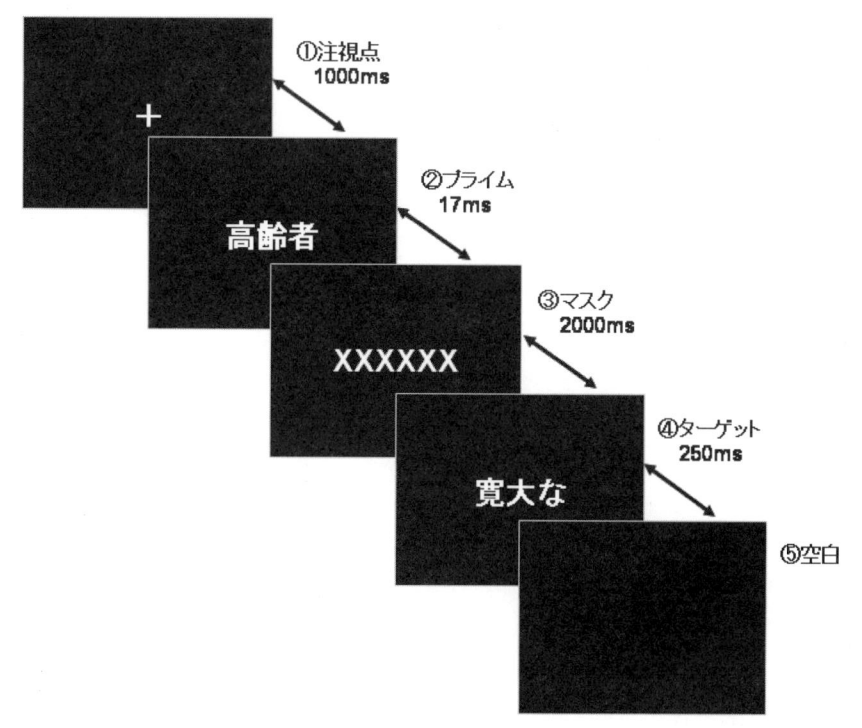

図3-2 語彙決定課題での刺激提示

① 注視点「＋」を提示（1秒）
② プライムを閾下で提示（17ミリ秒）
③ プライムを覆って認識できないようにするための刺激（マスク）を提示（2秒）
④ ターゲットの単語または非単語を提示（250ミリ秒）
⑤ ターゲットを消す空白を提示（反応キーの入力があるまで）

プログラム例では，プライムとして高齢者のカテゴリ名「高齢者」と意味のない中立的な文字列「######」の2種類を用いている。ターゲットは，高齢者に関係する形容語（e.g., 寛大な，かしこい），無関連の形容語（e.g., 雄大な，まぶしい），非単語（e.g., の代な，もいがし）の3種類である。マスクには「XXXXXX」，注視点には「＋」を用いている。

3.1.2. 文字刺激の作成 <text…>

プライム，ターゲット，注視点，マスクと空白はいずれも文字刺激であり，<text…>を使って作成する。

1）刺激数が少ないとき　高齢者プライムを作成しているプログラム3-1をまずみてみよう。本章のプログラム例では左端に行数を示しているが，実際のプログラムにこの数字は入れない。

プログラム 3-1　高齢者プライムの作成

```
1  <text Aprime>
2  /numitems=1
3  /items=("      高齢者      ")
4  /txcolor=(255,255,255)
5  /txbgcolor=(0,0,0)
6  /font=("MSゴシック",-35,700,128,49)
7  </text>
```

1行目 <text…> は文字列刺激のプログラムの開始を宣言し，6行目 </text> でそのプログラムの終了を宣言している。「Aprime」は任意につけた名前である。Inquisitでは，刺激作成に限らず，プログラムの開始と終了の宣言にはいつも <> を使う。これらの間にある行の順番は任意であり，どの行から始めてもよい。また，<…> と </…> で挟まれた部分以外はすべてコメント行とみなされる。

2行目「/numitems=」では刺激数を，3行目「/items=」では提示する刺激そのものを指定している。このとき，2行目で指定する刺激数と，3行目で指定する刺激群に含まれる刺激の数は一致していなければならない。例3-1では，刺激数を「1」とし，刺激を「高齢者」としている。提示する文字列は二重引用符（" "）でくくり，複数ある場合には二重引用符の間をカンマ（,）でつなげて「"高齢者", "老人", "お年寄り"」のようにする。

4行目の「/txcolor=」では，文字列の色を3つの数値で指定している。3つの数値は左から赤，緑，青の強さを示している。色の数値を入力するときには，入力したい行にカーソルを移動させ，メニューバーの「Tools」から「Color Wizard」を開く。そこで色を選択すると，カーソルのあった行に「/color=…」が自動的に入力されるので，それに「tx」を追加して「/txcolor=…」とする。同じ方法で，5行目の「/txbgcolor=」のように文字列の背景色を指定することもできる。この例では，文字列に白（255, 255, 255）を，背景に黒（0, 0, 0）を指定している。

6行目はフォントの指定である。パラメータは左から，フォント名，サイズ，太さ，スタイル，スクリプトの種類を示している。この例では，MSゴシック，26ポイント，太字，標準スタイル，True Typeフォントとなっている。サイズや太さで示す数値は，その絶対値が大きいほど大きい，または，太いフォントであることを意味する。これらを指定するときには，メニューバーの「Tools」から「Font Wizard」を開き，フォント書式を設定すればよい。

4行目から6行目は他の刺激作成でも頻繁に利用するため，初期値としてあらかじめ設定しておくこともできる（本章3節参照）。以下では，文字の色，背景色，フォントを初期値

設定したことにして説明する。

　2) 刺激数が多いとき　　ターゲットのように刺激数が増えてくると，プログラム例3-2のように刺激群を作成することもできる。先ほどのプライム作成と大きく異なる点は，文字列を <text Atarget1> や <text Atarget2> の中に直接入れず，9行目以降の <item At> に入れているところである。刺激数が多いとき，また，同じ刺激に異なる刺激群名をつけるときには，このような項目セットを作成し，3行目や7行目のように「/items=」で項目セットを指定するとよい。

```
プログラム3-2　高齢者ターゲットの作成
 1   <text Atarget1>
 2   /numitems=10
 3   /items=At
 4   </text>
 5   <text Atarget2>
 6   /numitems=10
 7   /items=At
 8   </text>
 9   <item At>
10   /1 = "      寛大な      "
11   /2 = "      かしこい    "
12   /3 = "      落ち着いた  "
13   /4 = "      ゆったりした "
14   /5 = "      思いやりがある"
15   /6 = "      孤独な      "
16   /7 = "      さみしい    "
17   /8 = "      古い        "
18   /9 = "      わすれっぽい "
19   /10= "      体力が低下した"
20   </item>
```

　他の刺激（中立的プライム，非単語，注視点，マスクなど）も <text …> を使って同じ方法で作成する。これらの刺激の詳しいプログラムは添付のCD-ROMを参照されたい。

3.1.3. 課題中の教示作成 <text …>

　課題では，どの反応がどのキーに対応しているかを試行中も明確にしておくためにキーの対応を示す常駐教示を置きたいときがある。また，各試行の後に回答の正誤をフィードバックしたいときがある。これら2種類の教示をここでは作成する。

　1) 試行中の常駐教示　　試行中の画面構成は図3-3の通りである。各試行では，意味のある文字列が提示されたときに「D」のキーを，意味のない文字列が提示されたときに「K」のキーを押すことになっている。また，「できるだけ速く正確に回答してください」という教示もここでは常駐する。これらの常駐教示の作り方は刺激作成のときとほぼ同じである。

　プログラム3-3は，画面左下の「意味がある」と「D」の部分を作っている（他の部分のプログラムは添付のCD-ROMを参照）。刺激作成と同じ <text …> を利用しているが，こ

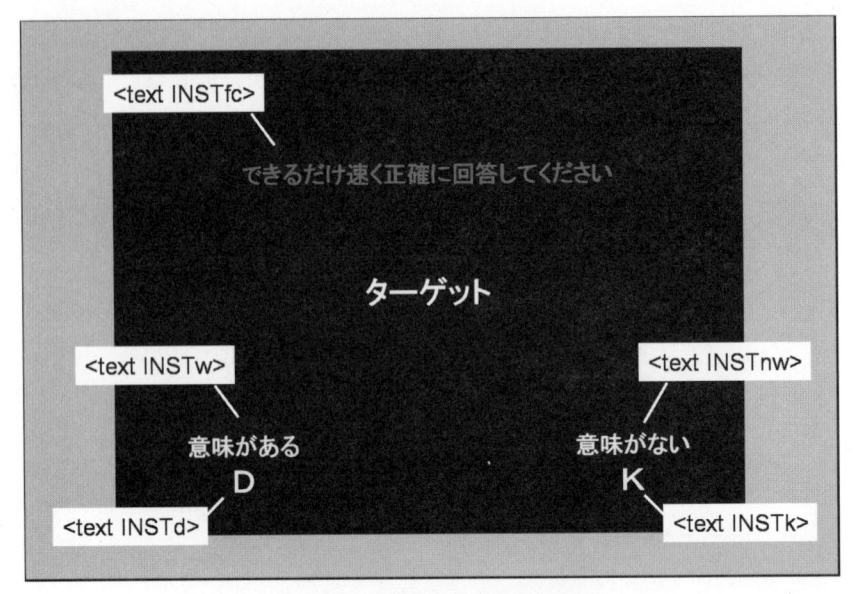

図3-3 語彙決定課題の試行中の画面

れまでのプログラムと異なり，6行目や13行目の「/position＝」で教示の提示位置を指定している。Inquisitでは，画面の縦と横をそれぞれ100等分にした単位で提示位置を決めることがきる。2つの数値は縦と横の位置を示しており，画面の左上端を始点（0, 0）として，0から100までの整数を利用できる。たとえば，左下端は（100, 0），右下端は（100, 100）となる。初期値は画面中央（50, 50）であり，プログラム3-1とプログラム3-2ではそれを利用している。

```
プログラム 3-3　実験試行中の常駐教示
 1  <text INSTw>
 2  /numitems=1
 3  /items=("意味がある")
 4  /font=("ＭＳゴシック",-27,700,128,49)
 5  /txcolor=(255,255,128)
 6  /position=(25,75)
 7  </text>
 8  <text INSTd>
 9  /numitems=1
10  /items=("    D    ")
11  /font=("ＭＳゴシック",-27,700,128,49)
12  /txcolor=(255,255,128)
13  /position=(25,80)
14  </text>
```

2）試行後のフィードバック　練習試行中に参加者が正答したときには「○」を，誤答したときには「×」を赤字で提示することにしよう。プログラム3-4には正答の場合の例を示した。後述するブロック作成（p.34）でこれを利用し，フィードバックを実行する。

```
プログラム 3-4    試行後の正答フィードバック
1  <text INSTcorrect>
2  /numitems=1
3  /items=("○")
4  /txcolor=(255,0,0)
5  /position=(50,60)
6  </text>
```

3.1.4. 課題前後の教示作成 <instruct> <page …>

　課題開始前にコンピュータ上で課題の内容を説明したいとき，課題がすべて終了したときにそれを参加者に伝えたいとき，課題が切り替わるときに参加者を次の課題に誘導する必要があるときなどには，次のように教示画面を作成するとよい。

　1）教示画面の基本設定　　Inquisitには教示画面用のプログラム <instruct> が用意され，これを使って図3-4のような教示画面の基本設定をすることができる。数ページにわたる教示画面を読むために，次の教示画面に進むキーや，前の教示画面に戻るキーも設定されている。これらの設定をしたのがプログラム3-5である。

```
プログラム 3-5    教示画面の基本設定
1  <instruct>
2  /screencolor=(172,209,230)
3  /font=("ＭＳゴシック",-19,700,128,49)
4  /nextkey=(" ")
5  /prevkey=("d")
6  /nextlabel="スペースキーで次のページ"
7  /lastlabel="スペースキーで次のページ"
8  /prevlabel="前ページに戻るときは「D」"
9  </instruct>
```

　1行目の <instruct> はプログラム開始の宣言，最終行の </instruct> が終了の宣言である。

　2行目の「/screencolor=…」では画面全体の背景色を指定し，3行目の「/font=…」では教示に使う文字のフォントを設定している。これらを設定するときには，メニューの「Tools」に入っている「Color Wizard」や「Font Wizard」を利用すると便利である。

　4行目「/nextkey=…」では，次の教示画面に進むキーを指定している。この例ではスペースキーを利用しており，二重引用符（""）の中にスペースを入力している。

　5行目「/prevkey=…」では，前の教示画面に戻るキーを指定している。この例ではアルファベットの「d」を利用している。

　図3-4のように「前ページに戻るときは「D」」や「スペースキーで次のページ」のようなラベルを画面に表示するには，6行目から8行目のように二重引用符内にラベルを入力する。「/nextlabel=」は次の画面に進むキーのラベルを，「/prevlabel=」は前の画面に戻るキーのラベルを，「/lastlabel=」は最後の教示画面で次に進むキーのラベルを指定して

いる。

2）教示画面の文章作成　　教示画面の文章は，<page…> というプログラムを使って画面ごとに作成する。プログラム3-6にある課題説明の一部をみてみよう。プログラムを実行すると，この教示は図3-4のように表示される。

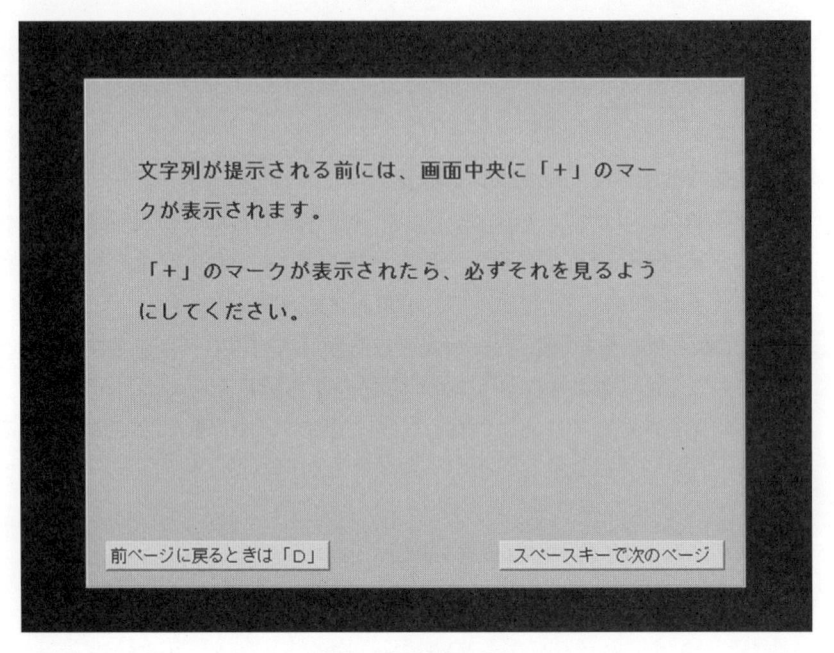

図3-4　教示画面の例

```
プログラム 3-6　教示画面の文章作成
1  <page INSTpre2>
2  ^^^ 文字列が提示される前には，画面中央に「＋」のマー^^
3  クが表示されます。^^^
4  「＋」のマークが表示されたら，必ずそれを見るよう^^
5  にしてください。
6  </page>
```

　1行目の <page…> が文章内容の開始を宣言し，最終行の </page> が終了を宣言している。これらの間に教示文を入力すれば，教示画面の作成は成立する。一つだけ注意しなければならないのが改行である。プログラム中の改行は画面上に反映されないため，改行したいときには特殊記号のアクサンシルコンフレクス（^）を利用する。他の画面を作成するときには，新たに <page…> を作成し，別の名前をつける。

3.1.5. 試行の作成 <trial …>

　語彙決定課題の素材が出揃ったところで，今度は試行を定義していく。試行の定義は実験条件の操作にあたり，本節のプログラム例で操作される主要な変数はプライム（高齢者カテゴリ，中立的な文字）とターゲット（高齢者関連形容詞，無関連形容詞，非単語）である。これらを組み合わせた計6種類の試行をここでは定義する。

試行定義には <trial> というプログラムが用意されている。まず，プログラム 3-7 を見ながら，高齢者プライムと高齢者関連形容語を組み合わせた試行を定義してみよう。

1行目 <trial…> は1つの試行定義を開始する宣言，最終行の </trial> が終了の宣言である。1行目の「AgR」は任意につけた試行名である。

2行目「/trialcode=…」では，データファイルに入る試行名を指定できる。二重引用符（" "）の中で指定した名前が各試行の行に入力されることになる。これを指定しなければ，1行目で指定した試行名が入力される。

3行目「/validkeys=…」は反応キーの指定である。この例では，実験参加者が反応に使うことのできるキーは「d」と「k」だけである。

4行目「/correctresponse=…」は，この試行での正答の反応キーの指定をする。この例のターゲットは高齢者関連形容語であり，「意味がある」に対応する「d」のキーが正答の反応キーである。

```
プログラム 3-7  試行の作成
1  <trial AgR>
2  /trialcode="AgR"
3  /validkeys=("d","k")
4  /correctresponse=("d")
5  /frames=[1=fix;61=Aprime;62=mask;182=Atarget1;197=blank]
6  /pretrialpause=500
7  /posttrialpause=500
8  </trial>
```

5行目「/frames=…」では，フレームを使って刺激提示の時間を制御している。フレームについての説明は，時間制御の実験を初めてする人には少し難しく思えるかもしれないが，いったん理解すればとても単純である。コンピュータ画面に映し出されるイメージは，画面のちらつきを抑えるために，1秒間に何度も更新される。1秒間に画面イメージが更新される頻度をリフレッシュレート（単位はヘルツ）といい，これが刺激提示に影響してくる。たとえば，リフレッシュレートが60ヘルツであれば，1秒間に60回の画面イメージが更新されていることになり，1つの画面イメージが更新される間隔は 16.67 ミリ秒である。66ヘルツであれば 15.15 ミリ秒，72ヘルツであれば 13.89 ミリ秒である。フレームとは，このように1つの画面イメージを表示する間隔のことである。

「/frames=…」では，試行が始まって最初に画面イメージが表示されるフレームを第1フレームとして，フレーム番号で刺激提示時間を制御する。つまり，1以上の整数値を使って，試行内の何番目のフレームに刺激を提示するかを指定する。プログラム例の「fix」「Aprime」「mask」「Atarget1」「blank」は，いずれも刺激作成で定義した刺激群の名前であり，これらの刺激群とフレームの対応は次の①から⑤のようになっている。

① 「1 = fix」　　　　　― 第1フレームに注視点「+」を提示。
② 「61 = Aprime」　　　― 第61フレームにプライムを提示。
③ 「62 = mask」　　　　― 第62フレームから第181フレームまでマスク「XXXXXX」を提示。

④「182＝Atarget」　— 第182フレームから第196フレームまでターゲットを提示。
⑤「197＝blank」　— 第197フレームから実験参加者が反応キーを入力するまでの間に空白を提示。

　画面のリフレッシュレートが60ヘルツであれば，注視点を約1秒間，プライムを約17ミリ秒間，マスクを約2ミリ秒間，ターゲットを約250ミリ秒間提示していることになる。Inquisitでは刺激をミリ秒単位で指定して提示間隔を制御することもできるが，この場合もリフレッシュレートを考慮して時間間隔を設定する点では同じであるため，最初から「/frames=…」を利用することをお勧めする（時間制御の仕組みや注意点については，第5章の5.8.2.〜5.8.5.を読んでほしい）。

　6行目「/pretrialpause=…」で指定している数値は，1つの試行を開始する前の何もしない時間である。7行目の「/posttrialpause=…」で指定している数値は，1つの試行が終了した後の何もしない時間である。指定する数値はどちらもミリ秒単位であり，0以上の整数でなければならない。この例では，プライムの提示前と反応キーからの入力後にそれぞれ500ミリ秒間の休止時間をとっている。これら2つの設定は他の試行でも同じものを用いるため，<default>で初期値設定をしておくと便利である（本章3節参照）。

　これで，高齢者プライムと高齢者関連形容語を組み合わせた試行定義は終了である。残り5試行の定義も同様の手続きを繰り返す。それぞれの試行名は任意であるが，本節のプログラム例では，高齢者プライムと無関連形容語の組み合わせを<trial AgU>，高齢者プライムと非単語を<trial AgNW1>と<trial AgNW2>，中立的プライムと高齢者関連形容語を<trial NeR>，中立的プライムと無関連形容語を<trial NeU>，中立的プライムと非単語を<trial NeNW1>と<trial NeNW2>としている。非単語が2種類あるのは，単語と非単語の数を同じにするためである。これらのプログラムの詳細は添付のCD-ROMを参照されたい。

3.1.6. ブロックの作成 <block …>

　本節で紹介する語彙決定課題は，本試行をする実験ブロックとその練習ブロックで構成されている。これらのブロックの主な違いは2点である。練習ブロックではプライムとターゲットを一定の順番で提示しているが，実験ブロックではランダムな順番で刺激提示をしている。また，練習ブロックでは各試行後に反応の正誤をフィードバックするが，本試行のブロックではフィードバックをしていない。

　1）練習ブロック　まず練習ブロックを作成したプログラム3-8をみてみよう。最初の行<block …>はプログラムの開始，最終行</block>は終了の宣言である。

　2行目「/bgstim=…」では，試行中に提示する常駐教示を指定している。ここで指定された教示はブロックが実行されている間，図3-3のように常に表示される。プログラム例の括弧内にある「INSTw」「INSTd」「INSTnw」「INSTk」「INSTfc」は，それぞれ「意味がある」「D」「意味がない」「K」「できるだけ速く正確に回答してください」の常駐教示である。これらを提示する位置はすでに教示作成をしたときに設定しているので，ここではどの教示を提示するかだけを指定すればよい。

　3行目の「/preinstructions=…」では課題開始前の教示を指定している。括弧内に入

れるのは <page …> で設定した教示画面の名前であり，この例では <page practice1> で指定した教示名を括弧内に入力している。同様に，4行目「/postinstructions=…」では，<page practice2> で作成した教示を課題終了後に提示している。

プログラム 3-8 練習ブロック
```
 1  <block practice>
 2  /bgstim=(INSTw,INSTd,INSTnw,INSTk,INSTfc)
 3  /preinstructions=(practice1)
 4  /postinstructions=(practice2)
 5  /trials＝[1,3,4,7,10=sequence (Pw);
 6           2,5,6,8,9=sequence(Pnw)]
 7  /correctmessage=true(INSTcorrect,200)
 8  /errormessage=true(INSTerror,200)
 9  /blockfeedback=(meanlatency,correct)
10  </block>
```

5行目と6行目の「/trials=…」は，ブロック内の試行の順番を操作するプログラムであり，練習試行は「sequence」を使って固定された順番で実行されている。「Pw」と「Pnw」は練習用に用意された単語と非単語の試行名である。練習用単語は第1，第3，第4，第7，第10試行目に提示され，プログラム 3-9 の <item Pw> で指定された順に単語が提示される。つまり，第1試行が「身近な」，第3試行が「いろいろな」，…，第10試行が「まろやかな」となる。同じように，残りの試行では練習用非単語が提示される。ランダム順に提示する方法については，実験ブロックのプログラム 3-10 を参照されたい。

プログラム 3-8 の7行目「/correctmessage=…」では，正答した場合のフィードバックを指定している。正答のフィードバックをするときは「true」を選択し，括弧内でフィードバック方法を指定する。フィードバックをしないときは「/correctmessage=false」とする。この例では，<text INSTcorrect> で作成した「○」を正答フィードバックとして提示している。その後に続く「200」はフィードバックの文字を 200 ミリ秒間提示することを示している。

8行目の「/errormessage=…」は，誤答フィードバックの指定である。正答フィードバックと同様，フィードバックする場合には「true」，しない場合には「false」を指定する。この例では，<text INSTerror> で作成した「×」を誤答フィードバックとして 200 ミリ秒間提示している。

9行目「/blockfeedback=…」を使えば，ブロック内の試行を通してのフィードバックが可能になる。フィードバックできる結果は，反応時間の平均値や中央値，正答率などである。例の「meanlatency」では平均反応時間を，「correct」では正答率をフィードバックしている。

プログラム 3-9 練習試行で使用する単語
```
 1  <text Pwtarget>
 2  /numitems=5
```

```
 3    /items=Pw
 4    </text>
 5    <item Pw>
 6    /1="      身近な        "
 7    /2="      いろいろな    "
 8    /3="      もっともらしい"
 9    /4="      疑わしい      "
10    /5="      まろやかな    "
11    </item>
```

2）実験ブロック 実験ブロックの設定はプログラム3-10に示した。練習ブロックと基本的には同じであるため，ここでは両ブロックの相違点を2つ簡単に説明する。

大きな変更点は4行目「trials=…」であり，「random」を指定することで第1試行から第80試行までをランダム順に実行している。ここで実行される試行は <trial AgR> <trial AgU> <trial AgNW1> <trial AgNW2> で作成した高齢者プライムの試行，<trial NeR> <trial NeU> <trial NeNW1> <trial NeNW2> で作成した中立的プライムの試行であり，それぞれ10回実行される。

5行目と6行目は各試行後の正誤フィードバックであるが，これを「false」にしてフィードバックを与えないようにしている。

プログラム 3-10　実験ブロック
```
1    <block experiment>
2    /bgstim=(INSTw,INSTd,INSTnw,INSTk,INSTfc)
3    /preinstructions=(INSTtest)
4    /trials=[1-80=random(AgR,AgU,AgNW1,AgNW2,NeR,NeU,NeNW1,NeNW2)]
5    /correctmessage=false
6    /errormessage=false
7    /blockfeedback=(meanlatency,correct)
8    </block>
```

3.1.7. 実験の組立て <expt>

最後に，プログラム3-11のように <expt> にブロックや教示をはめ込み，実験全体の流れをつくる。本節の例はきわめて単純であり，課題の説明，練習ブロック，実験ブロック，終了画面の4段階で構成されている。

プログラム 3-11　実験の組立て
```
1    <expt>
2    /preinstructions=(INSTpre1,INSTpre2)
3    /postinstructions=(INSTend)
4    /blocks=[1=practice; 2=experiment]
5    </expt>
```

1行目 <expt> と最終行 </expt> は，プログラムの開始と終わりである。

2行目「/preinstructions=…」は，ブロックを開始する前に表示する教示画面である。この例では <page INSTpre1> と <page INSTpre2> で作成された教示画面を表示し，課題の説明をしている。3行目の「/postinstructions=…」は，すべてのブロックが終了した後に提示する終了画面である。この例では <page INSTend> で作成された画面を表示している。

4行目の「blocks=…」では，ブロックを実行する順序を1番目から指定している。ここでの数値は単に提示順を意味し，この例では「1=…」でまず練習ブロックを実行し，「2=…」で次に実験ブロックに進むことを示している。同じブロックを繰り返したいときは，「1-3=…」「1, 3, 5=…」などとする。

本節の実験例では，プライミング実験に最低限必要な被験者内変数しか扱っていない。被験者間変数を操作したい場合には，プログラム <expt> の「/subject=…」や，プログラム <variables=…> を利用するとよい。前者の簡単な例は次節で扱う。

3.1.8. プログラムの実行

Inquisit で作成したプログラムを保存すると，ファイル名に「.exp」という拡張子がつき，Inquisit に関連づけされる（同じ拡張子が他のソフトに関連づけされている場合には無効である）。保存したファイルをダブルクリックすると図3-5のようなボックスが立ち上がり，「Subject Code: 」で参加者番号を，「Data File: 」で保存されるファイルの名前や場所を指定できる。このとき指定する参加者番号によって実行する実験条件を決めることができるが，本節の例のように <expt> が1つしかない場合には，どの数字を入力しても同じ実験が実行される。参加者番号とファイル名を指定したら，「Run」を押してプログラムを実行させる。Inquisit のプログラム画面から実行したいときは，メニューの「Experiment」から「Run」を選択，または，「Ctrl」と「F5」のキーを同時に押せばよい。

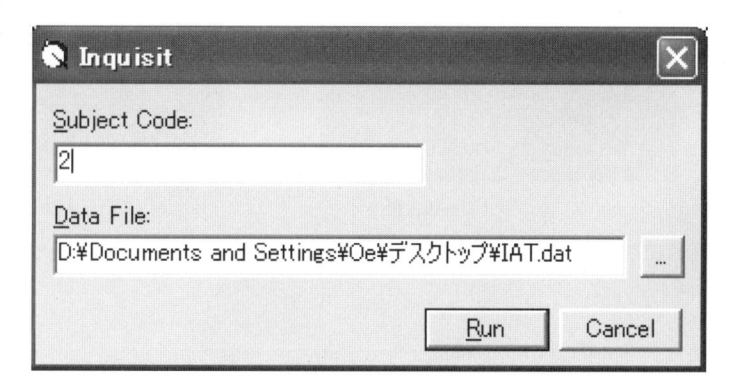

図3-5　プログラム実行時の入力ボックス

3.2. 潜在連合テスト

潜在連合テスト（Implicit Association Test）は，ワシントン大学のグリーンワルドらによって開発されて以来（Greenwald et al., 1998），ステレオタイプ研究や自尊感情研究を中心に盛んに利用されている。このテストは，前節で紹介したプライミング手法と同様，概念間の相対的な連合強度を測定できる課題である。どちらの課題も画面上に提示されたターゲット

を2つのカテゴリのどちらかに分類する試行を繰り返す点と，各試行でターゲットの判断に要した時間を測定する点では共通している。

両者は試行の内容が大きく異なる。プライミング手法では前節の語彙決定課題のように1種類の分類試行を繰り返し実行する。潜在連合テストでは2種類の分類試行を組み合わせて実行する。たとえば，「あきお」「あきこ」などの人名を男性名または女性名に分類する試行と，「優勢」「劣勢」などの強弱に関係する単語を強い意味の単語か弱い意味の単語に分類する試行があるとしよう。参加者はこれら2種類の試行を同時に実行し，左右2つの反応キーを使って「男性」「女性」「強い」「弱い」の4つのカテゴリのいずれかにターゲットを分類する。

このとき，分類試行の組み合わせには次の2通りがある。1つは性別ステレオタイプに一致する組み合わせであり，強い意味の単語と男性名を片側に分類し，弱い意味の単語と女性名を反対側に分類する（図3-6 (a)）。もう1つは性別ステレオタイプに一致しない組み合わせであり，強い意味の単語と女性名を片側に，弱い意味の単語と男性名を反対側に分類する（図3-6 (b)）。それぞれの試行群をステレオタイプ一致課題とステレオタイプ不一致課題と呼ぶことにする。「男性」と「強い」の概念間と「女性」と「弱い」の概念間に強い連合が形成されていれば，ステレオタイプ一致課題での反応は促進され速くなり，ステレオタイプ不一致課題での反応は阻害され遅くなる。したがって，不一致課題の平均的な反応時間から一致課題の平均的な反応時間を差し引いた値を，潜在的なステレオタイプの強さとみなすことができる。平均的な反応時間の算出方法についてはここでは割愛するが，グリーンワルドら（Greenwald, Nosek, & Banaji, 2003）の論文を参照されたい。

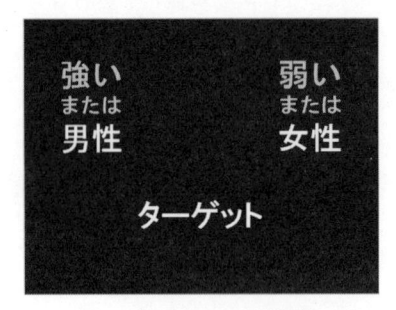

(a) ステレオタイプ一致課題　　　　　　(b) ステレオタイプ不一致課題

図3-6　潜在連合テストの主要な課題画面（例：性別ステレオタイプ）

3.2.1. 潜在連合テストのブロック構成

潜在連合テストの全体像を把握するために，まず，潜在連合テストのブロック構成を説明する。標準的な潜在連合テストは7つのブロックから構成される。前述の性別ステレオタイプの例を用いると，表3-1のようなブロック構成である。

第1ブロックでは，画面左上に「強い」というカテゴリ名が，画面右上に「弱い」というカテゴリ名が表示され，参加者は，提示された単語が「強い」という意味を含むものか「弱い」という意味を含むものかを判断する。第2ブロックでは，画面左上に「男性」，画面右上に「女性」というカテゴリ名が表示され，参加者は，提示された人名が「男性」のものか「女性」のものかを判断する。第3ブロックと第4ブロックは，第1ブロックと第2ブロック

表3-1 潜在連合テストのブロック構成（例：性別ステレオタイプ）

ブロック	試行数	試行の内容	カテゴリ名の提示位置 左―右
1	16	練習試行	強い―弱い
2	16	練習試行	男性―女性
3	32	ステレオタイプ一致 練習試行	強い―弱い 男性―女性
4	32	ステレオタイプ一致 本試行	強い―弱い 男性―女性
5	16	練習試行	女性―男性
6	32	ステレオタイプ不一致 練習試行	強い―弱い 女性―男性
7	32	ステレオタイプ不一致 本試行	強い―弱い 女性―男性

(注) ステレオタイプ一致条件を先に行う場合には，第1～7ブロックまで順番どおりに課題を実施する。ステレオタイプ不一致条件を先に行う場合には，第1ブロックの後に第5～7ブロックを実施し，その後で第2～4ブロックを実施する。

を組み合わせた課題であり，参加者は人名の判断と強弱の判断を交互に行う（ステレオタイプ一致課題）。第5ブロックでは性別カテゴリの位置が左右逆に切り替わる。左上に「女性」が，右上に「男性」が表示され，参加者は提示された人名がどちらのカテゴリに入るかを判断する。この練習ブロックは，これまでのブロックで行った課題の影響を最小限にするために必要である。第6ブロック及び第7ブロックは，第1ブロックと第5ブロックを組み合わせた課題である（ステレオタイプ不一致課題）。

ブロックの順序が反応時間に影響することを考慮し，実験者はステレオタイプ一致課題と不一致課題の順序の効果を相殺することが一般的である。ステレオタイプ一致課題を先にする場合には，第1～7ブロックまでを上で説明した順に実施する。不一致課題を先にする場合には，第1，第5～7，第2～4ブロックの順に実施する。

それではこの課題をInquisitで作成してみよう。刺激作成，教示作成，正誤フィードバック，プログラムの実行については前節とほぼ同じであるため，これらの説明は省略する。試行作成，ブロック作成，実験作成も基本的な部分は前節と同じであるため，それぞれの要点のみを説明する。

3.2.2. 試行の作成 <trial … >

潜在連合テストの試行はきわめて単純である。プログラム例3-12の強い意味のターゲットを提示する試行定義のように，第1フレームにターゲットを1つ提示し（4行目），正答反応が得られれば次の試行に進めるようにすればよい（3行目）。

プログラム 3-12　強い意味のターゲットを提示する試行
```
1  <trial SGleft>
2  /trialcode="SG"
3  /correctresponse=("d")
4  /frames=[1=SG]
5  </trial>
```

標準的な潜在連合テストでは，本試行でも正答反応キーを押して次の試行に進むようになっているが（Greenwald et al., 2003），誤答したときにもそのまま次の試行に進めるようにしたければ，ここで「/validkeys=("d", "k")」の行を追加するとよい。

強い意味の試行と同様に，残りのカテゴリのターゲットの試行も作成する。添付のプログラムでは，弱い意味の試行を <trial WKright> で，男性名の試行を <trial Mleft> と <trial Mright> で，女性名の試行を <trial Wleft> と <trial Wright> で定義している。男性名と女性名の試行は左右の反応キーの切り替えがあるため，左右2種類の試行が必要である。これら6種類の試行を利用してブロックを作成する。

3.2.3. ブロックの作成 <block …>

表3-1に示した7つのブロックは <block …> で1つずつ定義していく必要がある。プログラム3-13は，第3ブロックと第4ブロックのステレオタイプ一致課題のブロックである。

プログラム3-13 ステレオタイプ一致課題の本試行のブロック

```
1  <block C>
2  /bgstim＝(SGleft,WKright,Mleft,Wright,ORleft,ORright)
3  /trials＝
4    [1,3,5,7,9,11,13,15,17,19,21,23,25,27,29,31=random(SGleft,WKright);
5     2,4,6,8,10,12,14,16,18,20,22,24,26,28,30,32=random(Mleft,Wright)]
6  /errormessage=true(error,200)
7  /responsemode=correct
8  /blockfeedback=(correct)
9  </block>
```

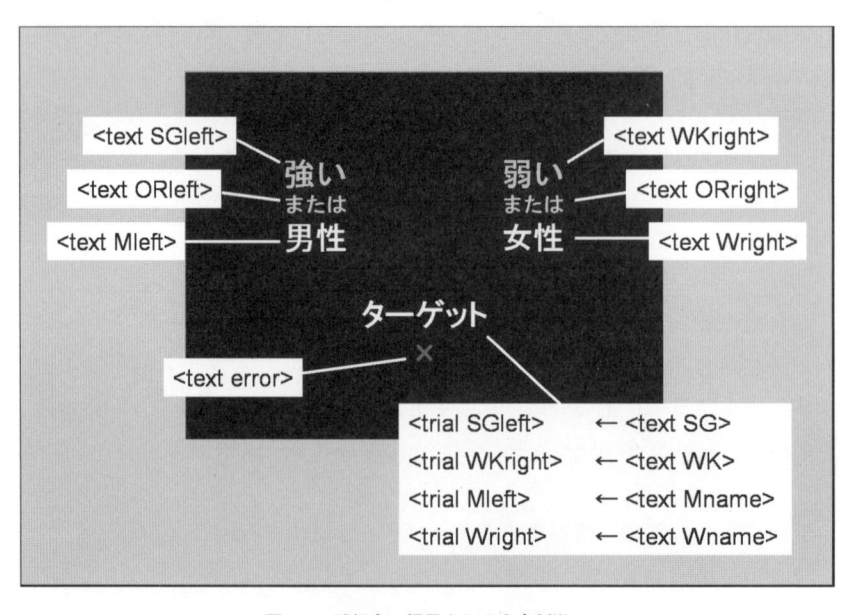

図3-7 試行中に提示される文字刺激

試行中の常駐教示は図3-7のように表示される（2行目）。試行数は合計32あり，「強い」「弱い」「男性」「女性」の各カテゴリに含まれる8つのターゲットが1度ずつ提示される。ここでは，<trial SGleft> と <trial WKright> で作成した強弱の試行を奇数番目にランダムに実行するように（4行目），<trial Mleft> と <trial Wright> で作成した人名の試行を偶数番目にランダムに実行するように指定している（5行目）。

7行目「/responsemode=…」では，どの反応キーの入力があれば次の試行に移るかを指定する。この例で指定している「correct」は，正答のキーを押した場合にのみ先に進めることを意味する。どの反応キー（この例では「d」と「k」とスペース）を入力しても先に進めるようにするには，この行を削除するか「/responsemode=anyresponse」とする。ただし，<block…> での指定よりも <trial…> での指定が優先されるため，試行作成時の有効キーの設定に注意しておく必要がある。

3.2.4. 実験の組立て <expt>

ブロック構成の説明ですでに述べたが，標準的な潜在連合テストではブロックの順序効果を相殺する。本節の例でも，ステレオタイプ一致課題を先に実施する実験（プログラム3-14）と不一致課題を先にする実験を別々に組立て，プログラム実行時に片方を選択できるようにする。

```
プログラム3-14   ステレオタイプ一致課題を先にするときの実験作成
 1  <expt>
 2  /subjects＝(1 of 2)
 3  /preinstructions＝(begin1, begin2)
 4  /postinstructions＝(end)
 5  /blocks＝[1＝SGWK0; 2＝SGWK;      ← 表3-1の第1ブロック
 6           3＝change;
 7           4＝MW0; 5＝MW;           ← 表3-1の第2ブロック
 8           6＝Cpractice0;7＝C;      ← 表3-1の第3ブロック
 9           8＝Ctest0;9＝C;          ← 表3-1の第4ブロック
10          10＝change;
11          11＝WM0; 12＝WM;          ← 表3-1の第5ブロック
12          13＝NCpractice0; 14＝NC;  ← 表3-1の第6ブロック
13          15＝NCtest0; 16＝NC]      ← 表3-1の第7ブロック
14  </expt>
```

プログラム3-14の中で前節になかった行は2行目の「/subjects=…」であり，これを実験条件の割り当てに利用している。Inquisitで作成したプログラムを開始するときには番号の入力を要求されるが，このとき入力される番号でどの実験を実行するかが決まる。プログラム例のように「1 of 2」とすれば，奇数番号の入力でこの実験条件を実行するように指定している。「1, 4, 6 of 6」とすれば，プログラム開始時に「1」「4」「6」「7」「10」「12」「13」…を入力すればこの実験が実行される。

5行目から13行目の「blocks=…」では，ブロックの実行順序を指定している。5行目は強弱の意味を分類する練習試行に，7行目と11行目は人名を分類する練習試行に，8行目と

9行目はそれぞれステレオタイプ一致課題の練習試行と本試行に，12行目と13行目はステレオタイプ不一致課題の練習試行と本試行であり，これらは表3-1に示した第1ブロックから第7ブロックに対応している。6行目と10行目の「change」は，課題が切り替わる前の教示画面である。

ステレオタイプ不一致課題の実験の組立ても同じ手順で行う。2行目を「/subjects=(2 of 2)」とし，「/blocks=…」内の順番を不一致課題用に変更すればよい。

3.3. 知っておくと便利な機能

どのような実験プログラムを作成するにしても，ここで説明する<default>と<data>を知っておくと便利である。

3.3.1. 初期値の設定 <defaults>

Inquisitは各プログラムで初期値を設定している。たとえば，何も指定しなければ文字刺激は黒であり，画面の背景色は白であり，刺激の提示位置は画面中央である。これらの設定を大幅に変更したいときは，プログラムごとに色や位置を指定するのではなく，<defaults>を使って初期値を変更するとよい。第2節で紹介した潜在連合テストでは，プログラム3-15のように初期値設定をしている。

```
プログラム3-15  初期値の設定
 1  <defaults>
 2  /screencolor=(0,0,0)
 3  /txbgcolor=(0,0,0)
 4  /txcolor=(255,255,255)
 5  /font=("MSゴシック",-35,700,128,49)
 6  /validkeys=("d"," ","k")
 7  /pretrialpause=350
 8  /posttrialpause=150
 9  /endlock=true
10  </defaults>
```

最初の行<defaults>と最後の行</defaults>は，プログラムの開始と終わりである。

2行目では提示画面の背景色を黒に，3行目では文字刺激の背景色を黒に，4行目では文字刺激の色を白に，5行目では文字刺激のフォントを指定している。

6行目では，プログラム実行中に有効なキーを3つ指定している。

7行目と8行目は，それぞれ試行前と試行後の休止期間をミリ秒単位で指定している。

9行目の「/endlock=…」を「true」にしておけば，実験プログラムが一通り実行された後に画面とキーボード入力をロックすることができる。ロックをしておけば，参加者や他の人にプログラム画面を見られることも，参加者がコンピュータ上で別の作業を始めることもない。ロックを解除するには「Ctrl」キーと「End」キーを同時に押せばよい。添付のプログラムでは「false」を指定し，ロックが解除された状態にしている。

3.3.2. データ形式の設定 <data>

ブロック名，試行名，反応時間などの基本的なデータは，実験を開始すれば一定の形式で自動的に保存される。この形式を変更したい場合には <data> を利用する。プログラム3-16は第2節の潜在連合テストで利用したものである。この例で保存されたデータを表計算ソフトで読み込んだものが図3-8である。

プログラム 3-16　データ形式の設定

```
1 <data>
2 /columns=[date time build subject trialnum trialcode blocknum blockcode
3           response correct latency stimulusnumber stimulusitem]
4 /labels=true
5 /format=tab
6 </data>
```

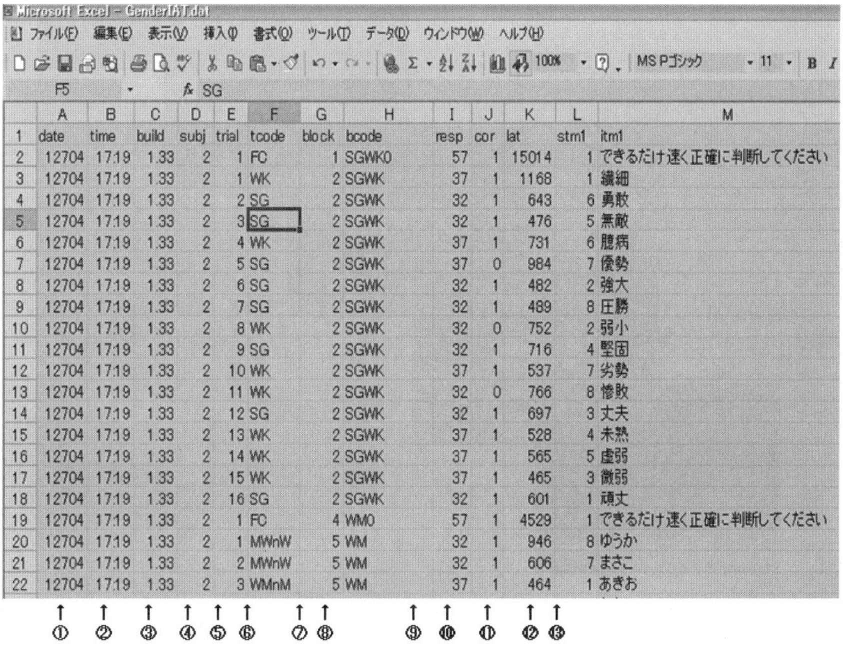

	A	B	C	D	E	F	G	H	I	J	K	L	M
1	date	time	build	subj	trial	tcode	block	bcode	resp	cor	lat	stm1	itm1
2	12704	17:19	1.33	2	1	FC	1	SGWK0	57	1	15014	1	できるだけ速く正確に判断してください
3	12704	17:19	1.33	2	1	WK	2	SGWK	37	1	1168	1	繊細
4	12704	17:19	1.33	2	2	SG	2	SGWK	32	1	643	6	勇敢
5	12704	17:19	1.33	2	3	SG	2	SGWK	32	1	476	5	無敵
6	12704	17:19	1.33	2	4	WK	2	SGWK	37	1	731	6	臆病
7	12704	17:19	1.33	2	5	SG	2	SGWK	37	0	984	7	優勢
8	12704	17:19	1.33	2	6	SG	2	SGWK	32	1	482	2	強大
9	12704	17:19	1.33	2	7	SG	2	SGWK	32	1	489	8	圧勝
10	12704	17:19	1.33	2	8	WK	2	SGWK	32	0	752	2	弱小
11	12704	17:19	1.33	2	9	SG	2	SGWK	32	1	716	4	堅固
12	12704	17:19	1.33	2	10	WK	2	SGWK	37	1	537	7	劣勢
13	12704	17:19	1.33	2	11	WK	2	SGWK	32	0	766	8	惨敗
14	12704	17:19	1.33	2	12	SG	2	SGWK	32	1	697	3	丈夫
15	12704	17:19	1.33	2	13	WK	2	SGWK	37	1	528	4	未熟
16	12704	17:19	1.33	2	14	WK	2	SGWK	37	1	565	5	虚弱
17	12704	17:19	1.33	2	15	WK	2	SGWK	37	1	465	3	微弱
18	12704	17:19	1.33	2	16	SG	2	SGWK	32	1	601	1	頑丈
19	12704	17:19	1.33	2	1	FC	4	WM0	57	1	4529	1	できるだけ速く正確に判断してください
20	12704	17:19	1.33	2	1	MWnW	5	WM	32	1	946	8	ゆうか
21	12704	17:19	1.33	2	2	MWnW	5	WM	32	1	606	7	まさこ
22	12704	17:19	1.33	2	3	WMnM	5	WM	37	1	464	1	あきお

図3-8　表計算ソフトで読み込んだデータファイル

プログラム例の最初と最後の行はプログラムの開始と終了の宣言である。

2行目と3行目では，ファイルの各列に入るデータを指定している。ここで指定した内容が図3-8のように順番に保存される。各列のデータは左から順に次のとおりである。

① 日付
② プログラムを開始した時間
③ Inquisitのバージョン
④ 実験参加者番号
⑤ ブロック内の試行の順序
⑥ 試行名

⑦ ブロック番号
⑧ ブロック名
⑨ 入力のあったキーの番号（番号とキーの対応表はInquisitのヘルプを参照）。この例では，「32」が「d」のキー，「37」が「k」のキー，「57」がスペースキーに相当する。
⑩ 反応の正誤。正答は「1」，誤答は「0」である。
⑪ 各試行で最後の刺激が提示されてからの時間．
⑫ 刺激番号
⑬ 提示した刺激

4行目「/labels=…」では，データファイルの1行目に各列のデータラベルを表示している。ここで「false」を指定するとデータラベルの行は入力されない。

5行目「/format=…」はデータ保存形式である。この例ではタブ形式でデータを保存をしている。「comma」を指定するとカンマ区切り，「free」では1スペース区切り，「fixed」では固定間隔で右揃えのスペース区切りとなる。

さいごに

本章では，反応時間パラダイムを用いた心理学実験2つを紹介しながら，Inquisitで作成したプログラムを解説した。ここで紹介した実験とそのプログラムは単純なものであるが，Inquisitの機能を利用し，さまざまな方向での変更と応用が可能である。たとえば，文字刺激だけでなく，静止画像，動画，音声の刺激も同様の手続きで提示できる。キーボードだけでなく，マウスや他の入力装置からの反応も記録できる。リッカート形式や自由記述形式の質問項目も簡単に作成できる。機能的核磁気共鳴画像法（fMRI）や脳電図（EEG）などの外部装置を，パラレルポートやシリアルポートに接続して利用することもできる。Inquisitのヘルプ情報では，これらの利用方法を簡単な英語でわかりやすく説明しているし，ヘルプ情報に記載されていないことでも，会社に問い合わせをすれば丁寧に対応してくれる。

最近，筆者の周りでは，これまでプログラミングにまったく取り組んだことのない研究者でも，Inquisitのプログラムを短期間のうちに理解し，サンプル・プログラムを応用しながら手早く実験・調査を実施している。実施前に面倒なプログラム言語を理解しなければならないという制約から逃れ，コンピュータ上での心理学実験・調査を手早く正確に行っているのである。より多くの研究者がこの恩恵に与り，研究を発展させていくことを願っている。

引用文献

Greenwald, A.G., McGhee, D.E., & Schwartz, J.L.K.（1998）Measuring individual differences in implicit cognition: The implicit association test. *Journal of Personality and Social Psychology*, **74**, 1464-1480.

Greenwald, A.G., Nosek, B.A., & Banaji, M.R.（2003）Understanding and using the Implicit Association Test: I. An improved scoring algorithm. *Journal of Personality and Social Psychology*, **85**, 197-216.

Inquisit 1.33 [Computer software]（2002）Seattle, WA: Millisecond Software.

Inquisit 2.0 [Computer software]（2004）Seattle, WA: Millisecond Software.

Wittenbrink, B., Judd, C.M., & Park, B.（1997）Evidence for racial prejudice at the implicit level and its relationship with questionnaire measures. *Journal of Personality and Social Psychology*, **72**, 262-274.

インターネットによる調査と実験 4

4.1. インターネットによる研究の現状

4.1.1. インターネットを用いた新しい心理学研究法

　現代社会における進展の著しいテクノロジーのひとつにインターネットが挙げられるだろう。近年のインターネットの普及やそのサービスの拡大は、まさに日進月歩の勢いである。これらのインターネットサービスを活用することにより、以前では考えられないほど多くの情報を瞬時に手に入れたり、コミュニケーションを楽しんだり、商品の売買ができるようになった。ビジネスにおいてもプライベートにおいても、もはやインターネットなしに効率的な生活を考えることは難しくなっている。2003年現在、日本のインターネットの加入者は例年比24.1％増の6942万人であり、これは、実に54.5％の人がネット環境にいることを示している（通信情報白書2003年調べ）。

　インターネットはわれわれの生活だけではなく心理学にも新しい可能性をもたらした。本章では、このインターネットを活用した心理学の研究に焦点を当てる。インターネットによる研究とは、Web上で参加者を募集し、Web上で実験や調査に協力してもらい、その回答を送信してもらうことでデータを収集する新しい研究法である。この研究法によって、従来の研究では困難であったデータの収集が可能になり、大量のデータを必要とする指標を研究に取り入れやすくなってきた。また、手間や時間など実験者の負担が大幅に軽減され、参加者にとってもより都合の良い研究環境を整えることができるようになってきた。

　インターネットによる心理学の研究は、1981年にバイヤーズ（Byers）が最初の教本を出して以来、その数は増加する一方にある。とはいえ、このような方法が広く知られるようになったのはここ数年のことで、多くの研究者にはまだまだ敷居が高いというのが現状であろう。インターネット研究自体も発展途上にあり、インターネットの普及に伴う参加者の多様化、インターネット環境の変化、新しいソフトの開発に伴って研究法やその信頼性に関する議論も目まぐるしく変化している。よって、インターネット上での研究を考える上で最も大切なのは、研究者がその特徴、特に利点と限界点をきちんと理解することにある。インターネットは新しい可能性を心理学研究にもたらしたが、同時に、新しい問題点や混乱も生じさせているからである。

　本章では、初めてインターネットでの研究を試みる者に必要な基礎知識と基本的なスクリプトの例を紹介する。具体的には、まず、日本およびアメリカにおけるインターネットでの

研究の現状を紹介し，次に，インターネット研究の利点と典型的な問題点，そしてそれに対する対策をみていく。初学者におけるインターネット研究の成否は，これらの特徴の理解と実験前に講じる対策にかかっているといっても過言ではないだろう。その後，基本的なスクリプトの具体例を示し，同時にインターネット研究の実施上の疑問や倫理問題について解説していく。

4.1.2. インターネットを使用した研究の現状

現在，インターネットによる心理学研究のほとんどはアメリカの研究者によって行われている。アメリカではインターネットの高い一般普及率とサービスを背景に，早い段階から多くの試みがなされてきた。現在用いられている方法論のほとんどは，アメリカで開発され，発展してきたものである。

インターネットが初めて心理学研究に取り入れられたのは，バイヤーズによって教本が書かれた1981年前後であるといわれている。しかし，この研究法が実際に新しいデータ収集法として発表され始めたのはここ数年のことで，クランツ（Krantz）の運営するAPS（American Psychological Society）に発表されたインターネット研究のリストによると，常時行われているインターネットでの研究数は1998年では35件であったが，翌年には65件に倍増し（Birnbaum, 2000），2003年の時点では，190件を上る著しい成長をみせている。

これらの研究の中で最も多いのは，手軽に行える調査法による研究であるが，中には実験室実験並みの本格的な実験も少なくない。また，初期の研究は主に人格心理学や社会心理学などの限られたトピックで行われていたが（Birnbaum, 2000），現在では，社会心理学，認知心理学，臨床心理学，教育心理学などきわめて広範囲の分野で取り入れられており，インターネット研究に向けられる高い関心が読み取れる。近年ではインターネットを使った教育など新しい応用への動きも出てきている。

一方，日本で発表されている研究はまだ数少ないものの，徐々にみられるようになってきている。2003年の日本心理学大会で発表された研究の中で何らかの形でインターネットを用いている研究は15件に上っている。たとえば，森・高比良（2003；高比良・森, 2003）は，従来の質問紙研究とインターネット上での回答を比較し，インターネットにおける回答の妥当性を示している。

4.1.3. インターネット研究を始めるにあたっての心得

このように，インターネットは心理学研究において非常に魅力的なツールとなってきた。しかしインターネットを使った研究法も万能ではなく，他の研究法と同じように，長所と共に多くの限界点をもっている。インターネット上での研究は実施環境が一度整ってしまえば手軽に行うことができるが，研究内容によっては実施が事実上不可能であったり，誤った利用によって深刻な被害が生じる場合もある。また，インターネット研究特有の特徴が，結果の解釈において致命的な問題を引き起こす場合もある。さらに，不特定多数の参加者が利用可能なため，新たな倫理問題にも配慮しなくてはならないだろう。

そうしたことから，インターネット研究を始める上で重要なのは，その利点と限界点を予めしっかりと把握しておくことにある。また，研究目的を見据えて，参加者への負担を最小限にするような，過不足のない適切なプログラムやスクリプトを組む必要がある。インター

ネット研究における問題の多くは，それをあらかじめ認識してさえいれば未然に回避したり対策を講じることができる。次節では，インターネット上での調査の利点と限界点，そしてその対策についてみていく。

4.2. インターネットの研究の利点と限界

本節では，インターネットを使った研究の特徴について述べる。インターネット研究を実り多いものとするためには，その特徴の十分な理解を欠かすことはできない。インターネットによる研究の特徴は，2つに大別して考えることができる。インターネットを用いた研究が独自にもつ利害とコンピュータを用いる研究全般がもつ利害である（Barak & English, 2002）。

では，まずインターネット研究の利点からみていくことにする。

4.2.1. インターネット独自の利点

1）Web上で参加者募集が可能

インターネットを用いた研究の最大の魅力は，Web上で参加者を募ることができる点であろう。これにより，従来の研究では困難であった参加者のデータを収集することが可能になる。当然ながら，インターネットで行われる研究の参加者はそのために予約を取り付けて実験室を訪れる必要はない。参加者は自分の都合のいい場所で都合のいい時間に参加することができる。これは，多種多様なサンプルや，従来の研究への参加が困難なサンプル集団を必要とする研究においては特に魅力的な特徴であろう。また，研究への要請が困難な集団，たとえば，育児中の母親，同性愛者や犯罪被害者などを対象とする研究においては，その集団が集まるチャットやメーリングリストを利用して参加要請をすることもできる。

2）参加者へのフィードバックが可能

従来の研究では，参加者は自分が何の研究に加わっているのか十分に知らされていない場合が多い。特に，一斉に行われる質問紙形式の研究では，改善の方向にあるにせよ，自分の回答した問題の点数はおろか，研究の目的や内容が十分にフィードバックされないこともしばしば見られる。

その点，インターネットを用いた研究では，研究目的に関する詳細な情報はもちろん，実際に参加者が行ったテストの点数を即座に得点化してフィードバックすることができる。このように，参加者と研究が互いに情報を交し合う方式をダイナミックインタラクティブと呼び，この参加者が自分の情報とその解説が受けられるシステムは，参加する側にとっても有益なサービスになっている。実際に，ダイナミックインタラクティブ方式の研究は，そうではない従来の研究に比べて参加満足度が高いようだ。また，データの収集・分析が済み，研究が終結した際には研究の全体結果や関連研究をWeb上で公開すれば，長期間にわたって参加者と情報を共有することができる。

さらに，必要なスクリプトを組めば，記入漏れをチェックして参加者が送信する前に必須事項に戻って記入を求めることや，各参加者の回答時間や回答傾向に応じて異なる追加質問を呈示することも可能である。このように，インターネット研究では，実験者に必要なデータを収集するだけではなく，参加者自身にとっても有益なフィードバックを受けるための機

会を提供することができる。

3） 回答の質の高さ

多くの場合従来の研究法よりも質の高い回答が得られることもインターネット研究の利点である。参加者は完全に保証された匿名状況で，参加者自身の自室において，自分のペースで参加することができるので，正直な回答が得られやすい（Anderson, 1987; Wolford, & Rosenberg, 1998）。また，トピックによっては，調査者や実験者に対してよりもコンピュータに対する方が回答しやすいこともあるだろう。たとえば，コバックら（Kobak, Greist, Jeggerson, & Katzelnick, 1996）のレビューでは，心的・身体的症状を報告する質問に関する回答においては，コンピュータに対する回答の方が研究者に対する回答に比べてより自己開示が促進されることを明らかにしている。

しかし，このようにインターネット状況が率直な回答を促すことを示す研究が報告されている一方で，依然としてインターネットでのデータ収集に対して不信感をもつ研究者も多いだろう。近年では，インターネットでの調査の信頼性や妥当性を検討するために，質問紙調査法との比較を行う取り組みが盛んになされてきている。ブキャナンとスミス（Buchanan, & Smith, 1999a）は，セルフモニタリング尺度を224名の参加者による質問紙調査と，963名の参加者によるWeb上での回答で比較している。その結果，回答したメディアに関係なく，平均値や分散には差がみられず，同様の3因子構造が得られ，因子負荷量も類似していた。彼らは，別の研究（Buchanan, & Smith, 1999b）においても，匿名のニュースグループ（実験1,415名参加）を対象にした場合や，行動の自己報告（実験2,218名参加）を従属変数にした場合のデータの歪みについても検討を行っているが，いずれの場合も目立った差異は見出されていない。日本では，森・高比良（2003）によってメディアによる回答傾向の違いが検討されているが，ここでも回答メディアの差はみられていない。これらの結果は，インターネット調査によって得られたデータの妥当性・信頼性を過度に危険視する必要はないことを示している。

4.2.2. コンピュータ研究全般の利点 - 高い利便性と低いコスト

インターネット研究は，他のコンピュータ研究同様，一旦材料を作成してしまえば非常に使い勝手が良い。現在では，質問紙形式のテストや実験の単純なコンピュータ化に加えて，回答するために要した時間（回答時間）や回答し直した項目を記録することなどができるプログラムも比較的容易に利用できるようになってきている。

手続きの標準化もコンピュータで実験を実施する上での重要な利点の1つである。コンピュータ画面で呈示される教示は一定であり，統制された実験状況を整えることができる上，対人による実験者効果や要求特性の効果も最小限に留めることができる。また，参加者の反応は電子化されて記録されているため，分析の際にもデータ入力の手間やミスが省かれる。

なにより，起動後は無人操作であり，またペーパーレスでもあるので，大きな研究ではコスト削減にも役立つ。コストを比較した研究（Bicanich, Slivinski, Hardwicke, & Kapes, 1997）によると，質問紙調査であっても365人を越えるとweb上で行われた方が経済的であったという。一般に，従来の実験法よりも比較的短期間で多くのデータを収集することが可能であることも重要な利点であろう。

4.2.3. インターネット研究の問題点

1) 実施者にコンピュータやプログラミング，スクリプトの基礎知識を要する

最近では，コンピュータの操作やスクリプト，プログラムの利用に関する情報が簡単に手に入るようになった。また，雛形の作成を助けるインターネットソフトツールも開発されているため，シンプルなテストであれば初学者にも比較的容易に作成することができる。とはいえ，研究が軌道に乗るまでは予期せぬさまざまなトラブルが生じることもあり，Web経験の乏しい者にとってはテストの作成・運用・維持などは，時間や手間がかかる大仕事であるだろう。また，ダイナミックインタラクティブ方式の研究や，後述するようなインターネット研究特有の問題を回避したければ，やや高度なスクリプトやプログラムを組む必要も出てくる。もしコンピュータに関して経験が不足しているならば，ある程度知識や技術をもっている者の協力が必要であり，これは他の研究法にはない不利な点といえるだろう。

2) 設備投資や準備の問題

インターネット研究を行うためには，当然ながら，ブラウザなどの整備と研究者による定期的なアクセスが必須である。その他の技術的な問題では，ブラウザ，モニター，ビデオカードの設定によって刺激のレイアウトが変化することがあり，事前の確認が必要である。加えて，プロバイダなどの事情によってスムーズな実施が妨げられることもあるかもしれない。それらは，基本的に1つ1つチェックしたり対応したりするしかなく，通常の質問紙調査などと比べると実施するまでの手間や時間が多く取られやすい。

3) サンプルの偏りとインターネット研究に向かない参加者

コンピュータが身近になったとはいえ，紙とペンに代わる存在となっているわけではない。インターネット研究の中で忘れてはいけないのは，Web利用者のサンプルの偏りである。サンプリングバイアスは研究結果の一般化解釈の際に，注意深く考慮されるべきである。日本でもWeb利用者数が年々上昇するにつれて，このようなサンプル問題は緩和されつつあるが，その偏りは決して小さなものではない。通常，Web利用者には，30〜50代の男性が多く（通信情報白書，2003），一般水準よりも教育レベルや経済レベルが高いと考えられている。逆に，高齢者の利用は非常に少ない。

また，参加者の中には，コンピュータを扱うことに不安を覚える者（コンピュータ不安）がいるかもしれない。このように苦手意識の高い参加者は，参加することに苦痛を感じるばかりではなく，回答や反応が紙上や対面での研究と異なるかもしれない。多かれ少なかれコンピュータの使用に対する態度には，男女差や年齢差があることが知られており（e.g., Lankford, Bell, & Elias, 1994），このことも研究によっては考慮されるべきであろう。特に，質問への回答時間を指標とする場合には，それが参加者のタイピングスキルによって大きく変動することも覚えておかなくてはならない。アメリカの調査では，これらの影響は小さいという報告もあるが(Dyck, Gee, & Smither, 1999)，日本では，まだ日常的にコンピュータを使用する環境にない者の割合も多く，一層の配慮が必要である。もし，高齢者などあらかじめコンピュータ操作が不得意と推測される参加者を対象とする場合は，できるだけわかりやすい説明と練習，そしてシンプルな操作を心がけた実験を組み，どうしても問題が避けられ

ない場合には，コンピュータによる研究を諦める勇気も大切であろう。

4）参加者の参加態度

　インターネット研究では，実施者と参加者に大きな距離がある。参加者は実施者の素性をまったく知らないまま参加することもあるだろう。この実施者と参加者の距離は，研究の意図が正確に伝わらないという深刻な問題につながりやすい。実験室においては，研究の重要性や真摯な参加態度を促す説明を実験前に行い質問を受け付ける機会があるが，インターネット上では説明の読み飛ばしや注意事項の無視がきわめて生じやすい（Schmidt, 1997）。参加者の動機づけが低く読み飛ばしが生じている場合，それを完全に防ぐことは困難である。よって，対人状況と比べると教示や意図に沿わない反応が生じてしまう。

　また，インターネットに関する先入観も研究参加の態度に影響するかもしれない。近年，インターネット上で質問に回答する形式の心理ゲームや占いなどが盛んに行われている。これらはもちろん，信頼性や妥当性の裏づけのない遊戯目的のものだが，調査参加者にとっては，そのような遊戯目的のゲームと研究に明確な境界が引かれないかもしれない。これは，インターネット上での研究では，実験室や対人場面に比べて，比較的簡単に回答を途中で中断したり，問題を飛ばしたり，教示に背いたりすることが多い（Schmidt, 1997）原因の一つであろう。

　このような不完全回答は，特に難解な説明や冗長な手続きで生じやすい。よって実施者は，研究が真面目なものであることを十分に説明すると共に，実施中は常に参加者の動機づけを保つような工夫を怠ってはならない。また，後述するように不完全回答をチェックするスクリプトやプログラムを利用して送信前に参加者を適合箇所に戻すことも可能であるが，回答を強制することは倫理的な問題を引き起こしかねないことも覚えておきたい。

　インターネットでは，単一の参加者から送信ミスによってデータが二度送られてしまう二重送信が少なからず生じる。これは，あらかじめプログラムによって同一回答を検出することなどで対処できる。また，送信日時や場所などにより検出を行うことも可能である。しかし，悪意のユーザーが複数データおよび回答を故意に送信する場合，それを防ぐことはできない。よって，ミスの多い個所では参加者に注意を促すなどの工夫や，要請願いや説明，教示に細心の注意を払い，参加者の動機づけを高める努力を講じることで対処すべきであろう。

4.2.4. 典型的なインターネット上でのテスト

　最後に，インターネット上での研究で成功を収めているサイトを以下に紹介する。これらのサイトでは，いずれも訪れると実際に参加することのできる調査を常時行っており，その工夫を見ることができるので参考にするとよいだろう。

IAT (Implicit Association Test)　　https://implicit.harvard.edu/implicit/
　日本心理学会第64回大会でも講演を行ったハーバード大学のグリーンワルド（Greenwald）によって考案された潜在態度の測定，IATを体験できるサイトである。このサイトでは，IATのデモンストレーションを始めとして，結果の解釈の仕方，潜在態度の説明，関連研究の詳細なレポート，またIATを実施する際の注意事項などが一般にもわかりやすい形で紹介してある。

現在どのようなインターネット研究が行われているかを知りたければ，John H.Krantz, Ph.Dによって運営されている「Psychological Research on the Net」を訪れることをお勧めする（http://psych.hanover.edu/research/exponnet.html）。ここでは，心理学20分野にわたる190以上の研究の一覧があり，いずれも参加者を募集している研究にリンクしている。

表4-1　インターネット研究の主な利点と限界点

	利　点	限　界　点
インターネット研究特有	●参加者の都合に合わせて参加可能 ●比較的短期間でデータを収集することができる ●多種多様なサンプルや連絡困難なサンプルへの参加要請が可能 ●地理的境界を越えて参加者を集めることができる ●フィードバックの即効性 ●送信前に記入漏れのチェックが可能 ●実験全体および関連研究の実験結果について容易に公開可能 ●自己開示の高さを含めた回答の質	●作成にコンピュータやプログラミングの知識が必要 ●計画，作成，動作確認に時間がかかる ●設備投資が必要 ●予期せぬ中断やレイアウトの変更 ●ランダムサンプリングの問題 ●研究が不真面目と誤解されてしまう可能性 ●読み飛ばしや不完全回答が多発 ●不誠実な参加者態度を見分けるのが困難 ●二重送信
コンピュータ研究全般に共通	●利便性と低コスト ●手続きの標準化 ●回答時間の測定が可能	●コンピュータ操作が不得意な人に不向き ●回答が参加者のタイピングスキルに依存

4.3.　インターネットによる調査と実験の実際

本節では，インターネット上で実際に研究を行うための具体的な手順と流れを簡単な例と共に解説していく。多くの研究者は，インターネット研究の有用性や特徴を理解しても，実施となると，そのために必要な知識や準備を考え，躊躇しているかもしれない。確かに，複雑な操作や測定を伴う研究を実現させるためにはそれに応じたプログラムやスクリプトの知識が必要になる。しかし，幸いなことに現在では，作成を助ける多くの書籍やソフトを入手することができ，研究作成の基本的な流れを踏めば，大抵の研究は経験が乏しくても工夫して作り出すことができるようになってきた。

インターネット研究の作成には，大まかに分けて3つの方法がある。1つは，インターネット研究作成を支援するソフトの利用である。インターネット研究の支援ソフトの中には，ホームページの作成支援ソフトのように，簡単な質問に答えていくだけで自動的に質問や回答を作成してくれるものもある。また，これらの多くが無料で体験版を配布している。ただし，現時点ではソフトは英語版のみであること，また，比較的シンプルな基本機能しかもっていないことなどから，多かれ少なかれ研究目的に沿った内容に修正していく必要があるだろう。

インターネット研究の作成支援ソフトが入手可能なサイトや研究支援を行っているサイトを以下に紹介する。利用可能な機能は限られているが，この利用を通して研究作成の流れをつかむこともできる。

Formsite　　http://www.formsite.com/

Ioxphere　　　http://www.ioxphere.com/surveys.asp
PsychData.net　　http://www.psychdata.net/

　複雑な操作が必要な研究や，独学で実験を開発する手間や時間が十分に割けない場合には，やはり専門の業者に開発や調査の代行を依頼するのが賢明かもしれない。実際，こうすることで多くの手間と時間を省くことができる。注意すべき点は研究のパラダイムを詳細に伝える必要があること，業者によってサービス内容が異なること，そして多くの場合，ある程度のコストがかかることであろう。

　現時点で最も推奨されるのは，自分で実験を行うためのプログラムやスクリプトを書くことである。近年では，個人的なホームページを立ち上げる機会も多く，HTML（Hypertext markup language）を始めとしてスクリプトやプログラム言語に馴染みがある者も多いだろう。これらの技術を応用すれば簡単な研究であれば比較的容易に行うことができる。

　本節では，まずコンピュータに不慣れな者でも取り組みやすいHTMLのみを使って行える調査（実験）を紹介していく。HTMLだけでは多くの限界があるが，それでも簡単な調査の回答を収集したいという程度の研究であれば十分である。研究作成の基本的な流れが理解できれば，続いて解説するJavaScriptなどを利用して工夫が加えられるだろう。

4.3.1. HTMLを用いた調査の作成

　HTMLとは文字とタグ（命令文）が混在したテキスト形式のファイルであり，これによってブラウザの画面上に表れる教示や刺激などをデザインすることができる。HTMLは最も基本的なスクリプト言語であり，ホームページの構築には必須である。幸いなことに今日ではわかりやすい解説書が多数出版されており，初心者であっても独学できるようになっている。

　HTML文書は`<html>`で始まり`</html>`で終わるさまざまなタグで区切られた文書である。通常，タイトルなどを記述するヘッダ部（`<head>`～`</head>`）の後に，本文（`<body>`～`</body>`）が続き，この部分がブラウザのウィンドウ枠に表示される。ここでは，紙面の都合上HTMLについて詳細に解説することはできないが，以下に典型的な心理学研究を行うために必要な基本的なスクリプトを紹介する。

1）フォームを作成する

　多くのホームページでは，アンケートや掲示板など，見ている者の感想や意見が管理している者へ伝達できるようになっている。これらを研究に利用して，参加者からの入力や選択を受け付けて，その内容をメールで実施者に送信するように設定することで，参加者の回答を集めることができる。

　それには，まず，参加者が質問への回答内容を入力する欄，フォームを作成する必要がある。フォームは，`<form>`で始まり，`</form>`タグを最後に入れることで終わるが，この間に，教示や質問文，回答欄など，テキストや図を表示することで参加者を誘導することができる。

　以下には，名前を書き込むための1行入力フォームと，質問に対して最大5行×50文字分の回答を書き込むテキスト入力スペース，そして年齢を書き込む入力フォームのHTML文

章例を示す。多くの研究では回答が任意であることを伝える必要があるだろう。そこでここでは，年齢の回答は省略可能であることを表示することにする。

プログラム 4-1
```
1  <html
2  <head>
3  <title> 個人情報入力</title>
4  </head>
5  <body>
6  <form>
7  <div>名前：
8    <input type="text" name="NAME" size=20></div>
9  <div>感想：
10   <textarea rows="5" cols="50" name="MEG"></textarea></div>
11 <div>年齢：
12 <input type="text" name="AGE" value="空欄のままでも可"></div>
13 </form>
14 </body>
15 </html>
```

2) 選択肢の回答をさせる（ラジオボタンやチェックボックスの作成）

　質問紙では，複数の選択肢から回答を選択させる形式が最も頻繁に用いられる。HTMLで選択肢を作成するためには，通常ラジオボタンやチェックボックスが使われる。type属性にradioを指定すると丸型のチェックボックスのラジオボタン，checkboxを指定すると四角のチェックボックスが作れる。

　以下の例は，好きな余暇の過ごし方について，読書や映画を楽しむ，街で買い物や食事を楽しむ，外でスポーツなどを楽しむ，予定を立てずにゆっくり過ごすという4つのタイプから1つを選択させる場合のHTML文章である。ここでは，ラジオボタンを作成して読書や映画を楽しむを初期選択状態とした。

プログラム 4-2
```
1  <html>
2  <head>
3  <title> 余暇の楽しみ方 </title>
4  </head>
5  <body>
6  <form>
7  好きな余暇の楽しみ方は次のうちどれですか？ <br>
8  <input type="radio" name="YOKA" value="dokusho" Checked>
9  読書や映画を楽しむ <br>
10 <input type="radio" name="YOKA" value="machi">
11 街で買い物や食事を楽しむ <br>
12 <input type="radio" name="YOKA" value="sports">
13 外でスポーツなどを楽しむ <br>
```

```
14    <input type="radio" name="YOKA" vakue="no plan">
15    予定を立てずにゆっくり過ごす <br>
16    </form>
17    </body>
18    </html>
```

3）送信（登録）ボタンの作成

　質問への回答の後，回答を送信させるフォームを作成する。これによって回答の実施者への送信を行う。value属性を用いると，ボタンに表示する文字を設定できる。また，送信前に確認メッセージを出す場合や，送信せずにすべての情報を消す取消ボタンを作成するには，buttonタグが便利である。

Valueを用いる場合（`</form>`の前に入れる）
```
1   <input type="reset" value="取消">
2   <input type="submit" value="送信">
```

Buttonを用いる場合（`</form>`の前に入れる）
```
1   <button type="reset"> 取消 </button>
2   <button type="submit"> 送信 </button>
3   <button type="button" onclick="alert('よろしいですか？')"> 確認 </button>
```

4）メール送信を設定する

　フォームの作成が完了したら，その回答内容が電子メールで実施者に送信されるように設定しなければならない。送信を設定するための最も簡単な方法はmailtoを用いることである。

```
1   <form method="POST"
2         action="mailto: メールの送信先">
3   ……
4   </form>
```

　上記のmailtoで送られてくるメールは符号化されているのでこのまま読むことはできない。メールを読むためにはこれを適切に解読（デコード）する必要がある。次のようなツールを用いて解読するのが一般的である。

ClipDecoder（Window用, Mac用）
FormDec（Window用）　FormReader（Window用）

　符号化の問題を避けるためには，プロバイダが提供しているメール送信フォームサービスを利用することもできる。現在では多くのプロバイダが有料・無料のサービスを行っているので確認するとよいだろう。他にも，CGIというプログラム言語を用いる方法がある。しか

し，これはサーバーエンドプログラムの一種であり，多くのプロバイダではその使用が制限されているため初心者には不向きである。

このように，HTMLは初心者にも十分対応できる使いやすいスクリプト言語である。しかし，複雑な操作に対応した機能が必要となる研究ではHTMLだけではすぐに限界がみえてくるだろう。そこで以降では，HTMLにJavaScriptを加える方法を，比較的簡易なスクリプト例と共に紹介していく。

4.3.2. JavaScriptを用いた研究例

JavaScriptとは，Netscape Communications社が開発した現在最もよく使われているスクリプト言語である。これを用いると，プログラム言語ほどではないが便利なプログラムを手軽に実行できたり，システム管理を簡略化することができる。この言語の最大の特徴はクライアントマシン上で動作することであり，Webサーバーの管理者でなくてもWebページ上に研究に必要なさまざまな機能を手軽に追加できるメリットをもつ点である。また，ほとんどのWWW環境で動作する上に，その制作に必要なのはテキストエディタだけであるので使い勝手がよい。コンピュータの知識経験が豊富ならば，サーバーサイドのプログラムであるCGIも推奨されているが（Schmidt, 1997），ウイルスやハッキング被害への対策などさまざまなサーバー管理に伴う問題を考慮すると，初心者には難しい。

JavaScriptを書く際に覚えておく必要があるのは，「;」（セミコロン）が命令文の区切りになることと，大文字小文字を区別するということである。また，ブラウザの種類やバージョンによっては無効になったり，エラーが生じたりすることもあるので事前の確認が必要である。

以下のように，JavaScriptはHTMLに簡単に組み込むことができる。

```
1  <html>
2  <head>
3  <title> タイトルを入れる </title>
4  </head>
5  <body>
6  <script type="text/JavaScript">
7  </script>
8  </body>
9  <html>
```

1）メールフォームに情報を付け加える

不特定多数の参加者から大量のメールが送られてくると，その回答がどの質問に対するものなのか判別する必要が出てくる。そこで，どこのWebページ（質問）から回答が送信されたのかという情報を付け加えると便利である。以下に示したのは，質問に対する自由回答を求めた後，質問番号をメール本文に付け加えてその回答をメールで送信する方法である。なお，Input typeにhiddenを用いるとWeb画面上に表示されなくなる。

```
 1  <html>
 2  <head>
 3  <title> 質問A </title>
 4  </head>
 5  <script type="text/JavaScript">
 6  <!--
 7  function addTitle( ){
 8    document.sendmail.encoding='text/plain';
 9    document.sendmail.Page.value=document.title;
10  }
11  //-->
12  </script>
13  <body>
14  <h3> 質問A </h3>
15  <hr >
16  質問Aの内容 <br>
17  <form name="sendmail" method="post"
18    action="mailto:メールの送信先?subject=form From Mail"
19    onsubmit="addTitle()">
20    <textarea rows="8" cols="40" name="mail"> </textarea> <br>
21    <input type="submit" value="送信" >
22    <input type="hidden" name="Page" value="質問Aより">
23  </form> </body> </html>
```

　この機能は便利だが，JavaScriptを用いてメールを送信する場合，使用しているWebブラウザとメールソフトの関係によって作動しないことがあるので，注意を呼びかける必要がある。

2）参加者の入力ミスを送信前にチェックする

　フォームを用いたインターネット調査では，参加者は自由にテキスト入力で回答できるようになっているが，不適切な内容が入力される場合や，入力の間違い，または必要な項目が入力されない（無回答項目）といった問題がしばしば生じてしまう。それを防ぐために，フォームに必要な情報が適切に入力されているかどうかを送信前に参加者自身が確認できるようにすることが望ましい。

　以下の例では，ボタンを押すとフォーム内の入力の有無が確認され，入力されてない場合は警告メッセージが表示される。

```
 1  <html>
 2  <head>
 3  <title> タイトルを記入 </title>
 4  </head>
 5  <script type="text/JavaScript">
 6  <!--
 7  function checkText(){
```

```
 8    if(document.myForm.myText.value==""){
 9      alert("入力がありません");
10    }
11    else{
12      alert("入力があります");
13    }
14  }
15  //-->
16  </script>
17  <body>
18  <h3>フォームの入力を確認する</h3>
19  名前を入力してください<br>
20  <hr >
21  <form name＝"myForm">
22    <input name＝"myText" type＝"text" >
23    <input type＝"button" value＝"確認" onclick＝"checkText()" >
24  </form></body></html>
```

また，ラジオボタンやチェックボックスなどを用いた選択肢でも同様に，それらが選択されているかどうかを確認することができる．以下に，質問に対して4つの選択肢を用意し，参加者の選択の有無を確認するサンプルを示す．参加者が確認ボタンを押すと，もし選択された選択肢がなければ「選択されていません」と警告を出し，もし選択されていればその選択された数を返すように設定されている．

```
 1  <html>
 2  <head>
 3  <title> タイトルを記入 </title>
 4  </head>
 5  <script type＝"text/JavaScript">
 6  <!--
 7  function checkForm(){
 8    var i, count＝0;
 9    for (i＝0; i<document.myForm.rForm.length; i++){
10      if(document.myForm.rForm[i].checked＝＝true){
11        count++;
12      }
13    }
14    if(count>0){
15      alert(count+"つ選択されています");
16    }
17    else {
18      alert("選択されていません");
19    }
20  }
21  //-->
22  </script>
23  <h3> 質問 </h3>
```

```
24  <hr>
25  <form name="myForm">
26  答えA <input type="checkbox" name="rForm" value="answerA">
27  <br>
28  答えB <input type="checkbox" name="rForm" value="answerB">
29  <br>
30  答えC <input type="checkbox" name="rForm" value="answerC">
31  <br>
32  答えD <input type="checkbox" name="rForm" value="answerD">
33  <br>
34  </form>
35  <hr>
36  <form>
37  <input type="button" value="確認"onclick="checkForm( )"/>
38  </form></body></html>
```

3）回答に応じて異なるページに移動

　JavaScriptでは，formの<input>タグにonclickという引数を設定することで，関数を呼び出すことができる．これを利用すれば，回答内容に応じて異なるページに移動するように設定することができ，そこで異なる説明や後続質問を続けることができ，たいへん便利である．

　以下の例では，back( )という関数を利用して，ボタンを押すと回答内容に応じて1ページ前，2ページ前，3ページ前に戻るようにした．

```
1   <html>
2   <title> タイトルを入れる</title>
3   <body>
4   <h3> 質問のタイトル</h3>
5   <hr>
6   質問内容 <br>
7   <script type＝"text/JavaScript">
8   function back(num)
9   {
10          num=num * (-1);   // ページを戻るのでマイナス値
11          history.go(num);
12  }
13  </script>
14  <form method="post">
15  <input type="button" value="回答 1" onClick="back(1)">
16  <input type="button" value="回答 2" onClick="back(2)">
17  <input type="button" value="回答 3" onClick="back(3)">
18  </form>
19  </body></html>
```

4）ランダムに質問を配る

実験を実施する際には，条件への無作為割り当てが欠かせない。ここでは，参加者をランダムに6群に分けるテクニックをみていく。

以下に，6つの指定したリンク先にランダムに移動する方法を示す。このようにすればそれぞれの群に別の教示や課題を与えることができる。

```
1  <html> <head> <title> タイトルを入れる </title>
2  <script type="text/JavaScript">
3  <!--
4  // ランダムでリンク先が変わる
5  function ura( )
6  {
7    switch (Math.floor (Math.random () *6) +1) {
8     case 1:{location.href="kennkyuu/aaa.html";break;}
9     case 2:{location.href="kennkyuu/bbb.html";break;}
10    case 3:{location.href="kennkyuu/ccc.html";break;}
11    case 4:{location.href="kennkyuu/ddd.html";break;}
12    case 5:{location.href="kennkyuu/eee.html";break;}
13    case 6:{location.href="kennkyuu/fff.html";break;}
14    }
15 }
16 // -->
17 </script>
18 </head>
19 <body><center>
20 質問に答えてください<a href="bbss/index.html" style="text-decoration:none;">
21 </a><br><br><br>
22   <a href ="JavaScript:ura( );"> 質問へ </a>
23 </center> </body> </html>
```

ここで紹介したサンプル以外にも，必要に応じて多様な機能を追加することができる。現在では関連書籍などで役立つサンプルを入手することができるので，それらを活用して目的に沿った研究を作成するように工夫していただきたい。

4.3.4. インターネット研究を行う上での注意（倫理問題）

最後にインターネット研究を行う上で注意すべき倫理問題について触れておきたい。インターネット研究は心理学研究としてはまだまだ新しく，十分な議論や倫理的な基準が追いついていない。APAの倫理規定（1992）は，インターネット研究では容易に違反されかねない。たとえば，信頼性や妥当性が確かでないテストも多く，それらのテストに基づいてあたかも専門家がするようなアドバイスが公開されていることもある。また，参加者の了解を得ないままテスト結果が使用されていたり，逆に，著作権を伴う資料が何の注釈もなしに転載されていたりする例もしばしばみられる。

このようなインターネット研究の氾濫は，データ自体が歪んだ研究につながるだけでなく，心理学研究全体の信用にかかわる深刻な問題である。今後は，これらの問題を十分に配慮し

た研究の実施と，専門家の教育が求められている。

参考文献

American Psychological Association (1992) *Ethical principles of psychologists and code of conduct.* Washington, DC: Author.

Anderson, J.L. (1987) Computerized MAST for college health service. *Journal of American College Health*, **36**, 83-88.

Barak, A., & English, N. (2002) Prospects and limitations of psychological testing on the Internet. *Journal of Technology in Human Services*, **19**, 65-89.

Birnbaum, M.H. (2000) Decision making in the lab and on the Web. In M.H. Birnbaum(Ed.), *Psyhological Experiments on the Internet*, (pp.3-34). San Diego: Academic Press.

Buchanan, T., & Smith, J.L. (1999a) Using the Internet for psychological research: Personality testing on the World Wide Web. *British Journal of Psychology*, **90**, 125-144.

Buchanan, T., & Smith, J.L. (1999b) Research on the Internet: Validation of the World- Wide Web mediated personality scale. *Behavior Research Methods, Instruments, & Computers*, **31**, 565-571.

Byers, A.P. (1981) Psychological evaluation by means of an online computer. *Behavior Research Methods & Instrumentation*, **13**, 585-587.

Dyck, J.L., Gee, N.R., & Smither, J.A. (1999) The changing construct of computer anxiety for younger and older adults. *Computers in Human Behavior*, **14**, 61-77.

情報通信白書(オンライン) URL：http://www.soumu.go.jp/hakusyo/tsushin/index.html

Kobak, K.A., Greist, J.H., Jefferson, J.W., & Katzelnick, D.J. (1996) Computer-administered clinical rating scales: A review. *Psychopharmacology*, **127**, 291-301.

Krantz, J.H. (1998) Psychological research on the net [Online]. Available URL: http://psych.hanover.deu/APS/exponnet.html

Lankford, J.S., Bell, R.W., & Elias, J.W. (1994) Computerized versus standard personality measures: Equivalency, computer anxiety, and gender differences. *Computers in Human Behavior*, **10**, 497-510.

森津太子・高比良美詠子 (2003) ウェブ調査と紙筆式調査における回答の比較(2) 日本心理学会第67回大会発表論文集, **103**.

Schmidt, W.C. (1997) Virtual subjects: Using the Internet as an alternative source of subjects and research environments. *Behavior Research Methods, Instruments, & Computers*, **29**, 274-279.

高比良美詠子・森津太子 (2003) ウェブ調査と紙筆式調査における回答の比較(1) 日本心理学会第67回大会発表論文集, **102**.

Wolford, G.L., & Rosenberg, S. (1998) *Computerized data collection from SMI*. Paper presented in the Society for Computers in Psychology Annual Conference, Dallas.

心理学実験プログラミングの基礎 5

はじめに

　本章では，心理学実験プログラミングの基礎として，多くのプログラミング言語に共通する基本的な概念を概観する。また，最後の節では，CRTディスプレイへの描画の仕組みやMicrosoft Windows Operating System（以下，Windowsと略記）上でプログラミングを行う際に注意すべき点などについて，必ず知っておく必要のある点に絞って最小限の解説を行う。

　さて，プログラミング言語の概念について理解するには，実際にプログラムを記述し，実行してみることが非常に有効である。そこで以下では，6章で取り上げるインタプリタ言語システム HSP（Hot Soup Processor）を例にとって実際の作業手順を紹介する。

HSPの使用方法

　本書の付録CD-ROMには，HSP 2.61のフルセットパッケージが収録されている。arcフォルダに収録されているhsp261inst.exeを実行し，インストール先を指定したら（初期設定のままでも構わない）以降は画面の指示に従っていただきたい（アンインストールするには，スタートメニューから「Hot Soup Processor 2.61」-「アンインストール」の順に選択する）。

　インストール後，スタートメニュー，あるいはデスクトップのショートカット・アイコンから「HSPスクリプトエディタ」を実行するだけでプログラミングの準備は完了である。このエディタ上でプログラムを入力し，メニューから「HSP」-「コンパイル＋実行」の順に選択すると，入力したプログラムを即座に実行することができる。

　HSPの言語仕様や使用方法の詳細については，スタートメニューから「マニュアルインデックス」を実行し，マニュアルを参照していただきたい。

5.1. 命令と引数

5.1.1. 命令と引数の関係

　プログラム言語でコンピュータに何かしらの処理をさせるための「ことば」のことを命令と呼ぶ。命令には単独で用いられるものと，引数を伴うものがある。命令を自然言語の文法にたとえると，引数はその目的語にあたる。すなわち，命令と引数は「何を（目的語），どうしろ（命令）」という関係にあるといえる。また，自然言語の場合と同様に，目的語は1

つであるとは限らない。複数の引数が存在する場合，一般にそれらを第1引数，第2引数，…と呼ぶ。多くの場合，それらの記述順序は「命令 第1引数 第2引数…」となる。

一般に，プログラミング言語では，1つの文は1つの命令から構成される。文末の示し方は言語によって異なり，たとえばCやJavaでは必ずセミコロン（;）によって文の終わりを明示しなければならないが，Visual BasicやHSPでは改行をもって文末とする。後者の場合，文末に特定の記号を記述する必要はない。

5.1.2. マルチ・ステートメント

多くの言語では，1行に複数の文を記述することができる。これをマルチ・ステートメントと呼ぶ。ただし，マルチ・ステートメントで文を区切る方法は言語によって異なる。たとえば，セミコロンによって文の終わりを明示するCやJavaでは，セミコロンに続けて次の文を記述することができる。一方，改行で文末を示すVisual BasicやHSPでは，文と文をコロン（:）で区切ることによってマルチ・ステートメントを実現している。

5.1.3. コメント

プログラムの動作に影響を及ぼさない注釈をコメントと呼ぶ。プログラムに注釈を加える際には，それがプログラムの動作に影響を及ぼさぬようコメントであることを明示する必要がある。適切なコメントを記述することは，第三者がそのプログラムを読む際の助けとなるばかりでなく，プログラム作成者にとっても非常に有益である。たとえ自分自身の書いたプログラムであっても，時間が経つと処理内容やその方略を忘れてしまっている場合も多いからである。

その記述がコメントであることを明示するには，大きく分けて2種類の方法がある。1つは，コメントの先頭と終わりに特定の記号を記述する方法である。たとえば，CやJavaで/* コメント */ と記述すると，/* と */ に挟まれた部分は（たとえ複数行であっても）すべてコメントとして解釈される。もう1つは，コメントの先頭のみに特定の記号を記述する方法である。この場合は，その行の終わりまでがコメントとして解釈される（コメントの終わりを記号によって示す必要はない）。たとえば，JavaやC++では，コメントの先頭にダブル・スラッシュ（//）を記述することにより，その行の終わりまでがコメントとなる。

どのような記述がコメントとして解釈されるのかは言語によって異なり，複数の記述方法が許されている言語もある。たとえば，JavaやHSP，C++では，/* と */ で挟まれた記述もコメントとなり，// 以降改行までの記述もコメントとなる。

5.1.4. インデント（字下げ）

適切なインデント（字下げ）を行うことは，プログラムの可読性を高め，その構造の把握を容易にしてくれる。どのような場合にインデントを行うかは個々人の自由であるが，第三者とプログラムを共有する可能性のある場合には慣用的な方法に従うべきである。

一般に，インデントはタブ・コード，あるいは半角（1バイト）スペースの入力によって行われる。開発環境によっては，タブ・コードを入力すると自動的に複数個の半角スペースに置き換えて保存するものもある。インデントが特に有効なのは，条件判断や繰り返しの処理が入れ子（ネスト）構造になっている場合である。インデントの具体的な方法については，

後に示すサンプル・プログラムを参考にしていただきたい。

5.2. 変数と定数

5.2.1. 変数の宣言

　変数とは，プログラムの中で扱うさまざまな値を入れておくための「入れ物」である。多くの言語では，変数を使用する前にその宣言を行う必要がある。「このプログラムの中で，この変数を使用する」という宣言である。したがって，宣言はすべての変数について行う必要がある（ただし，HSPのように変数の宣言の不要な言語も存在する）。具体的な宣言の方法は言語の種類によって異なるためここでは割愛する。各言語の解説書等をご参照いただきたい。

5.2.2　変数への値の代入

　変数という入れ物に値を入れる処理を代入と呼ぶ。変数に代入する値の種類には，大きく分けて「数値」と「文字列」があり，ほとんどの言語ではこれらを明確に区別している。また，数値の場合には代入する値の桁数などによって，さらにいくつかの種類に分けられることも多い（詳しくは後述する）。これらを，変数の「型」と呼ぶ。プログラム5-1では，HSPを用いて変数aへの値の代入を行っている。実行すると，画面上には「123」と表示される。

```
プログラム5-1
  1  a=123     // 変数aに数値「123」を代入
  2  mes a     // 変数aの値を表示
  3  stop      // プログラムの実行を停止
     /*  mesは引数として指定された変数の内容を表示する命令，stopはプログラムの実行
     を停止する命令である。*/
```

　プログラム5-1に示したように，等号（=）の左辺に変数名，右辺に値を記述することにより代入が行われる。また，変数は情報を格納するための「入れ物」であるため，その中身（値）を入れ替えることも可能である。たとえば，プログラム5-2を実行すると，画面上には「456」と表示される。

```
プログラム5-2
  1  a=123     // 変数aに数値「123」を代入
  2  a=456     // 変数aに数値「456」を代入
  3  mes a
  4  stop
```

　プログラム5-1との相違は，2行目の追加のみである。1行目が実行された時点で変数aに格納されている値は「123」であるが，2行目が実行されると「456」に置き換わる。このように，変数に格納された値は，その型が許す範囲でいつでも変更することができる。こうした操作は，代入される値が文字列であっても同様である。プログラム5-3では，変数aへの文字列の代入を行っている。

> **プログラム 5-3**
> ```
> 1  a="Hello, world."      // 変数aに文字列「Hello, world.」を代入
> 2  mes a
> 3  stop
> ```

プログラム5-3の1行目では，等号の右辺に「Hello, world.」という文字列が記述されている。これにより，変数aの値は「Hello, world.」という文字列となる。ここでご注意いただきたいのは，代入される文字列がダブル・クォーテーション・マーク（"）で囲まれている点である。HSPだけでなくCやVisual Basicなど，ほとんどの言語では，その値が文字列であることを明示するためにダブル・クォーテーション・マークで囲む必要がある。したがって，もしプログラム5-1の1行目の右辺が"123"と記述されていれば，変数aに代入される値は123という数値ではなく123という文字列となる（具体例は5.4.1.のプログラム5-8を参照）。

5.2.3. 変数の型

変数の型の種別は，言語により異なる。たとえば，HSPには「数値型」と「文字列型」の2種類しかないが，Cには「文字型」に加え，いくつかの「数値型」がある（表5-1）。

表5-1　Cのデータ型の例

データ型	扱える値の範囲	サイズ
char（文字型）	−128〜127	1
int（整数型・16ビット）	−32768〜32767	2
int（整数型・32ビット）	−2147483648〜2147483647	4
long（倍長整数型）	−2147483648〜2147483647	4
float（単精度整数型）	3.4E±38（有効桁7桁）	4
double（倍精度実数型）	1.7E±308（有効桁15桁）	8

注：実数型は浮動小数点型ともいう。charは1バイトの文字しか格納できないため，Cにおける文字列はcharの配列によって扱われる（配列については5.3.1.を参照）。

表5-1に示したように，変数に代入する値の性質によって選択すべき型が決定されることになる。変数の宣言（5.2.1.参照）が必要な言語では，変数の型は宣言時に決定される。一方，本章で教材として使用するHSPでは，変数の宣言は不要である。HSPでは，変数に値が代入された時点で，その変数の型が決定されるからである。たとえば，「a=123」と記述するとaは数値型変数となり，「a="123"」と記述するとaは文字列型変数となる。

5.2.4. 予約語

変数の名前は，その言語の仕様の許す範囲（たとえば，Cでは必ず英文字かアンダースコアから始めなければならないなど）でプログラムが自由に決めることができる。ただし，どの言語でもあらかじめ予約されている「予約語」があり，これと同じ変数名を使用することはできない。たとえば，一般に命令は予約語であり，同じ綴りの変数を使用することはできない。具体的な予約語については，各言語の解説書等でご確認いただきたい。なお，CやC++，Javaのように大文字と小文字を区別する言語と，PascalやHSPのように区別しない言

語があるので注意が必要である。

5.2.5. 定　　数

前述したように，変数は代入が行われるたびに値が変化する「入れ物」である。これに対して，ひとたび定義したら値を変更することのない「入れ物」を定数と呼ぶ。一般に，定数の定義は，変数への値の代入と同じ方法で行うことができる（言語によっては，それ以外の定義方法が用意されていることも多いが，ここでは割愛する）。一般に，刺激の呈示時間や試行数などはプログラム中で変化させることがないので，そのような対象について定数を用いるとよい。

定数を用いる大きな利点の1つは，プログラム作成中の値の変更時にある。たとえば，試行数を記述する箇所が複数ある場合，試行数を変更するにはそれらすべてを書き換えなければならない。そのような作業は効率が悪く，見落としの原因ともなる。そこで，あらかじめ定数として定義しておけば，その定義部分だけを書き換えることによって自動的にすべての値が変更されることになる。

5.3. 配　　列

5.3.1. 配列とは

配列とは，通し番号の付いた変数である。先の「入れ物」の例をあげるなら，通し番号の付いた同じ名前の入れ物である。特に，多くの刺激を扱う実験プログラムなどでは，配列を用いる利点は非常に大きい。100種類の刺激を呈示する実験では100の変数が必要であるが，配列を用いれば1つの配列ですべての刺激を扱うことが可能となるからである。同様に，実験結果を保存する際にも配列を用いる利点は大きい。100試行の結果を保存するには100の変数が必要であるが，配列を用いれば1つの配列として全試行の結果を扱うことができるからである。

5.3.2. 1次元配列

本項では，最も単純な1次元の配列について解説する。まずプログラム5-4では，配列を用いずに1桁の乱数を20個生成して順に表示している。

```
プログラム 5-4
 1  rnd var01,10   // 10未満の乱数を生成し，変数var01に代入
 2  mes var01
 3  rnd var02,10   // 10未満の乱数を生成し，変数var02に代入
 4  mes var02
（中略）
39  rnd var20,10   // 10未満の乱数を生成し，変数var20に代入
40  mes var20
41  stop
    /*  HSPではrnd命令によって乱数を生成し，変数への代入を行う。書式は「rnd 変
    数名,乱数の最大値」である。実行すると第2引数で指定した値未満の乱数が生成され，
    第1引数で指定した変数に代入される。*/
```

プログラム5-4では，変数var03～変数var19への乱数の代入処理と格納された値の表示処理を省略しているが，20個の変数への乱数の代入と，それらの表示という処理の繰り返しとなっている。このような方法では，必要な乱数が多いほど扱う変数の数も多くなり，非常に効率が悪い。配列が有用なのは，たとえばこのような場合である。プログラム5-5を実行すると，プログラム5-4とまったく同じ結果を得ることができる。

```
プログラム5-5
  1  n=20                  // 生成する乱数の個数の定義
  2  dim var,n             // 数値型配列varの宣言（要素数は20）
  3  repeat n
  4      rnd var.cnt,10    // 1桁の乱数を生成し，配列varのcnt番目の要素に代入
  5      mes var.cnt       // 配列varのcnt番目の要素の値を表示
  6  loop
  7  stop
  /*  repeat命令とloop命令で挟まれた行は，repeat命令の引数の回数だけ繰り返し
      実行される。繰り返し処理の詳細については後述する。*/
```

プログラム5-5では，配列と繰り返し処理を用いてプログラム5-4と同様の処理を行っている。2行目のdim命令は配列の宣言である（ここでは数値型の配列を宣言しているが，文字列型の配列を宣言する場合にはsdim命令を用いる）。第1引数に配列を割り当てる変数名，第2引数に配列の要素の最大を指定する。ここで，第2引数の値は20であるので，通し番号0～19のついた配列varの使用が可能となる（var.0～var.19）。この配列varに1つずつ値を代入するには「var.0=1：var.1=2：…：var.19=19」のように記述することも可能であるが，これではプログラム5-4と変わらない。そこで，繰り返し処理を用いると，こうした処理を簡潔に記述することができるのである。

さて，4行目と5行目に現れるcntはHSPのシステム変数と呼ばれるものの1つで，repeat～loopの繰り返し回数に従って，1ずつ増加する性質をもつ（特に指定しない限り，その初期値は0である）。そこで，このcntの値を用いて配列の要素を指定するのである。つまり，cntの初期値は0であるから，1回目に実行される処理は「rnd var.0,10 : mes var.0」と等価である。2回目の実行ではcntの値が1増加するため「rnd var.1,10 : mes var.1」と等価となり，20回目の実行では「rnd var.19,10 : mes var.19」と等価となる。このように類似した処理を多数回行う際には，配列の使用と繰り返し処理によって簡潔な記述が可能となる場合が多い。

5.3.3. 多次元配列

前項で取り上げた配列は1次元であったが，多くの言語では多次元の配列を使用することができる。多次元配列は，HSPでは「配列変数名.次元.要素」として表現される。したがって，数値型の2次元配列では「dim 配列変数名,2,要素数」として宣言することになる（文字列型ではsdim命令を用いる）。たとえば「dim a,5,10」と宣言すると，a.0.0からa.4.9まで，5×10の要素をもつ配列aが使用可能となる。具体例を，5.8.7.のプログラム5-23に

示した。

5.4. 演算子

プログラムを記述する上で，演算子の役割は非常に重要である。ここでは，多くの言語に共通する代表的な演算子を紹介する。言語の種類に依存する演算子も多く，同じ表記であっても言語によりその動作の異なる場合もある。したがって，実際の使用にあたっては，それぞれの言語の解説書等をご参照いただきたい。

5.4.1. 算術演算子

算術演算子は，主に数値の演算に用いられる。たとえば，HSPやCでは，表5-2の算術演算子を使用することができる。

表5-2 算術演算子の例

機能	演算子 HSP	演算子 C	記述例 HSP	記述例 C	aに代入される値
加算	+	+	a=b+c	a=b+c	b+c
減算	-	-	a=b-c	a=b-c	b-c
乗算	*	*	a=b*c	a=b*c	b×c
除算	/	/	a=b/c	a=b/c	b÷c
剰余	¥	%	a=b¥c	a=b%c	b÷cの余り

表5-2の記述例に示したように，算術演算子では数値同士の演算だけでなく，数値を代入した変数を用いて演算を行うことも可能である。プログラム5-6を実行すると，xの値もyの値も「6」であることが確認できよう。

```
プログラム 5-6
  1  a=2        // 変数aに数値「2」を代入
  2  b=3        // 変数bに数値「3」を代入
  3  x=a*b      // 変数aの値と変数bの値の積を変数xに代入
  4  y=2*3      // 数値「2」と数値「3」の積を変数yに代入
  5  mes"x="+x:mes"y="+y
  6  stop
```

また，数値と変数を組み合わせて演算を行うことも可能である。プログラム5-7を実行すると，画面上には1000と表示される。

```
プログラム 5-7
  1  a=999      // 変数aに数値「999」を代入
  2  a=a+1      // 変数aの値と数値「1」の和を変数aに代入
  3  mes a
  4  stop
```

なお，+という演算子は，多くの言語で文字列同士を結合する役割も兼ねているのでご注意いただきたい。プログラム5-8を実行すると，画面上には「123456」と表示される。これは，変数aに代入された値「123」と，変数bに代入された値「456」が，いずれも文字列であるためである。数値の場合と同様に，変数に代入せずに文字列同士を結合したり（c="123"+"456"），文字列と変数を組み合わせて結合することも可能である（a="123" : c=a+"456"）。

```
プログラム 5-8
1  a="123"   // 変数aに文字列「123」を代入
2  b="456"   // 変数bに文字列「456」を代入
3  c=a+b     // 変数aの値と変数bの値を結合し，変数cに代入
4  mes c
5  stop
```

5.4.2. インクリメント演算子とデクリメント演算子

変数に格納されている数値を対象として，1を加える，あるいは1を減ずるという処理を行う機会は非常に多い。このような場合，インクリメント演算子やデクリメント演算子を用いると便利である（表5-3）。

表5-3　インクリメント演算子とデクリメント演算子

機能	演算子		記述例	
	HSP	C	HSP	C
1加算	++, +	++	a+, a++	++a, a++
1減算	--, -	--	a-, a--	--a, a--

プログラム5-9を実行すると，1から20までの整数の2乗値が表示される。まず，変数iに1を代入し，repeat～loop間の繰り返し処理を行う度に「i++」としてiの値を1つずつ増加させる。これにより，a.cntに代入される「i*i」は「1*1, 2*2, 3*3, …, 20*20」と変化していくことになる。

```
プログラム 5-9
1  dim a,20        // 数値型配列aの宣言（要素数は20）
2  i=1             // 変数iに数値「1」を代入
3  repeat 20
4     a.cnt=i*i    // 変数iの値の2乗値を配列aのcnt番目の要素に代入
5     mes a.cnt
6     i++          // 変数iの値に1を加算
7  loop
8  stop
```

5.4.3. 関係演算子（比較演算子）

関係演算子は，その右側に記述された値や式と左側に記述された値や式の大小関係や等値関係を表現するために用いられる（表5-4）。最も頻繁に用いられるのは，「もしaがbより

も大きければ〜」,「もしcとdが等しければ〜」といった条件判断を行う場面である（条件判断の詳細については，次節で解説する）。

表5-4 関係演算子の例

関 係	演算子		記述例		意味
	HSP	C	HSP	C	
小なり	<	<	a<b	a<b	aはbより小さい
大なり	>	>	a>b	a>b	aはbより大きい
以下	<=	<=	a<=b	a<=b	aはbより小さいか等しい
以上	>=	>=	a>=b	a>=b	aはbより大きいか等しい
等しい	==, =	==	a==b, a=b	a==b	aはbと等しい
等しくない	!=, !	!=	a!=b, a!b	a!=b	aはbと等しくない

5.4.4. 論理演算子

論理演算子は，その右側に記述された値や式と左側に記述された値や式を論理値（真，あるいは偽の二値）として論理演算を行う際に用いる。使用可能な論理演算子は言語により異なるが，一例を表5-5に示す。最も頻繁に用いられるのは，「もしaがbよりも大きく，かつcがdよりも小さければ〜」,「もしaがbよりも大きい，あるいはcがdよりも小さければ〜」,「もしaがn以上，かつm以下であれば〜」といった2つ以上の条件によって判断を行う場面である。これらの演算は，表5-6に示した真理値表に従って行われる。

表5-5 論理演算子の例（HSP）

	演算子	記述例	意味
論理積	&	a&b	a, bともに真のとき真
論理和	|	a|b	a, bいずれかが真のとき真
排他的論理和	^	a^b	aとbの真偽が異なるとき真

表5-6 真理値表（論理演算子はHSPでの表記）

条件（入力）		演算結果（出力）		
a	b	a&b	a|b	a^b
偽	偽	偽	偽	偽
偽	真	偽	真	真
真	偽	偽	真	真
真	真	真	真	偽

5.4.5. その他の演算子

これまで紹介してきた以外にも，演算子にはいくつかの種類がある。たとえば，ビット（コンピュータで扱う情報の最小単位）単位でデータを操作するための「ビット演算子」や，算術演算と代入を同時に行うための「複合代入演算子」などである。ここでは詳しく解説しないが，必要に応じて使用する言語の仕様を確認していただきたい。なお，変数への値の代入の項（5.2.2.）で用いた等号（=）は，「代入演算子」と呼ばれる。

5.5. 条件判断

5.5.1. 条件判断を行う場面

　ある条件を満たす場合にのみ特定の処理を行わせたい場合には，条件判断を行う必要がある。たとえば，被験者の反応に応じてフィードバックを行ったり，次に呈示する刺激を変化させたりする場合などである。ここではHSPでの記述を例にとって，一般的な条件判断の考え方について解説する。なお，次項以降では被験者の反応内容について判断を行う場面を例にあげるが，条件判断を行う場面は非常に多岐にわたる。たとえば，ある時点（刺激呈示開始時点など）から一定の時間が経過したかどうかを判断し，もし経過していれば次の処理に移るような場合などである。

5.5.2. if文とif～else文

　本項では，最も単純な条件判断の方法としてif文とif～else文について解説する。たとえば，被験者になにかしらの問題を解かせ，その回答が正答であったときにだけ「正答です」というメッセージを表示するにはif文を用いるとよい。プログラム5-10の1～2行目では，正答（定数answer）が「1」と定義され，被験者の反応（変数response）には「1」が代入されている。これを実行すると，画面上には「正答です」と表示される。ここで，2行目の変数responseに代入される値を1以外に変更すると，画面上には何も表示されない。3～5行目のように，ifに続けて条件式を記述し，その条件が満たされたとき実行する文を続く {から} まで（これをifブロックと呼ぶ）に記述するのは多くの言語に共通した方法である。

```
プログラム 5-10
1  answer=1           // 定数answerの値（正答）を1と定義
2  response=1         // 変数response（被験者の反応）に1を代入
3  if answer==response{// もし定数answerと変数responseの値が等しければ…
4      mes "正答です"   // 「正答です」と表示
5  }
6  stop
```

　次に，if～else文について解説する。プログラム5-11を実行すると，被験者の回答が誤答であったときにもメッセージが表示される。プログラム5-10との相違は，elseブロック（6～8行目）の追加である。if～else文では，if文で記述された条件が満たされたときにはifブロックが実行され，それが満たされなかったときにはelseブロックが実行される。

```
プログラム 5-11
1  answer=1           // 定数answerの値（正答）を1と定義
2  response=2         // 変数response（被験者の反応）に2を代入
3  if answer==response{// もし定数answerと変数responseの値が等しければ…
4      mes "正答です"   // 「正答です」と表示し，
5  }
6  else{              // さもなくば…
```

```
7            mes "誤答です"    //「誤答です」と表示
8        }
9        stop
```

5.5.3. switch文

プログラム5-11では，変数responseの値によってプログラムの流れが2方向に分岐した。しかし，実際の実験プログラミングでは3方向以上の分岐が必要となることもあろう。そのような場合には，switch文を記述するとよい（switch文は，CやJava，HSPなど多くの言語で記述することができる。なお，PascalやDelphiではcase文がこれに相当する）。

プログラム5-12では，変数responseの値に応じて，画面上に異なった文字が表示される。そのまま実行すると画面上には1と表示されるが，これは1行目で変数responseに1を代入しているためである。ここで，変数responseに2を代入すれば2と，3を代入すれば3と表示される。また，それ以外の値を代入すれば?と表示される。

プログラム 5-12
```
 1   response=1         // 変数responseに1を代入
 2   switch response
 3   case 1             // 変数responseの値が1のとき…
 4       mes "1"        //「1」と表示し，
 5       swbreak        // switch～swendから脱出
 6   case 2             // 変数responseの値が2のとき…
 7       mes "2"        //「2」と表示し，
 8       swbreak        // switch～swendから脱出
 9   case 3             // 変数responseの値が3のとき…
10       mes "3"        //「3」と表示し，
11       swbreak        // switch～swendから脱出
12   default            // いずれのcaseとも異なるとき…
13       mes "?"        //「?」と表示
14   swend
15   stop
```

HSPでは，switch命令の引数として判断の対象となる変数名を記述する。続くcase文では任意の値を指定し，それがswitch命令の引数として指定した変数の値とマッチした場合の処理をswbreakまでの間に記述する。swbreakが実行されると，プログラムの流れは，条件にマッチした場合にswitch文の終了を示すswendまでジャンプする。これにより，一度条件にマッチすればそれ以降の余計な条件判断を行う必要はない。12行目のdefault以降に記述されているのは，どのcaseにもマッチしなかった場合の処理である。

5.5.4. より複雑な条件判断（ネスト）

多くの言語では，条件判断を入れ子構造（ネスト）にして記述することができる。これにより，より複雑な条件判断を行うことが可能となる。

プログラム5-13を実行すると，変数responseの値が定数answerの値と等しいとき「正答

です」と表示される。また，変数responseの値が定数answerの値よりも小さい場合には「誤答です（改行）正答より小さいです」と表示され，変数responseの値が定数answerの値よりも大きい場合には「誤答です（改行）正答より大きいです」と表示される。

```
プログラム5-13
 1   answer=123
 2   response=123
 3   if answer==response{
 4       mes "正答です"
 5   }
 6   else{
 7       mes "誤答です"
 8       if answer>response{
 9           mes "正答より小さいです"
10       }
11       else{
12           mes "正答より大きいです"
13       }
14   }
15   stop
```

　ここで，6行目に記述された最初のelseが14行目で閉じられていることにご注意いただきたい。すなわち，14行目で最初のelseが閉じられるまでが，変数responseの値が定数answerの値と等しくない場合の処理ということになる。変数responseの値が定数answerの値と等しくなければ，まず「誤答です」と表示し，さらに変数responseの値と定数answerの値の大小関係によって異なった表示を加えているのである。こうしたif文のネストは，その言語の仕様の許す限り何重に記述しても構わないが，プログラムの可読性を低める一因ともなるので注意が必要である。

5.6. 繰り返し処理

5.6.1. 繰り返し処理を行う場面

　心理学実験プログラミングでは，類似した処理を繰り返す場面が非常に多い。たとえば，刺激の呈示とそれに対する被験者の反応によって1試行が完了し，これを数十〜数百試行繰り返すといった手続きで実験を実施する場合などである。このような場合，すべての試行を別々に記述するのでは効率が悪く，プログラムも長大なものになってしまう。そこで，繰り返し（ループ）処理が非常に有効な手段となる。

5.6.2. 繰り返し処理の実際

　プログラム5-14を実行すると，画面上に「Hello, world.」と3回表示される。しかしながらこの方法では，表示させたい回数が多いほど大きなプログラムを記述する必要がある。たとえば，100試行の実験では，同じ処理を100回記述しなければならない。そこで，プログ

ラム5-14と同じ結果を得るには，繰り返し処理を用いてプログラム5-15のような記述を行うとよい。

プログラム 5-14
```
1  mes "Hello,world."
2  mes "Hello,world."
3  mes "Hello,world."
4  stop
```

プログラム 5-15
```
1  repeat 3              // loopまでの処理を第1引数で指定された回数だけ繰り返す
2      mes "Hello,world."
3  loop
4  stop
```

プログラム5-15を実行すると，プログラム5-14と同様に「Hello, world.」と3回表示される。これは，repeat命令によって，repeat～loop間に記述された行の実行が繰り返された結果である（繰り返し回数は，repeat命令の第1引数として指定する）。

ところで，実際の実験プログラムでは試行毎に異なる刺激を呈示することの方が多いが，繰り返し処理が有用なことに変わりはない。第5節で取り上げた「配列」を使用することにより，毎回異なる刺激を呈示することが可能となるからである。プログラム5-16では文字列を呈示する例を示したが，画像や音声を呈示する場合も考え方は同じである。

プログラム 5-16
```
1  sdim s,7,5            // 文字列型配列sを宣言（1要素7バイトまで，要素数は5）
2  s = "リンゴ","ミカン","ブドウ","バナナ","イチゴ"
3  repeat 5
4      mes s.cnt
5  loop
6  stop
   /*  2行目では，代入演算子の右側にカンマで区切って値を記述することによって，配
   列の要素（s.0～s.4）への代入処理を行っている  */
```

5.6.3. 条件判断による繰り返し処理からの脱出

前項では，指定した回数だけ処理を繰り返す方法について解説したが，回数を定めずに「ある条件が満たされるまで」繰り返し処理を行いたい場合もある。たとえば，被験者が反応（特定のキー押下など）を行うまで次の処理に移らない場合などである。プログラム5-17を実行すると，スペース・キーが押されるまで画面上には何も表示されず，スペース・キーが押されると「スペース・キーが押されました」と表示される。

> **プログラム 5-17**
> ```
> 1  repeat
> 2      stick key      // キー入力情報の取得
> 3      if key&16{     // もし変数keyの値が16を含めば…
> 4          break      // repeat～loopから脱出
> 5      }
> 6  loop
> 7  mes "スペース・キーが押されました"
> 8  stop
> /* stickはキーボードやマウスの状態をチェックする命令である。特定のキーやマウスのボタンが押されると，第1引数として指定した変数にその情報が代入される。スペース・キーが押された場合には，変数keyに16が代入される。なお，ここでは触れないが，3行目では複数のキーの状態を一度に調べるため論理演算を行っている。*/
> ```

　HSPでは，引数なしでrepeat命令を実行すると無限に繰り返し処理を続ける「無限ループ」となる。プログラム5-17では，2行目のstick命令でキー入力のチェックを行い，if文によってスペース・キーが押されたときにbreak命令が実行されるよう記述している。breakは，繰り返し処理から脱出するための命令である。したがって，スペース・キーが押されない限り7行目以降が実行されることはない。

5.6.4. 多重ループ

　多くの言語では，繰り返し処理を入れ子構造（ネスト）にして記述することができる。これにより，より複雑な処理を行うことが可能となる。
　プログラム5-18は，入れ子構造になった繰り返し（多重ループ）処理の例である。実行して1秒が経過すると外側のループに入り，その1秒後，内側のループに入る。さらに1秒後，内側のループを抜け，それから1秒後，外側のループから抜ける。それぞれの段階で画面上にメッセージが表示されるので，ご確認いただきたい。

> **プログラム 5-18**
> ```
>  1  time=1000           // 定数time(待ち時間)の定義
>  2  await time          // 引数として指定した時間だけ処理を待つ(ms単位)
>  3  repeat
>  4      mes "外側のループに入りました\n1秒後に内側のループに入ります\n"
>  5      await time
>  6      repeat
>  7          mes "内側のループに入りました\n1秒後に内側のループから抜けます\n"
>  8          await time
>  9          break       // repeat～loopから脱出
> 10      loop
> 11      mes "内側のループから抜けました\n1秒後に外側のループから抜けます\n"
> 12      await time
> 13      break           // repeat～loopから脱出
> 14  loop
> ```

```
15    mes  "外側のループから抜けました"
16    stop
      /*  「¥n」は復帰改行を表すためのエスケープ・シーケンスである。文字列中にこれ
      を記述することにより，改行が行われる。*/
```

多重ループ処理を行うには，ループの中にループを記述する。したがって，HSPではrepeat～loop間にrepeat～loopを記述することになる。ここでは定数timeとして定義された1000msを待ってからループから抜けているが，実際の実験プログラムでは，プログラム5-17のようにif文を用いて特定の条件が満たされたときにループを抜ける処理も多用される（たとえば，被験者の反応を待って，次試行に移る場合など）。こうした多重ループは，その言語の仕様の許す限り何重に記述しても構わないが，if文のネストと同様にプログラムの可読性を低める一因ともなるのでご注意いただきたい。

5.6.5. for文とwhile文

前項までは，repeat命令によって繰り返し処理を行う方法を例に解説を行ってきた。これはHSPに特有な記述方法であり，CやJavaなど多くの言語では，for文やwhile文によって繰り返しの制御を行うことが多い。本章では可能な限り平易な記述を行うためrepeat命令による例を示してきたが，HSPでもfor文やwhile文の記述は可能である。

まず，一般にfor文では変数を使用して繰り返し回数のカウントを行う（他の言語でも同様である。ただし，無限ループなどの処理では変数を使用しない場合もある）。HSPでは「for 変数名,初期値,終値,増分」と記述すると，for～next間の記述が繰り返し実行される。変数はカウンタとして使用され，初期値から始まり，繰り返し回数に応じて増分として指定した値だけ大きくなっていく。変数の値が終期値に達すると，繰り返し処理は終了する。プログラム5-19を実行すると，画面上には「0(改行)1(改行)2(改行)3(改行)4」と表示される。

プログラム5-19
```
1   for i,0,5,1
2       mes i
3   next
4   stop
```

また，while文では指定された条件が満たされている間だけ繰り返し処理が実行される（他の言語でも同様である）。HSPでは「while 条件式」と記述すると，while～wend間の記述が繰り返し処理の対象となる。プログラム5-20を実行すると，画面上には「0(改行)1(改行)2(改行)3(改行)4」と表示される。

プログラム5-20
```
1   i=0
2   while i<5
```

```
3     mes i
4     i++
5 wend
6 stop
```

本項ではHSPでの記述例を示したが，for文とwhile文の基本的な考え方は他の言語でも同様である．使用可能な繰り返し命令とその書式は言語によって異なるので，各言語の仕様をご確認いただきたい．

5.7. サブルーチン・関数

1つのプログラムの中で「まったく同じ処理」を複数回行う際，その度に同じ記述を行っていては効率が悪い．そこで，サブルーチンや関数などと呼ばれる「部品」を記述することが有効な手段となる．つまり，繰り返し行われる処理を独立した部品として一度だけ記述し，必要に応じてその部品を呼び出すのである（ここでは，繰り返し呼び出され，実行されるという機能についてのみ言及する．たとえば，BASICやHSPなどではサブルーチン，Cなどでは関数，Javaのようなオブジェクト指向言語プログラミングではクラスという単位がこれにあたる．それらの仕様は言語によって異なるが，繰り返し呼び出され，実行される「部品」という意味では同じ機能を有している）．

さて，HSPでサブルーチンを記述するには，まずサブルーチンに名前をつける必要がある（これは，Cにおける関数などでも同じである）．ここでは，繰り返し呼び出される記述部分にpauseという名前をつけることとする．プログラム5-21を実行すると，画面上に「phase 1:次の処理に進むにはスペース・キーを押して下さい」と表示される．これは1行目の実行結果である．続く2行目のgosubは，指定されたラベル「pause」の付いたサブルーチンに処理をジャンプさせる命令である（HSPではラベル名にアスタリスク「*」を付けるという約束がある）．したがって，処理は9行目の「*pause」にジャンプする．サブルーチンの記述は，アスタリスクに続くラベル名から始まり，returnで終了する．returnが実行されると，処理はサブルーチンへのジャンプを行った直後の位置にジャンプする．ここで，サブルーチンpauseの記述内容を見ると，プログラム5-17で示したキー入力待ちを行っていることがわかる．プログラム5-21では，被験者のキー入力があるまで次の処理を待つ部分が3箇所あるため，その部分をサブルーチンとして独立させたのである．このように，複数回行われる同一の処理をサブルーチンとして独立させることによって無駄な重複の少ないプログラムを記述することは非常に重要である．

プログラム5-21
```
1 mes "phase 1:次の処理に進むにはスペース・キーを押して下さい"
2 gosub *pause
3 mes "phase 2:次の処理に進むにはスペース・キーを押して下さい"
4 gosub *pause
5 mes "phase 3:プログラムを終了するにはスペース・キーを押して下さい"
6 gosub *pause
```

```
 7    end              // プログラムを終了
 8
 9  *pause
10   repeat
11       stick key,0
12       if key&16{
13           break
14       }
15   loop
16   return
```

5.8. その他の基礎知識

5.8.1. コンパイラとインタプリタ

プログラミング言語には，コンパイラ型言語と呼ばれるものと，インタプリタ型言語と呼ばれるものがある。コンパイラ型言語では，エディタで記述したソース・プログラムは，CPUが解釈可能な機械語（machine language）に変換されてから実行される。この役割を担うのがコンパイラ（compiler）と呼ばれるソフトウェアである。機械語に変換されたプログラムは実行ファイル（Windowsではexeファイルやcomファイル）であり，その形式は実行環境に依存する。体表的なコンパイラ型言語（compiler language）には，Fortran，Cobol，C，C^{++}，Pascalなどがある。一方，インタプリタ型言語（interpretive language）では，ソース・プログラムがコンパイルされることはなく，インタプリタ（interpreter）と呼ばれるソフトウェアがソース・プログラムの記述を逐一解釈しながら実行していく。したがって，実行にはインタプリタが必要である。代表的なインタプリタ型言語には，LISP，VBScript，JavaScript，awk，UNIX系OSにおけるシェル・スクリプト（shell script）などがある。

ところで，近年になって純粋なコンパイラ型ともインタプリタ型ともいえない言語が増加してきた。たとえば，Javaはコンパイラ型言語として分類されることも多いが，コンパイルの結果生成されるのは，ソース・プログラムと機械語の実行ファイルの中間的な性質をもつ「中間コード」と呼ばれるものである。当然機械語でない中間コードを直接実行することはできないため，実行にはCPUとの仲立ちをするソフトウェアが必要となる（Javaでは，バーチャル・マシンと呼ばれる）。Javaの場合と同様に，PerlやHSPでもコンパイルの結果生成されるのは中間コードである（ただし，Perlではユーザによるコンパイルの手続きは不要である）。一般に，インタプリタ型言語はコンパイルの必要がないため開発が手軽である反面，速度面ではコンパイラ型言語に比べると不利である。ソース・プログラムよりも機械語に近い中間コードを用いる言語は，インタプリタ型言語の手軽さとコンパイラ型言語のような高速処理の双方を兼ね備えているといえよう。

5.8.2. CRTディスプレイへの描画

ハードウェアに関する話題を扱うことは本書の目的ではないが，計画した手続き通りに動作する実験プログラムを開発するためには，刺激呈示装置としてのCRTディスプレイ（以

下，CRTと略記）への描画の仕組みについて理解しておく必要がある（注1）。

CRT上に刺激を呈示するとき，画面上では常に毎秒数十～百数十回の描画処理が繰り返されている。たとえ同じ刺激画像を表示し続けていたとしても，常に再描画が行われているのである。この再描画の周期は，垂直走査周波数（vertical scan frequency）と呼ばれ，その上限はCRTやグラフィック・アクセラレータの能力によって決定される。したがって，ユーザは，それらの許す範囲で垂直走査周波数の設定を行うことになる。最近のCRTやグラフィック・アクセラレータでは垂直走査周波数を100Hz以上の値に設定できるものが主流となっている。たとえばこれが100Hzであれば描画の周期は10ミリ秒（1000ms/100Hz）に1回となり，この数値が刺激呈示の最短時間ということになる。これはAVタキストスコープ並みの精度である。

現在，パーソナル・コンピュータの出力装置として幅広く用いられているCRTにはいくつかのタイプが存在するが，一般に普及しているのはラスタスキャン（raster scan）方式と呼ばれるものである。ラスタスキャン方式のCRTでは，電子銃と呼ばれる部品から電子ビームを発射し，これを前面の蛍光幕に照射して発光させることにより表示を行っている。このとき，CRTは電子ビームを左側から右側に走査して走査線を作り，一番右まで走査したら左側まで電子ビームを戻す必要がある。この軌跡を水平帰線と呼ぶ。また，最後の走査線を走査したら，再び最初の走査線の位置に戻す必要がある。この軌跡を垂直帰線と呼ぶ。図5-1の実線は走査線を示し，破線は水平帰線・垂直帰線を示している。

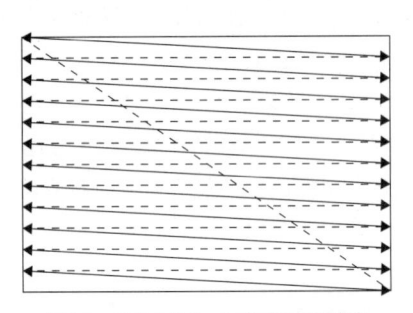

図5-1　ラスタスキャン方式の画面走査

ところで，この垂直帰線のために設けられた時間を垂直帰線期間と呼び，このとき垂直同期信号（VSYNC: Vertical Synchronizing signal）が出力される。刺激の呈示時間を厳密にコントロールしようとするのであれば，この垂直帰線期間中にVRAM（Video RAM）の内容を書き換えてしまう必要がある（VRAMはCRTに表示される内容を保持しているメモリのことで，このVRAMに書き込まれたデータがCRTに表示されていく）。ちなみに，現在ではグラフィック・アクセラレータに専用の高速VRAMが装備されているのが一般的である。

さて，垂直帰線期間中にVRAMの内容を書き換えるには，垂直同期信号を検出し，画面の再描画と刺激の書き換えのタイミングを同期させる必要がある。もちろんそのようなプログラムを開発することも可能であるが，Windows環境であれば次節で紹介するMicrosoft社の提供するDirectXの技術を利用するのが手軽で有効な手段といえよう。

5.8.3. Microsoft DirectX

DirectXは，Microsoft社の提供する拡張API（Application Program Interface: ソフトウェ

ア開発のための関数）群であり，C，C++，Visual Basic，HSPなど，さまざまな言語環境から利用することが可能である。これを利用することにより，グラフィック・アクセラレータなどのハードウェア・デバイスの能力を十分に活かしたプログラムを比較的手軽に開発することが可能となる。DirectXの最新バージョンは，DirectX Graphics，DirectInput，DirectSound，DirectMusicなどの要素から構成されるが，心理学実験プログラミングを行う上で最も重要な技術は，グラフィックスのためのAPIであるDirectX Graphicsである。この技術を利用することにより，非常に高速な描画処理が可能となる上，垂直帰線期間に合わせた刺激の切り換えも容易に行えるようになるからである。

さて，現在DirectXの最新バージョンは9.0bであるが，これが動作する環境はPC/AT互換機とWindows 98/Me/2000/XPの組合わせに限られており，Windows NTではDirectX 3.0a，Windows 95ではDirectX 8.0a，NEC社製のPC-9801およびPC-9821シリーズではDirectX 7.0aまでしか動作しない（Microsoft, 2004）。Windowsの動作している環境では，すでにDirectXがインストールされている可能性もあるが，実際に利用できる技術はDirectXのバージョンに依存する。したがって，実行環境にDirectXがインストールされている場合にも，そのバージョンの確認が必要であり，場合によってはより上位のバージョンをインストールする必要がある点にご注意いただきたい。

また，DirectXはハードウェア・デバイスの能力を最大限に引き出すための手段であり，実際にどの程度のパフォーマンスが得られるのかは，実行環境のハードウェアの仕様に依存する（たとえば，VRAMの容量など）。これに関連して，実験に使用するグラフィック・アクセラレータがDirectXのどのバージョンまで対応しているのかを確認する必要がある。グラフィック・アクセラレータによっては，特定のバージョンのDirectXまでしか対応していないものもあるからである。同様に，実行環境にインストールされているグラフィック・アクセラレータのドライバが，DirectXのどのバージョンまで対応しているのかも確認する必要がある（参考までに，6章で紹介するHSPからDirectXを利用するためのライブラリHSPDX.DLLの最新版では，1997年に発表されたDirectX 5以降の環境を推奨している）。また，環境によっては必要なバージョンのDirectXがサポートされていても正常に動作しない可能性もあるので，事前に正常な動作を確認する必要がある。

このように，DirectXを利用するにはいくつかの制約があるものの，刺激呈示時間の制御について高い精度が必要な場合などには特に有効な技術といえよう。DirectXに関する書籍はすでに多く出版されており，Microsoft社のWebサイトでも詳細な技術情報が公開されている。

5.8.4. マルチタスクOS

かつて広く利用されていたMS-DOSやN88-BASIC(86)などはシングルタスクOSと呼ばれ，原則的に一度に1つのプログラムしか実行することができなかった。これに対して，WindowsはマルチタスクOSと呼ばれ，複数のプログラムを平行して実行することが可能である（Windowsのマルチタスクについては，天野, 2002; 4章の解説が平易である）。しかしながら，実験プログラムを実行する際には，他のアプリケーション・プログラムを動作させる必要がない場合がほとんどであろう。

実は，マルチタスクOSであるWindowsのもつ心理学実験環境としての弱点は，特定のプ

ログラムがコンピュータのメモリやCPUを独占できない点にある．特に，刺激呈示のために時間の制御を行ったり，反応時間を測定する際には，これが大きな問題となる．このため，最低でも行う必要のある工夫は，実験プログラム以外のプログラムのタスクを可能な限り停止させておくことである．バックグラウンドで行われているタスクをすべて停止させることは困難であるが，前節で取り上げたDirectXの技術を利用することにより，ディスプレイへの描画に関してはかなり有効な対策を行うことが可能である．

なお，厳密な時間制御の必要な実験プログラムの動作に最も大きな影響を及ぼすのは，ディスクへのアクセスである．したがって，ディスクからのデータの読み込み処理などは事前にすべて済ませておき，実験データの保存などは実験セッションがすべて終了してから行うべきである．また，特に大量のメモリを必要とする処理を行う場合には，スワップ（swapping: 物理的なメモリサイズを超えた処理を行う必要がある際に，物理メモリの内容をファイルに書き出したり，それをメモリに読み込んだりすること）によりディスクへのアクセスが発生しないよう十分な物理メモリを搭載しておくことも非常に重要である．

5.8.5. 時間制御とタイマの精度

心理学実験プログラムの開発にあたって，時間制御の精度は非常に重要な問題である．Windows上で時間の制御を行うには，OSの用意した時間を管理するためのAPIを利用することが多い．しかしながら，それらの精度は心理学実験で利用するには必ずしも十分なものであるとは限らない．たとえば，Windows上で時間管理を行う際に頻繁に用いられるAPIであるGetTickCountの保証する分解能はWindowsのバージョンにより大きく異なり，Windows NT 3.5以降のNTカーネルのWindows（Windows NT/2000/XP）では約10msであるが，Windows 95以降の95カーネルのWindows（Windows 95/98/Me）では55msとなっている（Microsoft Corporation, 2003a）．したがって，たとえプログラム上では1ms単位の処理が記述できても，実際の動作はシステム・タイマの分解能が最小単位となってしまうことに注意が必要である．また，GetTickCountの精度はさまざまな要因により大きく変動するため，厳密な時間制御の必要な処理では使用すべきでないであろう．

さて，GetTickCountの分解能では不十分な場合には，Windowsの提供するマルチメディア・タイマ関数の1つであるtimeGetTimeを利用するとよい（注2）．timeGetTimeの精度は，95カーネルのWindowsでは1msである．一方，NTカーネルのWindowsでは5ms（あるいは，それよりも低い精度）であるが，タイマの最小分解能を指定するtimeBeginPeriod関数とtimeEndPeriod関数によって精度を上げることが可能となっている．それらの関数を対にして用いることにより，NTカーネルのWindowsでもtimeGetTimeの精度は1msとなる（Microsoft Corporation, 2003a）．

なお，上のような方法を用いても，必ずしも常に1msの精度が保証されるわけではないことに注意が必要である．ソフトウェアによるタイマがどの程度の精度で動作するのかは実行環境に大きく依存するため，本当に1ms単位の精度が必要な場合にはタイマ・ボード等のハードウェアによる時間制御を行うべきであろう．また，どのようなタイマを使用するにせよ，キーボード・スキャンに関する遅延の問題（Shimizu, 2002）など，反応時間測定の精度に影響を及ぼす要因は他にも存在する．

ところで，当然のことながら，時間の制御にどの程度の精度が必要となるのかは実験パラ

ダイムに大きく依存する。たとえ数ミリ秒の誤差が生じてもそれが系統的に発生するものでない限り問題とならない課題も少なくないであろう。同様に，ほとんどの心理学実験では，マイクロ秒単位の測定を行うことに意味はないと考えられる。したがって，どのような方法で時間の制御を行うのかについては，その選択を行った場合の限界と実験パラダイムの要求する精度とを照らし合わせながら検討すべきであろう。

5.8.6. フローチャートの作成

複雑な条件判断などを行う際，いきなりプログラムを書き始めるよりも紙と鉛筆で試行錯誤を行う方が適切な方略を見つけられることも多い。プログラミングにおける問題解決の方略を「アルゴリズム」と呼ぶが，プログラムの流れを図示することが，より効率のよいアルゴリズムを発見する手助けとなることもある。プログラムの流れを示した図をフローチャートと呼ぶが，フローチャートにおいてどのような処理にどのような記号を用いるのかはJIS規格で定められており，非常に多くの記号が用意されている（一例を図5-2に示す）。たとえば，プログラム5-22をフローチャートで表現すると，図5-3のようになる。

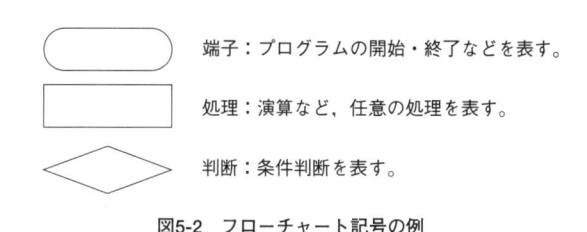

端子：プログラムの開始・終了などを表す。

処理：演算など，任意の処理を表す。

判断：条件判断を表す。

図5-2　フローチャート記号の例

```
プログラム 5-22
1  a=0              // 変数aに0を代入
2  repeat
3      mes a        // 変数aの値を表示
4      a++          // 変数aに1を加算
5      if a>10{     // もし変数aの値が10よりも大きければ…
6          break    // repeat～loopから脱出
7      }
8  loop
9  stop
```

フローチャートの作成は，必ずしも必要な作業ではない。しかしながら，視覚的にプログラムの流れを検討することで無駄な処理に気づくことは思いの外多い。

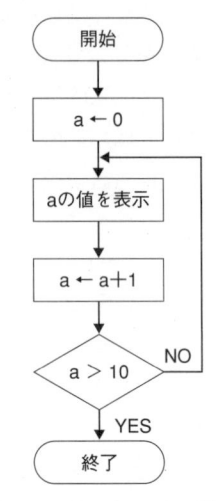

図5-3 フローチャートの例

5.8.7. 乱数の利用と無作為化

一般的なプログラミングと同様に，心理学実験プログラミングでも乱数を利用する機会は非常に多い。たとえば，いくつかの刺激の呈示順序を無作為化したり，ランダムに1桁の数字を呈示したい場合などである。しかしながら，実験パラダイムによっては同じ数が続いたり，同じ数を複数回使用することが問題となる場合もあろう。そのような場合には直前に使用した数と生成した乱数とを比較し，それらが同じ場合には乱数の生成をやり直したり，既に使用した数との比較を行うなどの手続きが必要となる。ここでは，HSPで2次元配列と繰り返し処理を用いて重複のないランダムな数値のセットを作成する具体的な方法を解説する（他の多くの言語でも，同様の処理によって同じ結果を得ることが可能である）。

プログラム 5-23
```
1    n=10                    // 変数nに乱数の個数と範囲を代入(n未満)
2    // 2次元配列bufの宣言(buf.0.xは数値格納用，buf.1.xは重複チェック用)
3    dim buf,2,n
4    repeat n
5        rnd rd,n            // n未満の乱数を生成し，変数rdに代入
6        buf.0.cnt=rd        // buf.0.cntに変数rdの値を代入
7        if buf.1.rd=1{      // もしbuf.1.rdの値が1であれば…
8            continue cnt    // 3行目にジャンプ(cntの値を変更せずに再度乱数を生成)
9        }
10       buf.1.rd=1          // buf.1.rdに1を代入し，使用済みのフラグを立てる
11   loop
12   // 以下は画面への出力処理(プログラム5-5の解説を参照)
13   repeat n
14       mes buf.0.cnt
15   loop
16   stop
```

プログラム5-23で重複のない数値のセットを作成している部分は，11行目までの処理である。まず1行目で定数nとして乱数の個数を定義する（乱数は0から始まり，発生する乱数の最大値はn − 1となる）。3行目は，2次元配列bufの宣言である。この宣言によりbuf.0.0からbuf.1.9までが使用可能となる。ここでご注意いただきたいのは，宣言直後はすべての要素の値が0となっていることである。

さて，実際に乱数を発生させ，配列に代入しているのがrepeat～loop間の処理である。まずrnd命令で生成した乱数を変数rdに代入し，続いてbuf.0.cntにこの値を代入する。次に，buf.1.rdの値が1であるかどうかを判断し，もし1でなければ，buf.1.rdに1を代入する。つまり，buf.1.0からbuf.1.9は，既出の数値のチェック用ということになる。このようにして一度発生させた乱数には「しるし」をつけておき，7行目のif文でその判断を行っているのである。一般に，このような条件分岐のために用いられる変数をフラグと呼び，その変数に格納されている値を変更することによって「しるし」をつける手続きを「フラグを立てる」と表現する。判断の結果，すでに使用した乱数が再度生成された場合には，continue命令により乱数の発生からやり直すことになる。このとき，continue命令の引数として数値や数値型変数を指定すると，システム変数cntの値を変更することができる。ここではcntを指定することによって，その値を1つ増やすことなく乱数の発生をやり直している。もしここまでの解説でわかりにくいと感じられたなら，プログラム5-24を実行していただきたい。

プログラム 5-24
```
1   repeat 25
2       rnd rd,10      // 1桁の乱数を生成し，変数rdに代入
3       mes rd
4   loop
5   stop
```

プログラム5-24では重複のチェックを行っていないが，配列を使用していない点を除けばプログラム5-23と同様の処理を行っている。これを実行して画面に表示された数値と，プログラム5-23を実行して画面に表示された数値を比較すると，プログラム5-23では重複のあった場合にやり直しが行われていることがわかる。これらの表示を参照しながら，プログラム5-23で実際に行われた処理をもう一度追っていただきたい。

なお，本項では2次元配列を使用する例を兼ねてプログラム5-23を示したが，配列の要素のシャッフルやソートについては，より効率のよいアルゴリズムが考案されている。多くのアルゴリズムは言語の仕様の許す範囲で移植が可能であるため，何らかの処理について適当な方法が見つからない場合などには他言語で記述されたアルゴリズム関連の書籍にあたってみるとよい。

さいごに

本章では，心理学実験プログラミングの基礎として，主に多くのプログラミング言語に共通する基本的な概念について解説した。例としてHSPでの記述例をいくつか示したが，ど

の言語を選択するにせよ，まずは選択した言語の仕様や基本的な文法を学ぶところから始めていただきたい。その上で参考となるであろうプログラミングの実際については，次章以降で具体的に示した。本書では，HSP，Visual Basic，Delphiについて各1章が設けられているで，実験プログラミングを始める前に是非ご一読いただきたい。

引用文献
天野　司（2002）Windowsはなぜ動くのか: 知っておきたいWindowsアーキテクチャの基礎知識　日経BP社
星野祐司（2001）DirectX による画面表示の制御と反応の取得: Microsoft Windows を用いた心理学実験プログラムの作成，立命館文学，**270**，1-24.
Microsoft Corporation.（2003a）MSDN Library. <http://msdn.microsoft.com/library/> [2004, January, 22].
Microsoft Corporation.（2003b）PRB: Performance Counter Value May Unexpectedly Leap Forward. <http://support.microsoft.com/support/kb/articles/Q274/3/23.ASP> [2004, January, 22]
Microsoft Corporation.（2004）DirectX Home Page: FAQ. <http://www.microsoft.com/japan/windows/directx/default.aspx?url=/Japan/Windows/DirectX/productinfo/faq/> [2004, Feburuary, 16]
Shimizu, H.（2002）Measuring keyboard response delays by comparing keyboard and joystick inputs. *Behavior Research Methods, Instruments, & Computers*, **34**, 250-256.

（注1）現在広く普及している液晶ディスプレイは，応答時間（response time）の面で不十分な製品が多く，厳密な刺激呈示時間の制御が必要な実験に使用する装置としては不適である。
（注2）他の選択肢として，Win32 APIでは高分解能タイマとしてQueryPerformanceCounterが用意されている。これは，timeGetTimeと同様にWindows起動後の経過時間をカウントする関数であり，マイクロ秒単位の測定が可能である。ただし，星野（2001）も指摘しているように，動作環境によってはQueryPerformanceCounterが適切に動作しない現象も報告されており（Microsoft, 2003b），その使用に際しては十分な注意が必要である。また，アセンブリが使用できる場合には，RDTSC（read-time stamp counter）命令を用いるという方法もある。この場合，コンピュータ起動後のCPUの経過クロックを利用して制御を行うことになるため，その精度は非常に高い。ただし，RDTSC命令による時間の制御はクロック単位となるため，時間への変換処理はプログラマの手で行う必要がある。また，もしRDTSC命令を用いるほど厳密な測定が必要な実験であれば，スペック上のクロック数と実際のクロック数の誤差を確認するため，あらかじめ実験に使用するCPUのクロック数の実測なども必要となろう。なお，RDTSC命令はIntel社の「Pentium」以降のCPU，AMD社の「K6」以降のCPUなどで使用できるが，必ずしもすべてのCPUで使用できるとは限らない。

心理学実験プログラミングの実際

HSP編

はじめに

　本章では，HSP（Hot Soup Processor）による心理学実験プログラミングについて解説する。HSPはその開発元であるOnion SoftwareのWebサイトにおいて無償で公開されており，現在の最新バージョンは2.61である。この最新版の動作対象オペレーション・システム（以下，OSと略記）は，Windows 95/98/Me/NT（3.51以降）/2000/XPとなっている。

　さて，HSPの大きな特徴の1つは，手軽に扱えるインタプリタ型言語でありながら中間コードを使用することにより高速に動作する点である（5章5.8.1.参照）。また，標準で添付されているダイナミック・リンク・ライブラリ（Dynamic Link Library: プログラムが必要に応じて呼び出すことができるライブラリ。以下，DLLと略記）に含まれる拡張命令を使用することによって，Win32 APIやMicrosoft DirectXを利用したり，TCP/IP（Transmission Control Protocol/Internet Protocol: インターネットの標準プロトコル）による通信を行うことも可能である。さらに，C/C++等の言語でDLLを開発することによって，ユーザ自身がその機能を拡張していくことが可能となっている。

　HSPのインストール方法については，5章をご参照いただきたい。また，5章で解説した事項については，本章では割愛させていただいた。HSPやプログラミングそのものに初めて接する方は，5章からお読みいただければ幸いである。本章では多くのサンプル・プログラムを掲載したが，本文中ではそれぞれの節で取り上げた話題を中心に解説を行い，既出事項などの補足説明はプログラム中のコメントで示した。HSPの言語仕様や文法の詳細などについては，付属のマニュアルをご参照いただきたい。

6.1. HSPを使用するにあたって

6.1.1. HSPの変数型

　HSPでは，他の多くの言語のように変数の宣言を行う必要がない。変数の型には「文字列型」と「数値型」の2種類しかなく，代入された値の性質によって型が決定される。つまり，数値が代入されれば数値型変数となり，文字が代入されれば文字列型変数となるのである。また，文字を代入する際には値をダブル・クォーテーション・マーク（"）で囲む必要がある。したがって，数値をダブル・クォーテーション・マークで囲んだ場合には文字列型

変数となる点に注意が必要である。たとえば，「a=123:b=456:c=a+b」と記述すると，変数cの値は「579」となり（数値型），「a="123":b="456":c=a+b」と記述すると，変数cの値は「123456」となる（文字列型）。

なお，文字列型変数を数値型変数に変換するにはint命令を実行し，数値型変数を文字列型変数に変換するにはstr命令を実行すればよい。str命令では引数で変換後の桁数を指定することも可能である。

6.1.2. HSPにおける式の評価

他の多くの言語とは異なり，HSPでは式の評価に優先順位がない。このため，演算は常に左から順に行われ，優先順位をつける必要のある場合には ( ) で囲むことにより明示する必要がある。たとえば，「a=1+2*3」と記述すると，変数aの値は「9」となる。ここで，乗算を優先して行うには，「a=1+(2*3)」と記述しなければならない。この場合，変数aの値は「7」となる。

6.1.3. システム変数

システム変数とは，HSPシステムの起動時，あるいは特定の命令の実行時に自動的に値が代入される変数である（原則的にユーザが値を代入することはできない）。代入される内容は，ディスプレイの解像度やカレント・ディレクトリのパス，繰り返し処理のカウンタなどさまざまである。ユーザは，それらの値を用いて演算を行ったり，命令の引数として指定することができる。また，命令の中にはシステム変数statにエラーを返すものもあり，これをデバッグ（debug: プログラムの誤りを取り除くこと）に利用することができる。本章でもいくつかのシステム変数を紹介するが，詳細についてはマニュアルの言語仕様ガイドをご参照いただきたい。

6.1.4. デバッグの方法

ソフトウェア開発にバグ（bug: プログラムの誤り）はつきものである。最初からバグのないプログラムを書くことは困難であり，どのようにして問題箇所を発見するのかが重要となる。HSPではスクリプト・エディタのデバッグ・ウィンドウを表示させることにより，変数や配列に格納されている値の参照や16進数ダンプ表示など，デバッグに有用な多くの情報を得ることができる。デバッグ・ウィンドウはエラー発生時に自動的にポップアップ表示されるが，常に表示させるにはメニューから「HSP」－「Debugウィンドウ表示」の順に選択する。任意の位置で変数の状態などを調べるには，当該箇所にstop命令やdialog命令を記述してプログラムの実行を停止させるとよいであろう。

なお，問題箇所の発見が困難な場合などには，実行結果をログ・ファイルに記録しながら動作する「履歴付き実行機能」が大変有用である。詳細については，マニュアルの言語仕様ガイドをご参照いただきたい。

6.1.5. エラー処理

プログラム実行中に何らかのエラーが発生したときどのように処理すべきかを考えておく必要があるが，最も問題なのはエラーが起きたことに気づかないことである。システム変数

statには，特定の命令が実行された際，その戻り値（return value: 処理の結果として返す値）が格納される．戻り値にはさまざまな情報が含まれており，命令によってはその処理が正常に終了したのかどうかを示すものもある．たとえば，ディスプレイの解像度やカラー・モードを変更するchgdisp命令を実行すると，statにはchgdisp命令実行の成否が返される（成功したときには0，解像度の設定には成功したがカラー・モードの変更に失敗したときには1，解像度の変更に失敗したときには2が返される）．したがって，解像度やカラー・モードの変更時にはchgdisp命令実行後にstatの値を参照し，解像度とカラー・モードの変更が成功したのかどうかを確認する必要がある．同様に，HSPでDirectXを扱うための拡張命令es_bufferでDirectXのオフスクリーン・バッファをVRAMに取ろうとしたとき，もし実行環境のVRAMの容量が不足していればstatには1が返される（詳細は6.7.参照）．そのような場合には，グラフィック・アクセラレータをより大きなVRAM容量をもつものに交換するか，そのVRAM容量の範囲で行える手続きを工夫するなどの対策が必要となろう．マニュアルの命令リファレンスには，各命令について実行後statに返される値が示されているので，必要に応じてご参照いただきたい．

6.1.6. 実行ファイルの作成

実行ファイルを作成するには，①オブジェクトファイル（中間言語ファイル）の作成，②PACKFILEの編集（実行ファイルに含めるファイルの指定），③実行ファイルの作成（実行ファイル名の指定など）という3段階の手続きが必要である．それぞれの具体的な手順を以下に示す．

1）オブジェクトファイルの作成　　メニューから「HSP」-「START.AXファイル作成」の順に選択すると，START.AXというファイル名でオブジェクトファイルが作成される．

2）PACKFILEテキストの編集　　メニューから「ツール」-「PACKFILE編集」の順に選択すると，「PACKFILE一覧」ダイアログが表示される．ここで，左側のリストボックスからPACKFILEに追加するファイルを選択し，「追加」ボタンをクリックする（追加されたファイルは右側のリストボックスに表示される）．最低限必要なファイルはSTART.AXのみであり，必要に応じて画像ファイルやデータ・ファイルなど，プログラム中でロードするファイルを追加する．ここで追加されたファイルは実行ファイルに含まれるため，実行ファイル実行時には不要となる．一方，実行時に条件や被験者によって入れ替える必要のあるファイルはPACKFILEテキストには追加せず，実行ファイルとは別に用意するとよい．ファイルの追加が完了したら，「閉じる」ボタンをクリックしてダイアログを閉じる．なお，MIDIファイルやDLLなど，PACKFILEに追加できないファイルもあるのでご注意いただきたい（詳細はマニュアルの言語仕様ガイドを参照）．

3）実行ファイルの作成　　メニューから「ツール」-「EXEファイル作成」の順に選択すると，「実行可能ファイル作成」ダイアログが表示される．ここで実行ファイルのファイル名などを指定し，「OK」ボタンをクリックすると開発環境（HSP）がインストールされたディレクトリに実行ファイルが作成される．詳細については，マニュアルの言語仕様ガイドをご参照いただきたい．

6.1.7. プラグイン（DLL）

　HSPでは，DLLによってユーザがその機能を自由に拡張することが可能である。HSP用のDLLはC/C++等の言語によって開発可能であり，インターネット上ではすでに多くのHSP用DLLが配布されている。DLLを使用することにより，標準命令では実現の難しい高度な処理を行ったり，標準命令を使用するよりも高速な処理が可能となる場合も多い。本章では，DirectXを利用するために標準で添付されているHSPDX.DLLや，心理学実験プログラミング用に開発されたTimeExp.hpiの利用法の一部を紹介する。

　さて，DLLを使用するには，DLL本体を開発環境（実行時には実行ファイル）と同じディレクトリに置く必要がある。また，DLLには必ず「定義ファイル」が付属しており，開発中に限ってこれを開発環境の「common」ディレクトリに置かなければならない。実行ファイル実行時には定義ファイルは不要であるが，プログラムの1行目には必ず「#include」に続いて定義ファイル名を記述する必要がある（具体例は後に示す）。DLLの定義ファイルをインクルード（結合）することによって，初めてその拡張命令が使用できるようになるからである。

　なお，HSP用のDLLはプラグイン（plug-in）と呼ばれることもある。また，その拡張子はdllである場合と，hpiである場合がある。それらの呼称や拡張子の違いには特別な意味はないのでご注意いただきたい。以下，本章ではプラグインで統一する。

　本章のサンプル・プログラムで使用するプラグインTimeExp.hpiをインストールするには，付録CD-ROMのarcディレクトリに収録されているTMEXP10.EXEを実行し，インストール先として開発環境と同じディレクトリを指定すればよい。なお，HSPDX.DLLはHSPシステムの一部としてインストールされるため，別途インストールの必要はない。

6.2. 文字刺激・画像刺激の呈示

6.2.1. ディスプレイの解像度

　たとえ同じ画像ファイルをロード（load: 読込）して表示しても，ディスプレイの解像度の設定によって画面上に表示される画像の大きさは異なる。HSPではchgdisp命令によって画面の解像度を変更することが可能であるが，chgdisp命令によって可能なのは640×480ドットへの解像度変更とchgdisp命令実行前の状態への復帰のみであり，リフレッシュ・レートの変更などはできない。したがって，実験の実施に先立ち，実験者は手動で適切な解像度，色数，リフレッシュ・レートへの設定変更を行うべきである。これらの設定は，Windowsの画面のプロパティから変更可能である。

6.2.2. 文字列表示の基礎

　本項では，画面上に文字列を表示する方法について解説する。ここでは仮現運動（apparent movement）を例として，文字列の表示と消去を繰り返す方法について解説する。仮現運動とは，物理的運動が存在しないにもかかわらず知覚される見かけの運動である。たとえば，一定の時間間隔で異なる位置に交互に光点を呈示すると，それら二点間を光点が滑らかに移動する運動が知覚されるが（β運動），この時間間隔が長すぎても短すぎても運動は知

覚されない。プログラム6-1を実行すると，ウィンドウ上に「＋」あるいは「×」の一方が変数timeで指定された時間だけ表示され，一度消去されてから他方の文字が表示される。その結果，図形の回転運動が知覚されるはずである（回転運動が知覚されない場合には，2行目で変数timeの値を調整していただきたい）。「＋」と「×」の呈示を1セットとして，10セット呈示するとプログラムは終了する。

プログラム 6-1
```
 1  #include "TimeExp.as"
 2  time=150                  // 刺激呈示時間（ms）
 3  rep=10                    // 繰り返し回数
 4  wxy=500                   // ウィンドウのサイズ（X・Y共通）
 5  screen 0,wxy,wxy,,0,0     // 画面の初期化（ID0）
 6  font "MSゴシック",500,16  // フォントの設定
 7  MMtimer 1                 // マルチメディア・タイマ起動
 8  repeat rep
 9      mes "＋"              // 刺激文字を表示
10      MMawait time          // 時間待ち
11      cls 0                 // 画面をクリア
12      mes "×"
13      MMawait time
14      cls 0
15  loop
16  MMtimer 0                 // マルチメディア・タイマ停止
17  end
```

1行目では，プラグインTimeExp.hpiを使用するため，その定義ファイルをインクルードしている。2〜4行目は，各行のコメントで示した種々の定数の定義である。5行目のscreenはウィンドウの初期化命令である。第1引数はウィンドウIDの指定であり，HSPでは無指定の場合に使用されるウィンドウID0の他，ウィンドウID2〜31を使用することができる。第2・第3引数は，ウィンドウのサイズである（それぞれX方向・Y方向）。第4引数は画面モードの指定であり，無指定の場合はフルカラー（24bit）で初期化が行われる。第5・第6引数は，ウィンドウ左上の座標である（それぞれX座標・Y座標）。6行目では，刺激文字列を表示するフォントの設定を行っている。font命令ではフォント名をダブル・クォーテーション・マークで囲んで指定し，第1引数でサイズ（ドット数に比例した論理サイズ），第2引数でスタイルを指定する。ここでは第2引数としてスタイル16（アンチエイリアス）を指定しているので，フォントの縁が滑らかに表示されるはずである。ただし，アンチエイリアスは環境によってサポートされないこともあり，そのような環境で縁の滑らかな文字を表示したい場合には，文字を画像として用意する必要がある（6.2.4.参照）。

さて，7行目のMMtimerはTimeExp.hpiによる拡張命令である。本章では，可能な限り精度の高い時間制御を行うため，マルチメディア・タイマを用いたTimeExp.hpiの拡張命令を使用することとする。MMtimerはマルチメディア・タイマを起動・終了させるための命令であり，TimeExp.hpiに含まれるマルチメディア・タイマを利用した命令を使用する際には必ず実行する必要がある。引数に0以外を指定するとマルチメディア・タイマが起動し，

0を指定すると停止する。続くrepeat～loop間の処理が，刺激の表示と消去を行っている部分である。まずmes命令で「+」を表示し，変数timeで指定した時間だけMMawait命令によって時間待ちを行う。MMawait命令が実行されると，前回のMMawait命令実行時を起点として第1引数で指定された時間だけ時間待ちが行われるが（単位はms），MMset命令で起点を設定することも可能である（具体例は6.6.4.で示す）。11行目はcls命令による画面のクリアである。引数は画面をクリアする色の指定で，0とすると白色でクリアされる。12～14行目の処理も同様である。repeat命令の引数で指定した通り，9～14行目の処理を10回繰り返した後，16行目でマルチメディア・タイマを停止させ，end命令でプログラムは終了する。ここでは刺激呈示時間を150msとしたが，2行目で変数timeに代入する値を調整することにより，「+」と「×」が交互に知覚されたり，重なって知覚されたりするはずである。

6.2.3. 文字列の色と位置

本項では，文字列の色と位置を指定する方法について解説する。文字列の表示色を指定するにはcolor命令を用いる。color命令では，第1引数でRGB（加法混色で用いられる三原色: Red, Green, Blue）のRedの値，第2引数でGreenの値，第3引数でBlueの値を指定する。RGB値は，10進数で指定しても，16進数で指定しても構わない（注1）。10進数で指定する場合は0～255，16進数で指定する場合は00～ffの範囲で指定する。なお，HSPで16進数を表現するには，値の直前に「0x」あるいは「$」を付ける必要がある。

また，文字列の表示位置を指定するにはpos命令を用いる。pos命令では，第1引数で表示させる文字列の左端のX座標，第2引数で上端のY座標を指定する。たとえば「pos 50, 10」とすると，ウィンドウに対してX座標50ドット，Y座標10ドットの位置を指定することとなる。プログラム6-2を実行し，color命令やpos命令の引数をさまざまに変更してみていただきたい。

プログラム 6-2

```
1  color 255,0,255        // 表示色の指定
2  pos 100,50             // 表示位置の指定
3  mes "Hello,world."     // 刺激文字列を表示
4  stop
```

6.2.4. 画像表示の基礎

本項では，picload命令によってウィンドウ上に画像をロードする方法について解説する。プログラム6-3では，「+」と「×」の文字を画像ファイルとして用意し，それらをウィンドウ上にロードすることによって仮現運動を実現している。

プログラム 6-3

```
1  #include "TimeExp.as"
2  time=150              // 刺激呈示時間（ms）
3  rep=10                // 繰り返し回数
4  wxy=500               // ウィンドウのサイズ（X・Y共通）
5  sxy=400               // 画像のサイズ（X・Y共通）
```

```
 6    screen 0,wxy,wxy,,0,0      // 画面の初期化（IDO）
 7    MMtimer 1                   // マルチメディア・タイマ起動
 8    repeat rep
 9        // 画像ファイルをロード
10        picload "stimulus6-3a.bmp",1,wxy-sxy/2,wxy-sxy/2
11        MMawait time            // 時間待ち
12        cls 0                   // 画面をクリア
13        picload "stimulus6-3b.bmp",1, wxy-sxy/2,wxy-sxy/2
14        MMawait time
15        cls 0
16    loop
17    MMtimer 0                   // マルチメディア・タイマ停止
18    end
```

　プログラム6-1との相違は，mes命令をpicload命令に置き換えたこと，それに伴って不要となったfont命令を削除したこと，5行目の画像サイズの定義を追加したことである。picload命令では，ロードするファイル名をダブル・クォーテーション・マークで囲んで指定し，第1引数で画像ロード・モードを指定する。ここで，すでに存在するウィンドウにロードする場合には1を指定する。画像ロード・モードに1を指定した場合には，第2・第3引数で画像を表示する位置（X方向・Y方向）をドット単位で指定する。ここで指定した座標が，ロードされた画像の左上の座標となる。プログラム6-3では，X方向・Y方向ともに「wxy-sxy/2」としているが，これは画像をウィンドウの中央に表示させるためである。

　なお，picload命令でロードできる画像形式は，BMP形式（Windows標準の4/8/24bitデータ：RLE圧縮データを含む），JPEG形式（JFIF標準: グレイスケールを含む），MAG形式（16色/256色）の3種類である。これら以外の形式の画像をロードするには，プラグインを使用する必要がある。

6.2.5. 仮想画面の利用と画面のコピー

　ここまでは，可視状態のウィンドウに文字や画像を表示する方法について解説した。たとえば教示文の呈示など，短時間で画面を切り替える必要のない処理を行う際の参考にしていただきたい。しかしながら，これまで紹介してきた方法では，刺激画面を切り替える際に画面がちらついてしまうことが多い。これは，mes命令やpicload命令の実行速度が比較的遅いことによる。これを解消するには，本項で紹介する2つの方法が有効である。1つは刺激画面を切り替える直前に画面の更新を停止し，切り替えた直後に更新を再開することである。もう1つは，mes命令やpicload命令よりも高速な命令を使用することである。

　さて，仮想画面とは，メモリ上に作成しておくことで操作可能な不可視画面である。この仮想画面に対して文字の表示や画像のロードといった操作を行い，その一部（あるいはすべて）を現在表示されている画面（メイン画面）にコピーすることで，メイン画面に対してmesやpicloadを実行するよりも高速な画面の切り替えが可能となる。これは，ちらつきの少ない画面の切り替えを行う必要のあるゲーム・プログラムなどで一般的に用いられている方法である。プログラム6-4を実行すると，図6-1の刺激パタンが左から順に表示され，変数repで指定した回数だけ表示すると終了する。刺激パタンは1つの画像ファイルに連結さ

れており，そのサイズは1200×400ピクセルである。

```
プログラム6-4
 1  #include "TimeExp.as"
 2  time=150                           // 刺激呈示時間（ms）
 3  rep=10                             // 繰り返し回数
 4  s_num=3                            // 刺激パタン数
 5  sxy=400                            // 刺激パタンのサイズ（X・Y共通）
 6  buffer 2,sxy*s_num,sxy             // 仮想画面の初期化（ID2）
 7  picload "stimuli6-4.bmp"           // 仮想画面に画像をロード
 8  screen 0,sxy,sxy,,0,0              // メイン画面の初期化（ID0）
 9  MMtimer 1                          // マルチメディア・タイマ起動
10  repeat s_num*rep
11      redraw 0                       // 画面の更新を停止
12      gcopy 2,cnt¥s_num*sxy,0,sxy,sxy // 仮想画面の一部をメイン画面へコピー
13      redraw 1                       // 画面の更新を再開
14      MMawait time                   // 時間待ち
15  loop
16  MMtimer 0                          // マルチメディア・タイマ停止
17  end
```

図6-1　プログラム6-4でロードする画像

　4行目で刺激パタンの数を指定しているが，これは後述する12行目の演算に利用するためである。5行目では刺激パタンのサイズを指定し，これを画面のサイズの指定に利用している。6行目のbufferが仮想画面の初期化命令である。第1引数ではウィンドウIDを指定し，第2・第3引数では初期化する仮想画面の大きさをドット単位で指定する。続く7行目で仮想画面に図6-1の画像ファイルをロードし，8行目でメイン画面を初期化している。repeat～loop間では，まず画面の更新を停止し，仮想画面の一部をメイン画面へコピーし，画面の更新を再開してから時間待ちを行っている。11行目および13行目のredrawが，画面の更新停止・再開を行う命令であり，第1引数を0とすると画面の更新は停止され，1とすると再開される。つまり，12行目で仮想画面の一部をメイン画面へコピーしている間，画面を更新しないよう処理しているのである。

　さて，画面のコピーを行うgcopy命令では，第1引数でコピー元のウィンドウID，第2・第3引数でコピー元の左上座標（X・Y），第4・第5引数でコピーするサイズ（X・Y）を指定する。ロードした画像は3つの刺激パタンを横方向に連結したものであるため，コピー元の左上Y座標は常に0であるが，左上X座標は0，400，800，0，400，800，…と変化させていく必要がある。そこで，コピー元の左上X座標を「cnt¥s_num*sxy」と指定している

のである．cntはrepeat～loop間の繰り返し回数に応じて値が1つずつ増加するシステム変数であり，カウンタとして使用することができる（特に指定しない限り，その初期値は0である）．すなわち，cnt¥s_num*sxyの値は0¥3*400で0から始まり，2回目は1¥3*400で400，3回目は2¥3*400で800となり，4回目には3¥3*400で再び0となる．12行目を「mes cnt¥s_num*sxy」と置き換えると，画面上でこれを確認することができる．

ところで，プログラム6-4では仮想画面にロードした画像をメイン画面へコピーする方法を示したが，文字を表示する場合にも同様の処理が可能である．プログラム6-5では，1000×500ドットの大きさで初期化した仮想画面に「＋」と「×」を並べて表示し，これをメイン画面にコピーしている．13行目を「mes cnt¥s_num*sxy」と置き換えると，gcopy命令の第2引数（コピー元の左上X座標）が0, 500, 0, 500, …と変化することが確認できる．

プログラム 6-5
```
 1  #include "TimeExp.as"
 2  time=150                            // 刺激呈示時間（ms）
 3  rep=10                              // 繰り返し回数
 4  s_num=2                             // 刺激パタン数
 5  sxy=500                             // 刺激パタンのサイズ（X・Y共通）
 6  buffer 2,sxy*2,sxy                  // 仮想画面の初期化（ID2）
 7  font "ＭＳゴシック",500,16          // フォントの設定
 8  mes "＋×"                          // 仮想画面に刺激を表示
 9  screen 0,sxy,sxy,,0,0               // メイン画面の初期化（ID0）
10  MMtimer 1                           // マルチメディア・タイマ起動
11  repeat s_num*rep
12      redraw 0                        // 画面の更新を停止
13      gcopy 2,cnt¥s_num*sxy,0,sxy,sxy // 仮想画面の一部をメイン画面へコピー
14      redraw 1                        // 画面の更新を再開
15      MMawait time                    // 時間待ち
16  loop
17  MMtimer 0                           // マルチメディア・タイマ停止
18  end
```

6.2.6. フル・スクリーン表示

これまでは通常のウィンドウに刺激を表示する方法について解説してきた．しかしながら，心理学実験ではフル・スクリーンで刺激を呈示する機会が非常に多い．本項では，刺激画面をフル・スクリーンで表示する方法について解説する．

さて，フル・スクリーンで画面を作成するにはbgscr命令を用いる．bgscr命令により作成されたウィンドウは常に最前面に表示され，ウィンドウ枠のないポップ・アップ・ウィンドウとなるため，通常はスクリーン・セーバーなどに用いられる．プログラム6-6は，プログラム6-5をフル・スクリーン表示に改変したものである．

プログラム 6-6
```
 1  #include "TimeExp.as"
```

```
 2  time=150                                  // 刺激呈示時間（ms）
 3  rep=10                                    // 繰り返し回数
 4  s_num=2                                   // 刺激パタン数
 5  sxy=500                                   // 刺激パタンのサイズ（X・Y共通）
 6  buffer 3,sxy*2,sxy                        // 仮想画面の初期化（ID3）
 7  font "MSゴシック",500,16                   // フォントの設定
 8  mes "＋×"                                 // 仮想画面に刺激を表示
 9  bgscr 2,dispx,dispy                       // メイン画面の初期化（ID2）
10  mouse -1                                  // マウス・カーソル非表示
11  pos dispx-sxy/2,dispy-sxy/2               // 刺激呈示位置の指定（画面中央）
12  MMtimer 1                                 // マルチメディア・タイマ起動
13  repeat s_num*rep
14      redraw 0                              // 画面の更新を停止
15      gcopy 3,cnt¥s_num*sxy,0,sxy,sxy       // 仮想画面の一部をメイン画面へコピー
16      redraw 1                              // 画面の更新を再開
17      MMawait time                          // 時間待ち
18  loop
19  MMtimer 0                                 // マルチメディア・タイマ停止
20  end
```

プログラム 6-5 との相違は，screen 命令の削除と 9～11 行目の追加である。9 行目では，screen 命令ではなく bgscr 命令によってメイン画面を初期化している。第 1 引数はウィンドウ ID，第 2・第 3 引数はウィンドウのサイズの指定である。ここで，システム変数 dispx（ディスプレイ X 方向の解像度）と dispy（ディスプレイ Y 方向の解像度）を指定すれば，画面の解像度に合わせてメイン画面が初期化される。10 行目の mouse 命令は，マウス・カーソルの位置を指定した座標に移動させる命令である。通常は，第 1・第 2 引数に X・Y 座標を指定するが，−1 を指定するとマウス・カーソルは非表示となる。11 行目は，画面中央に刺激を表示するための記述である。ここでは mes 命令で仮想画面に表示した文字をメイン画面にコピーする例を示したが，画像をロードしてコピーする場合も方法は同じである。

なお，プログラム 6-6 では 500×500 ドットの領域をコピーしたが，文字の上下左右にある「余白」の領域はコピーする必要がなく，実際にはより小さな領域のコピーで十分である（プログラム 6-4，プログラム 6-5 についても同様である）。より高速な処理を行うためには，必要最小限の範囲をコピーするよう心がける必要がある。

6.2.7. 高速な刺激の消去

これまで画面をクリアする目的で cls 命令を使用してきたが，表示されている刺激を消去するだけであれば boxf 命令による塗りつぶしを行う方が高速である。プログラム 6-7 を実行すると，刺激文字「＋」と空白画面が交互に呈示される。

プログラム 6-7
```
1  #include "TimeExp.as"
2  time=500                                   // 刺激呈示時間，試行間インターバル（ms）
3  rep=10                                     // 刺激呈示回数
```

```
 4    xwy=500                        // ウィンドウのサイズ（X・Y共通）
 5    sxy=100                        // 刺激のサイズ（X・Y共通）
 6    margin=xwy-sxy/2               // 余白のサイズ
 7    screen 0,xwy,xwy,,0,0          // 画面の初期化（IDO）
 8    font "MSゴシック",100,16        // フォントの設定
 9    MMtimer 1                      // マルチメディア・タイマ起動
10    repeat rep
11        color 0,0,0                // 刺激呈示色の指定
12        pos margin,margin          // 刺激呈示位置の指定
13        mes "＋";                  // 刺激文字を表示
14        MMawait time               // 時間待ち
15        color 255,255,255;         // 塗りつぶし色の指定
16        // 塗りつぶし
17        boxf margin,margin,margin+sxy,margin+sxy
18        MMawait time               // 時間待ち
19    loop
20    MMtimer 0                      // マルチメディア・タイマ停止
21    end
```

boxf命令では，第1引数で矩形の左上X座標，第2引数で矩形の左上Y座標，第3引数で矩形の右下X座標，第4引数で矩形の右下Y座標を指定する．塗りつぶし色はcolor命令によって指定する（15行目）．このため，次に刺激を黒色で呈示するには刺激呈示色を指定しなければならない（11行目）．このようにプログラムの記述は若干長くなってしまうが，たとえcolor命令の処理時間を加えたとしても，boxf命令を使用する方がcls命令で画面全体をクリアするよりも高速である（さらに高速でちらつきのない表示を行うには，boxfで塗りつぶした仮想画面をgcopy命令でメイン画面にコピーするとよい）．

なお，5行目で刺激のサイズを定義しているが，画面上に表示された文字のサイズはginfo命令で調べることができる．mes命令実行後に「cls:sysfont:ginfo7:mes"prmx="+prmx+"¥nprmy="+prmy:stop」と記述すると，mes命令によって表示された「＋」のサイズが表示される．詳細については，マニュアルの命令リファレンスをご参照いただきたい．

6.3. 音声刺激・動画刺激の呈示

6.3.1. 音声ファイルの再生

本項では音声ファイルを再生する方法について解説する．HSPではsndload命令によってWAV形式，MIDI形式，MP3形式，ASF形式のファイル，およびオーディオCDの音声トラックをロードすることが可能である（ただし，MP3・ASF形式については，Windows Media Player 5.2以降がインストールされている必要がある）．プログラム6-8を実行すると，まずwave01.wavが再生され，1秒後にwave02.wavが再生される．

プログラム 6-8
```
 1  #include "TimeExp.as"
 2  sndload "wave01.wav",0,2  // 音声ファイルのロード（バッファ番号0）
```

```
 3    sndload "wave02.wav",1,2  // 音声ファイルのロード（バッファ番号1）
 4    MMtimer 1                 // マルチメディア・タイマ起動
 5    MMwait 1000
 6    snd 0                     // バッファ番号0を再生
 7    MMwait 1000               // 時間待ち
 8    snd 1                     // バッファ番号1を再生
 9    MMwait 1000
10    MMtimer 0                 // マルチメディア・タイマ停止
11    end
```

音声ファイルのロードを行っているのは，2～3行目である。sndload命令では，まずファイル名を指定し，第1引数に音声ファイルを読み込むバッファ番号を指定する。以降，ロードされた音声ファイルは，このバッファ番号によって識別される。第2引数は読み込みモードの指定であり，2を指定すると指定したファイルが再生された際，その再生が終了するまで次の命令は実行されない。6行目，および8行目が実際に再生を行うための記述である。snd命令の引数にバッファ番号を指定することによって，sndload命令によって読み込まれた音声が再生される。

さて，snd命令によって再生中の音声はsndoff命令によって停止させることができるが，より複雑な処理を必要とする場合にはmci命令を用いるとよい。MCI（Multimedia Control Interface）とは，マルチメディア・デバイスやマルチメディア・ファイルを制御するためのインタフェースであり，さまざまな言語から利用できるAPIである。HSPのmci命令による再生はMCIにコマンド文字列を送ることにより実現されているので，その制御コマンドの詳細についてはMCIの解説書等をご参照いただきたい（注2）。

なお，MIDIファイルは，環境により再生にタイム・ラグが生じるなどの問題が発生する可能性が高いため，刺激として使用するには注意が必要である。

6.3.2. 動画ファイルの再生

本項では動画ファイルを再生する方法について解説する。HSPではsndload命令によってAVI形式，ASF形式，およびMPEG形式のファイルをロードすることが可能である（ただし，ASF形式については，Windows Media Player 5.2以降がインストールされている必要がある）。プログラム6-9を実行すると，フル・スクリーン画面の中央でavi01.aviが再生され，2秒後にavi02.aviが再生される。

プログラム 6-9

```
1    #include "TimeExp.as"
2    sx=320                      // 動画のフレームの高さ
3    sy=240                      // 動画のフレームの幅
4    bgscr 2,dispx,dispy,,0,0    // 画面の初期化（ID2）
5    mouse -1                    // マウス・カーソル非表示
6    color 0,0,0                 // 塗りつぶし色の指定
7    boxf 0,0,dispx,dispy        // 画面全体を黒色で塗りつぶし
8    sndload "avi01.avi",0,2     // 動画ファイルをロード（バッファ番号0）
```

```
 9  wait 100
10  sndload "avi02.avi",1,2        // 動画ファイルをロード（バッファ番号1）
11  pos dispx-sx/2,dispy-sy/2      // 動画再生位置の指定
12  MMtimer 1                      // マルチメディア・タイマ起動
13  snd 0                          // バッファ番号0を再生
14  MMwait 3000                    // 時間待ち
15  snd 1                          // バッファ番号1を再生
16  MMwait 3000
17  MMtimer 0                      // マルチメディア・タイマ停止
18  end
```

2行目〜3行目は，動画ファイルのフレームの幅と高さの指定である。8行目，および10行目では，sndload命令で動画ファイルの読み込みを行っている。11行目は動画を再生する位置の指定であり，13行目，および15行目で実際に再生を行っている。音声ファイルの場合と同様に，より複雑な処理を必要とする場合にはmci命令を用いるとよい。

なお，sndload命令・mci命令のいずれを使用する場合も，実行ファイル実行時にはロードすべきファイルそのものが必要である。したがって，ロードするファイルをPACKFILEに含める必要はないのでご注意いただきたい。

6.4. ファイル入出力

6.4.1. 数値型配列と文字列型配列

ファイル入出力の方法を解説する前に，配列について簡単に説明する。HSPの配列には「数値型配列」と「文字列型配列」があり，格納する値によってこれらを使い分ける。17以上の要素が必要な場合には宣言が必要であり，数値型ではdim命令を用いる。第1引数は配列名，第2引数は要素の最大である。たとえば「dim a,20」とすると，20の要素（a.0〜a.19）をもつ数値型配列aが宣言されたことになる。多次元配列も使用することもでき，たとえば「dim b, 5, 10」とすると，5×10の要素（b.0.0〜b.4.9）をもつ数値型配列bが宣言されたことになる。

一方，文字列型配列ではsdim命令を用いる。第1引数は配列名，第2引数は1要素の最大文字数，第3引数は要素の最大である。たとえば，「sdim c,64,20」とすると，20の要素（c.0〜c.19）をもつ文字列型配列cが宣言されたことになる。ただし，この配列cの各要素は，第2引数で指定した文字数を超えてはならない。ここで注意すべき点は，文字列の最後には必ず終了コードが置かれることである。これはC/C++などでも同様で，文字列を変数や配列に格納した際にどこまでが文字列データなのかを判別するためである。この終了コードの格納に1文字分が必要であるため，たとえば1バイトの文字を3文字格納したければ，4文字分の領域が必要となる。もう1つ注意すべき点は，日本語の平仮名や片仮名，漢字などは2バイトで表現されていることである。したがって，日本語で3文字を格納する場合には，終了コード分を含め7文字分の領域が必要となる。詳しくはマニュアルの「文字列のひみつ」などをご参照いただきたい。

6.4.2. ファイルからの読み込み

本項では，ファイルからのデータの読み込みについて解説する。HSPの標準命令では，bload命令によってファイルからメモリ・バッファへの読み込みを行う。しかしながら，この方法ではデータに合わせた手順でプログラミングを行う必要があり，少なからず面倒な手続きが必要である。そこで本項では，TimeExp.hpiに含まれる拡張命令を用いて手軽にファイルからデータを読み込む方法について解説する。プログラム6-10を実行すると，CSV (Comma Separated Value) 形式のデータ・ファイル「data6-10.csv」が読み込まれ，その内容が表示される。データ・ファイルの内容は「r, h, a, f, u, p, s, v, h, e」となっている。

```
プログラム 6-10
 1  #include "TimeExp.as"
 2  time=500                    // 刺激呈示時間，試行間インターバル
 3  rep=10                      // 試行数（表示する文字の個数）
 4  wxy=200                     // ウィンドウのサイズ（X・Y共通）
 5  sx=50                       // 文字の表示サイズ（X）
 6  sy=100                      // 文字の表示サイズ（Y）
 7  sdim stim,2,rep             // 刺激格納用配列stimの宣言
 8  CSVio stim,"data6-10.csv",1 // CSVファイルの内容を配列stimに変換
 9  screen 0,wxy,wxy,,0,0       // 画面の初期化（ID0）
10  font "MSゴシック",100,16    // フォントの設定
11  MMtimer 1                   // マルチメディア・タイマ起動
12  repeat rep
13      pos wxy-sx/2,wxy-sy/2   // 刺激呈示位置
14      mes stim.cnt            // 配列stimのcnt番目の要素を表示
15      MMawait time            // 時間待ち
16      cls                     // 画面をクリア
17      MMawait time            // 時間待ち
18  loop
19  MMtimer 0                   // マルチメディア・タイマ停止
20  end
```

7行目は，刺激格納用配列の宣言である。ここで宣言した配列stimにdata6-10.csvから読み込まれた内容が格納される。8行目のCSVioがCSV形式のファイルからの読み込み，あるいはCSV形式のファイルへの書き出しを行う命令である。第1引数には読み書きの対象となる配列名，第2引数にはファイル名を指定する。第3引数は読み書きのモードの指定であり，ファイルからの読み込みを行う場合には1とする。これによって，data6-10.csvに保存されたデータは配列stimの要素として格納される（stim.0="r" : stim.1="h" : stim.2="a" : … : stim.9="e"）。以降は，10行目で指定したフォントで配列stimに格納された値を順に表示している。

さて，プログラム6-10ではデータ・ファイルから読み込んだ文字そのものを配列に変換して表示したが，画像刺激を呈示する場合には画像ファイル名のリストを読み込めばよい。プログラム6-11を実行すると，データ・ファイル「data6-11.csv」が読み込まれ，画像ファイルが順に表示される。データ・ファイルの内容は「stimulus6-11a,stimulus6-11b,stimulus6-

11c,stimulus6-11d,stimulus6-11e,stimulus6-11f,stimulus6-11g,stimulus6-11h,stimulus6-11i,stimulus6-11j」となっている。

```
プログラム 6-11
  1  #include "TimeExp.as"
  2  time=500                    // 刺激呈示時間，試行間インターバル
  3  rep=10                      // 試行数（表示する画像の個数）
  4  wxy=200                     // ウィンドウのサイズ（X・Y共通）
  5  sxy=100                     // 画像のサイズ（X・Y共通）
  6  sdim stim,14,rep            // 刺激格納用配列stimの宣言
  7  CSVio stim,"data6-11.csv",1 // csvファイルの内容を配列stimに変換
  8  screen 0,wxy,wxy,,0,0       // 画面の初期化（IDO）
  9  cls 4                       // 画面をクリア
 10  MMtimer 1                   // マルチメディア・タイマ起動
 11  repeat rep
 12  // 画像ファイルをロード
 13      picload stim.cnt+".bmp",1,wxy-sxy/2,wxy-sxy/2
 14      MMawait time            // 時間待ち
 15      cls 4                   // 画面をクリア
 16      MMawait time            // 時間待ち
 17  loop
 18  MMtimer 0                   // マルチメディア・タイマ停止
 19  end
```

6行目は画像ファイル名格納用配列stimの宣言である。画像ファイル名はすべて13文字であるため，sdim命令の第2引数は終了コード1文字分を含めて14としている。また，要素の最大は画像ファイル数と等しいため，第3引数では変数repを指定している。CSVio命令の使用方法は，プログラム6-10と同じである。picload命令で指定するファイル名には，配列stimのcnt番目の要素の値に拡張子を加えている。このように記述すれば，画像ファイル名のリストには拡張子は不要である。また，画像ファイルが多い場合などには，それらを下位ディレクトリに置いてロードすることも可能である。たとえば，画像ファイルを保存した下位ディレクトリ名が「data」であれば「picload curdir+"¥¥data¥¥"+stim.cnt+".bmp",1,wxy-sxy/2,wxy-sxy/2」と記述すればよい（システム変数curdirにはカレントディレクトリのパスが格納されている）。なお，ディレクトリの区切り文字である「¥」は，制御コードなどを示すエスケープ文字の一部として用いられるため（たとえば，¥nは復帰改行），¥¥と記述して「¥という文字」であることを明示する必要がある。

6.4.3. ファイルへの書き出し

本項では，配列に格納されたデータをCSV形式のファイルとして保存する方法について解説する。HSPではメモリ・バッファの内容をファイルに書き出す命令bsaveが用意されているが，前項のbloadと同様にデータに合わせた手順でプログラミングを行う必要があり，少なからず面倒な手続きが必要である。そこで，本項ではTimeExp.hpiのCSVio命令を使用してファイルにデータを書き出す方法について解説する。プログラム6-12を実行すると1桁

の乱数が20個生成され，数値型配列dataに格納されてから，CSV形式のファイル「result.csv」に保存される。生成された乱数のリストは画面上にも表示されるので，ファイルに保存された内容と照合していただきたい。

```
プログラム 6-12
1   #include "TimeExp.as"        // 定義ファイルのインクルード
2   n=20                         // 発生させる乱数の数
3   dim data,n                   // 乱数格納用配列dataの宣言
4   repeat n
5   // 1桁の乱数を発生させ，配列dataのcnt番目の要素に代入
6       rnd data.cnt,10
7       mes data.cnt             // 配列dataのcnt番目の要素を表示
8   loop
9   CSVio data,"result.csv",0    // 配列dataの内容をCSVファイルとして保存
10  wait 10
11  stop
```

3行目は，乱数格納用配列dataの宣言である。乱数は6行目のrnd命令によって生成され，data.cntに代入される。rnd命令の第1引数は乱数を代入する変数，第2引数は生成される乱数の最大値である（たとえば，10と指定すると，0以上10未満の乱数が生成される）。ファイルへの書き出しを行っているのは，9行目のCSVio命令である。読み込み時と同様に，第1引数に配列名，第2引数にファイル名を指定し，第3引数ではファイルへの書き出し処理を意味する0を指定する（省略時も0を指定したものとみなされる）。これにより，開発環境と同じディレクトリにresult.csvとして生成された乱数のリストが保存される。また，CSVio命令の第3引数に2を指定すると，YYYYMMDDHHMMSS形式（YYYY年MM月DD日HH時MM分SS秒）でファイル名が自動生成される。この場合，第2引数で指定したファイル名は無視されるので「CSVio data,"*",2」あるいは「CSVio data,"",2」と記述すればよい。連続して実験を行う場合などには大変便利なモードである。

6.5. キー入力情報の取得

パーソナル・コンピュータを用いた心理学実験では，被験者に特定のキー押下による反応を求める手続きが多い。本節では，キー押下を検出し，その情報を配列に格納する方法について解説する。キー入力情報を取得するにはstick命令を用いる。stick命令が実行されると表6-1に示したキー情報が1つの数値として第1引数に指定した変数に代入される（stick命令で押下を検出できるキーは限られているため，表6-1に掲載されていないキーの押下を検出するにはTimeExp.hpi等のプラグインを用いるとよい）。プログラム6-13を実行すると，経時的に1桁の数が表示される。ここでの課題は，もしその数が偶数であれば右カーソル・キーを押し，奇数であれば左カーソル・キーを押すことである。定数repで定義した20試行が終了すると，画面上に結果が表示される。

表6-1 stick命令実行時に第1引数で指定した変数に代入される値

代入される値	押されたキー（ボタン）
0	なし
1	左カーソル・キー左
2	上カーソル・キー上
4	右カーソル・キー右
8	下カーソル・キー下
16	スペース・キー
32	Enter キー
64	Ctrl キー
128	ESC キー
256	マウスの左ボタン
512	マウスの右ボタン
1024	TAB キー

注：複数のキー（ボタン）が同時に押された場合はそれらの合計値が代入される。

プログラム 6-13

```
1   rep=20                        // 試行数
2   wxy=400                       // ウィンドウのサイズ（X・Y共通）
3   sx=50                         // 刺激のサイズ（X）
4   sy=100                        // 刺激のサイズ（Y）
5   dim stim,rep                  // 刺激格納用配列stimの宣言
6   dim data,rep                  // 反応格納用配列dataの宣言
7   screen 0,wxy,wxy,,0,0         // 画面を初期化（ID0）
8   font "MSゴシック",100,16      // フォントの設定
9   repeat rep
10      rnd stim.cnt,10           // 乱数を生成し，配列stimに代入
11      pos wxy-sx/2,wxy-sy/2     // 刺激呈示位置
12      mes stim.cnt              // 刺激を呈示
13      repeat
14          stick key             // キー入力情報のチェック
15          // もし右カーソル・キー，あるいは左カーソル・キーが押されていれば…
16          if key&5{
17              break             // ループから脱出
18          }
19      loop
20      data.cnt=key              // キー入力情報を配列dataに代入
21      cls                       // 画面をクリア
22  loop
23  cls
24  sysfont
25  repeat rep
26      mes "刺激["+stim.cnt+"]－反応["+data.cnt+"]"
27  loop
28  stop
```

　5～6行目で刺激格納用配列と反応格納用配列を宣言しているが，これは最後に刺激と反応の一覧を表示するためである。繰り返し処理は2重になっており，まず10行目で1桁の乱数を生成し，12行目でそれを刺激として表示すると内側のループに入る。内側のループで

は，キー押下のチェックを行っている。まず14行目のstick命令でキー入力情報をチェックし，16行目では取得したキー入力情報について条件判断を行っている。ここでは論理演算によって条件判断を行っているため，右カーソル・キー，左カーソル・キーのいずれか，あるいは両方の押下によって内側のループから脱出する。このように，複数のキーのチェックを同時に行う際には論理演算を行うとよい。なお，内側のループでは繰り返し回数が指定されていないため，いずれかのキーが押されない限りループから抜けることはない。20行目では反応格納用配列dataのcnt番目の要素にキー入力情報を代入している。この記述は内側のループを抜けてから記述されているため，cntの値は試行数（0～19）に一致する。21行目で画面をクリアすると，10行目に戻って次試行の処理を開始する。これらの処理を1行目で定義した回数だけ繰り返すと，23行目以降の結果の表示処理を行う。

プログラム6-13では，刺激格納用配列と反応格納用配列を別の配列として宣言したが，2次元配列としてまとめてしまっても構わない（ただし，TimeExp.hpiのCSVio命令は多次元配列には対応していないため，これによりファイル入出力を行う場合は別々の1次元配列として管理する必要がある）。

6.6. 時間制御

6.6.1. ソフトウェアによる時間制御

心理学実験で要求される時間制御の精度はさまざまである。刺激呈示時間について，あるいは反応時間の測定についてどの程度の誤差が問題となるのかは実験パラダイムに大きく依存する。もし確実に1ms単位の時間制御が必要な実験であれば，タイマ・ボード等のハードウェアによる制御を行うべきであろう。しかしながら，近年では高性能なCPUやグラフィック・アクセラレータが普及し，ソフトウェアによる方法でも，かなり高い精度で時間制御を行うことが可能となってきた。本章では，TimeExp.hpiを使用して時間制御を行う方法について解説する。マルチメディア・タイマを使用するTimeExp.hpiの拡張命令では，Windows標準のタイマよりも格段に高い精度で時間制御を行うことが可能である（5章5.8.5.参照）。

6.6.2. 時間制御の注意点

ソフトウェアによって時間制御を行う場合には，実験プログラム以外のタスクからの影響を回避するため，可能な限り他のプログラムは終了させておくべきである。また，刺激の読み込みや反応データの保存など，ディスクへのアクセスを伴う処理は，実験セッションの開始前や終了後にまとめて行うべきである（5章5.8.4.参照）。なお，プログラム起動直後はタイマの動作が不安定となりやすいため，精度の高い時間制御の必要な実験プログラムでは最初に5秒程度のwaitを記述しておく方が安全であろう。

なお，TimeExp.hpiではPriority命令によってプロセスやスレッドの優先度を高めることが可能である。星野（2001）でも報告されているように，プロセスの優先順位が高いほど時間制御の精度は高まると考えられるので，必要に応じて実行していただきたい（詳細は，TimeExp.hpiの説明書を参照）。

6.6.3. 時間待ち

HSPの標準命令で時間待ちを行うには，wait命令あるいはawait命令を使用する。いずれもプログラムの実行を一定時間中断する命令であるが，wait命令ではその実行時を起点として時間待ちが行われるのに対し，await命令では前回await命令が実行された時点が起点となる。したがって，繰り返し処理の中で一定の周期で特定の処理を行う場合などにはawait命令を用いるとよい。一方，CPUへの負担はawait命令よりもwait命令の方が軽いので，厳密な時間制御を目的としない場合にはwait命令を用いるとよいであろう。逆に，CPU処理を100％奪って時間待ちを行う場合には，await命令の第2引数（スリープ間隔）を0とする。

さて，wait命令で指定可能な待ち時間の最小単位が10msであるのに対し，await命令では1msとなっている。しかしながら，その精度はOSのタイマ分解能に依存するため，厳密には1ms単位では動作しない点に注意が必要である。ms単位で確実に時間制御を行うのであればハードウェア・タイマを用いるべきであるが，多くの実験パラダイムで実用となるであろう精度はTimeExp. hpiのようにマルチメディア・タイマ等を利用した時間制御用のライブラリの使用によって実現可能であろう（5章5.8.5.参照）。TimeExp.hpiによって拡張される時間待ち命令はMMwaitとMMawaitである。時間待ちの起点は，MMwait命令ではその実行時，MMawait命令では前回のMMawait命令実行時（あるいはMMset命令によって設定された時点）であり，いずれも1ms単位での指定が可能である。

6.6.4. 反応時間の測定

本項では，キー押下による反応時間の測定方法について解説する。プログラム6-14を実行すると，経時的に1桁の数が表示される。ここでの課題は，もしその数が偶数であれば右カーソル・キーを押し，奇数であれば左カーソル・キーを押すことである。刺激呈示時間は1500msであり，これを経過すると次試行が実施される。定数repで定義された20試行が終了すると，画面上に結果が表示される。ここでは，前項で解説した方法でキー入力情報を取得し，併せて表示する。

プログラム 6-14

```
1   #include "TimeExp.as"
2   time=1500                  // 刺激呈示時間，試行間インターバル
3   rep=20                     // 試行数
4   wxy=400                    // ウィンドウのサイズ（X・Y共通）
5   sx=50                      // 刺激のサイズ（X）
6   sy=100                     // 刺激のサイズ（Y）
7   dim stim,rep               // 刺激格納用配列stimの宣言
8   dim rt,rep                 // 反応時間格納用配列rtの宣言
9   dim key,rep                // キー入力情報格納用配列keyの宣言
10  screen 0,wxy,wxy,,0,0      // 画面の初期化（ID0）
11  font "ＭＳゴシック",100,16  // フォントの設定
12  // 刺激の準備（配列stimに刺激を代入）
13  stim=7,2,4,1,6,5,7,9,3,8,1,5,8,9,4,3,7,6,5,8
14  repeat rep
15      rt.cnt=9999            // 配列rtのすべての要素に9999を代入
16      key.cnt=9              // 配列keyのすべての要素に9を代入
```

```
17    loop
18    MMtimer 1                      // マルチメディア・タイマ起動
19    repeat rep
20        pos wxy-sx/2,wxy-sy/2      // 刺激呈示位置
21        mes stim.cnt               // 刺激を表示
22        MMset 0,1                  // タイマ0の起点を設定
23        MMdup 1,0                  // タイマ1の起点を設定（タイマ0の複製）
24        i=cnt                      // 外側のループのカウンタを変数iに代入
25        repeat
26            MMget TmpRT,0,0,1      // 経過時間のチェック
27            if TmpRT>=time{        // もし刺激呈示時間を経過していれば…
28                break              // ループから脱出
29            }
30            stick TmpKey           // キー入力情報のチェック
31            if TmpKey==0{          // もしどのキーも押されていなければ…
32                continue           // 25行目にジャンプ
33            }
34            rt.i=TmpRT             // 配列rtに反応時間を代入
35            key.i=TmpKey           // 配列keyにキー入力情報を代入
36            MMawait time           // 時間待ち
37            break                  // ループから脱出
38        loop
39        cls                        // 画面をクリア
40        MMawait time*2,1           // 時間待ち
41    loop
42    cls
43    sysfont
44    repeat rep
45        mes "rt:"+rt.cnt+" key:"+key.cnt
46    loop
47    MMtimer 0                      // マルチメディア・タイマ停止
48    stop
```

7～9行目では，刺激格納用配列stim，反応時間格納用配列rt，キー入力情報格納用配列keyを宣言している。13行目は刺激の準備である。14～17行目では配列rtのすべての要素に9999を代入し，配列keyのすべての要素に9を代入している。キーが押下された時点でこれらの値は上書きされるが，反応のなかった試行ではそのままの値となる。

さて，繰り返し処理は2重となっており，まず21行目で刺激を表示してから，22～23行目のMMset命令とMMdup命令でタイマの起点を設定している。MMset命令の第1引数にはタイマ番号を指定し，第2引数を1とするとタイマの起点が設定される。MMdupはタイマの複製を行う命令で，第1引数に複製先タイマ番号，第2引数に複製元タイマ番号を指定する。タイマ0は刺激呈示開始からの経過時間のチェックと反応時間の取得，およびキー押下後の時間待ちに使用され，タイマ1は試行間インターバルの時間待ちに使用される。24行目で変数iにcntを代入しているのは，内側のループで外側のループのカウンタを利用するためである。内側のループでは，刺激呈示開始からの経過時間のチェックと反応時間・キー

入力情報の取得を行っている．まず，26行目のMMget命令がマルチメディア・タイマを使用して経過時間を得る命令である．第1引数には経過時間を代入する変数を指定する．第2引数は経過時間の取得方法の指定であり，前回呼出し時からの相対時間を得るには0とする．第3引数はタイマ番号の指定である．第4引数はカウンタの更新の設定であり，1を指定するとカウンタの更新は行われない（詳細はTimeExp.hpiの説明書を参照）．ここで，もし刺激呈示時間以上の時間が経過していれば28行目のbreak命令が実行され，ループを抜ける．30行目はstick命令によるキー入力情報の取得である．もしキー押下がなければ32行目のcontinue命令が実行され，処理は26行目にジャンプする．キー押下があった場合には，34～35行目で配列rtに反応時間，配列keyにキー入力情報が代入される．ここで，配列rt，配列keyの要素はともにiであり，外側のループのカウンタ（すなわち，試行番号）に一致する．36行目では，26行目のMMget命令実行時を起点として時間待ちを行っている．定数timeで指定した時間だけ待つとbreak命令が実行され，ループを抜ける．39行目で画面が更新されると，定数timeで指定した時間だけ待ち，次試行の処理が開始される．42行目以降は結果の表示処理である．

前項で示したように，単純に刺激呈示開始後の時間待ちを行うのであればMMwait命令やMMawait命令で十分であるが，その他の処理を平行して行う場合にはループ内でタイマの値を参照しながら条件判断を行う必要がある．MMset命令とMMget命令の引数を指定することによってさまざまな時間制御が可能であるので，是非使い方を身に付けていただきたい．

6.7. DirectXプログラミング

HSPでは，HSPDX.DLL等のプラグインを用いることによってDirectXプログラミングを行うことが可能である．DirectXのフルスクリーン・モードを利用することにより，非常に高速な描画が可能となるばかりでなく，垂直帰線期間を利用した精度の高い刺激呈示時間の制御が可能となる（5章5.8.3.参照）．HSPによるDirectXプログラミングでは，主に描画に関する命令を置き換えるだけで，演算や変数の扱いなどについては通常のHSPプログラミングと同様の記述が可能である（一部の命令は使用できなくなるので，詳細はHSPDX.DLLリファレンスマニュアルでご確認いただきたい）．プログラム6-15は，プログラム6-4を改変したものである．実行すると640×480ドットの解像度で画面が初期化され，図6-2の刺激パタンが左から順に表示される．刺激パタンは1つのファイルに連結されており，そのサイズは600×200ピクセルである．

図6-2 プログラム6-15でロードする画像

プログラム 6-15

```
1   #include "hspdx.as"
2   #include "TimeExp.as"
3   time=150                        // 刺激呈示時間
4   wx=640                          // 画面の解像度（X）
5   wy=480                          // 画面の解像度（Y）
6   s_num=3                         // 刺激パタン数
7   sxy=200                         // 刺激パタンのサイズ（X・Y共通）
8   es_ini                          // HSPDX.DLLシステムの初期化
9   es_screen wx,wy,32              // スクリーンの初期化
10  if stat == 1 : goto *err1
11  if stat == 2 : goto *err2
12  buffer 2,sxy *s_num,sxy,1       // 仮想画面の初期化（ID2）
13  picload "stimuli6-15.bmp",1     // 仮想画面に画像をロード
14  // HSPの仮想画面をDirectXのオフスクリーン・バッファ（VRAM）にコピー
15  es_buffer 0,2
16  if stat == 1 : goto *err3
17  gsel 0                          // グラフィック操作先の指定
18  MMtimer 1                       // マルチメディア・タイマ起動
19  repeat
20      pos wx-sxy/2,wy-sxy/2       // コピー先座標
21      gmode 0,200,200             // 画像コピーモードの指定
22      es_copy 0,cnt¥s_num*sxy,0   // オフスクリーン・バッファをメイン画面にコピー
23      pos 0,0                     // 文字列表示位置の指定
24      es_mes "[Esc] キー押下で終了します"
25      es_sync                     // 画面の更新
26      MMawait time                // 時間待ち
27      stick key,0                 // キー入力情報のチェック
28      if key&128{                 // もしEscキーが押されていれば…
29          MMtimer 0               // マルチメディア・タイマを停止し，
30          es_bye                  // HSPDX.DLLシステムを切り離し，
31          end                     // プログラムを終了
32      }
33  loop
34
35  /*********** 以下はエラー処理 ***********/
36  *err1
37  dialog "DirectXの初期化に失敗しました",1
38  end
39  *err2
40  dialog "スクリーンの初期化に失敗しました",1
41  end
42  *err3
43  es_bye
44  dialog "VRAMの容量が不足しています",1,""
45  end
```

DirectX プログラミングに特有な記述は 8〜9 行目である。es_ini 命令では HSPDX.DLL システムの初期化を行い，es_screen 命令では DirectX 使用時の画面モードを指定している。es_screen 命令の第 1 引数・第 2 引数には，それぞれ X・Y 方向の解像度を指定し，第 3 引数にはカラー・モードを指定する。カラー・モードは bpp (bits per pixel) で指定し，パレット・モード (256 色) では 8，ハイカラー (65536 色) では 16，フルカラー (16777216 色) では 24，トゥルーカラー (16777216 色 + a チャネル) では 32 を指定する (bpp は画像の色深度を表す単位で，たとえば 8bpp では 1 ピクセルの色が 8 ビットで表現されるため，$2^8 = 256$ 色までを使用することが可能である)。10〜11 行目は，es_screen 命令のエラー処理である。es_screen を実行した結果，DirectX の初期化に失敗した場合にはシステム変数 stat に 1 が返される。また，スクリーンの初期化に失敗した場合には stat に 2 が返される。stat にこれらの値が返ってきた場合は，goto 命令で指定したラベルに処理をジャンプさせ，メッセージボックスを表示してからプログラムを終了させている。12〜13 行目では，仮想画面の初期化と画像ファイルのロードを行っている。DirectX 使用時には通常の画面描画命令の多くが使用できないが，HSP の buffer 画面に対しては picload 等の画面描画命令を使用することができる (詳細は HSPDX.DLL リファレンスマニュアルをご参照いただきたい)。

さて，15 行目の es_buffer 命令では，仮想画面を DirectX のオフスクリーン・バッファに転送している。buffer 命令で初期化される HSP の仮想画面と DirectX のオフスクリーン・バッファは異なるので注意していただきたい。オフスクリーン・バッファは 0〜63 までの ID で管理されるが，この ID も HSP のウィンドウ ID とは別のものである。es_buffer 命令の第 1 引数では，オフスクリーン・バッファの ID を指定する。第 2 引数は属性スイッチであり，オフスクリーン・バッファを VRAM に取るには 2 を指定する。オフスクリーン・バッファをメイン・メモリに取ることも可能であるが，速度の面では大変不利である。このため，実行環境の VRAM の容量は非常に重要である。ここで，もし VRAM の容量が不足していれば stat に 1 が返るので，16 行目ではエラー処理への goto 命令を記述している。17 行目の gsel 命令はグラフィック操作先の指定であり，第 1 引数にはウィンドウ ID を指定する。

次に，20〜32 行目までの繰り返し処理が画面上への表示を行っている部分である。20〜22 行目は画像の表示処理である。20 行目では pos 命令でコピー先の X・Y 座標を指定し，21 行目の gmode 命令の第 1 引数でコピー・モード，第 2・第 3 引数でコピーするサイズ (X 方向・Y 方向) を指定している。ここで，21 行目のようにコピー・モードに 0 を指定すると不透明コピーとなる。22 行目の es_copy 命令は，オフスクリーン・バッファをメイン画面にコピーする命令である。DirectX を使用しない場合には buffer 命令で初期化した仮想画面をメイン画面にコピーしたが，DirectX 使用時は仮想画面を一度オフスクリーン・バッファ (ここでは VRAM) に置いてから，メイン画面にコピーするという方法を取る。ステップは増えるが，DirectX を使用した描画は通常の描画とは比較にならないほど高速である。続く 23〜24 行目は，文字列の表示処理である。pos 命令で座標を指定し，es_mes 命令で表示する文字列を指定している。es_mes 命令では mes 命令と同様にダブル・クォーテーション・マークで囲んで文字列を指定するが，font 命令や color 命令は無効である (かわりに es_fmes 命令を用いると font 命令や color 命令は有効となるが，es_mes 命令よりも低速である)。

ここで，25 行目の es_sync 命令が実行されると，初めて画面が更新される。DirectX 使用時は，常に「redraw 0」で画面の更新を停止しているような状態であり，es_sync 命令が実

行されない限り画面が更新されることはないので注意が必要である。27～32行目はループから脱出するための処理である。このように，DirectX使用時はループからの脱出方法を用意しておかないとプログラムを終了できなくなるのでご注意いただきたい（同様の理由で，stop命令を使用してはならない）。

　本節では，2節で取り上げた仮現運動を例にしたが，視覚刺激の閾下呈示の必要な実験や，同一位置に連続して異なる視覚刺激の短時間呈示を行うRSVP（rapid serial visual presentation: 高速系列視覚提示）課題などでは，フレーム単位で画面を入れ替えることの可能なDirectXの恩恵はより大きいといえよう。

さいごに

　本章では，HSPによる心理学実験プログラミングの実際について，特に刺激呈示と反応取得の方法に焦点を当てながら解説した。掲載したサンプル・プログラムを組み合わせることで，多くの実験パラダイムをカバーすることが可能であると思われる。コンピュータ・プログラムによる心理尺度の実施や，ネットワーク技術を用いたコミュニケーションなど，本章では扱えなかった話題も多いが，今日ではプログラミングに関する多くの書籍が出版されており，またインターネット上でも多くの技術情報が公開されている。HSPのみならず，Win32 APIやDirectX等に関する情報も容易に入手することが可能であるので，本書を足がかりとしてさまざまな実験プログラミングに挑戦していただければ幸いである。

引用文献

星野祐司（2001）DirectXによる画面表示の制御と反応の取得: Microsoft Windowsを用いた心理学実験プログラムの作成　立命館文学, **270**, 1-24.

おにたま・悠黒喧史・うすあじ（2004）最新HSP 2.61 Windows 9x/NT/2000/XPプログラミング入門　秀和システム

（注1）RGB値のすべてが0のとき黒色となり，すべてが255のとき白色となる。なお，フルカラー・モードでは，RGBのそれぞれが256階調（8ビット）で表現される。したがって，これらの組み合わせによる色表現は256^3通り（16777216色）である。ただし，これを表現するには，ディスプレイの表示設定が24ビット（Trueカラー）以上でなければならない（16777216色は2^{24}色であるので，24ビットで表現される）。

（注2）MCI制御コマンドの一部は，おにたま・悠黒・うすあじ（2004）でも紹介されている。音声ファイルの操作については十分な内容であろう。

心理学実験プログラミングの実際

Visual Basic 編

7.1. はじめに

　本章では，Visual Basic 6.0 による実験プログラム作成について例を示す。Visual Basic は，マイクロソフト社のプログラム作成ソフトウェアで，Windows 上で動くソフトウェアを自分でわりあい簡単に作成できるように，ツールや選択肢を目で見て利用しやすいように設計されている。本来，Windows で動くソフトウェアを作成するものであるので，自分でエディタや簡単なデータベースソフトウェアなどを始めゲームなども作ることができるものである。普段はユーザーとして利用しているソフトウェアを自作可能にするツールといえる。さらに，メール作成，送受信ソフトウェアや Web 閲覧ソフトウェアなど，通信を想定したソフトウェア作成を便利にしたものとして，Visual Basic.NET（ビジュアルベーシックドットネット）が販売されている。ドットネットの方が新しいソフトウェアであるが，本章では，通信を想定しない簡単な実験のためのプログラムを作成するので，見た目がよりシンプルでわかりやすい Visual Basic 6.0 を用いて解説を行うことにした。ただし，CD-ROM に入っているプログラムとしては，Visual Basic 6.0 用と Visual Basic.NET 用の両方を態度実験用に用意してある。

　Visual Basic はソフトウェア開発に向いているものである。そのために，Windows の特徴である Window（窓）のスタイル，様式を設計し，どのような窓を利用者に操作してもらうかを考えて，設計していくという手順をとる。

　たとえば，日常，わたしたちがよく利用するワープロソフトでは，上部のバーに「ファイル」や「編集」「書式」などのメニューがおいてあり，これをクリックするとさらにプルダウンメニューが表示されて選択を行うようになっている。印刷の際には，余白や印刷ページ，枚数などを設定する窓が表示されて，その中の数字を変えたり，選択肢から選んだりして望むような印刷の設定を行って，OK ボタンをクリックしたりするのである（図7-1）。

　Windows では，このようなクリックするボタンやファイル名を書き込むテキストボックス，選択肢の中から適当なものを選ぶラジオボタン（オプションボタン）などのさまざまな道具が用いられている。Visual Basic はこれらの道具を思い通りに設計していくものである。このように窓を作っていくことを利用すれば，心理学の実験をこの方式に乗せて実現することも可能である。

　ここでは，図を利用する簡単な錯視図形を操作するプログラムと，社会心理学領域でよく

行われる「態度の類似性と対人魅力」の実験のデモンストレーションを説明する。

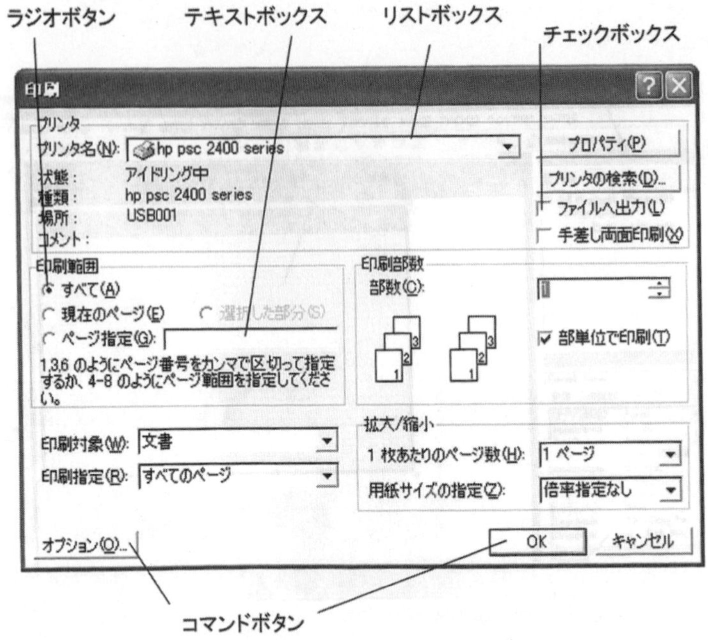

図7-1 ワープロ（MS-Word）の印刷の窓の例

7.2. フォームとさまざまな道具——ミュラー＝リヤーの錯視を題材に

　Visual BasicはMicrosoft社のVisual Studioというソフトウェアの中にも含まれているし，Visual Basic単体で購入することもできる。立ち上げるとまず自動的にフォームが作成できる図が示される（図7-2）。これが，みなさんが設計していく窓の基になるものである。ここに，ボタンやテキストボックスを望むように配置していくのである。
　これらボタンやテキストボックスなどの道具をオブジェクトという。プログラムはオブジェクト毎の働きを決めていく作業が主である。したがって，かつてのN88-BASICなどのように一連のプログラムを書いていくというよりは，複数のオブジェクトに対して，それぞれの役割をひとつひとつ記述していく感じの作業になる。これがオブジェクト指向と呼ばれるもので，さまざまなオブジェクトについての動作を並列的に整えていくことが主眼となる。オブジェクトが働くときは，「イベント」が生じるときであり，そこで何が起こるかのプロシージャ（手順）を書くのである。たとえば，「印刷ボタン」をクリックするというイベントが生じたら，印刷が開始されるとか，「計算」というボタンをクリックすれば，計算がスタートするなどのイメージで考えて頂ければよい。
　プログラムを記述するのはたいへんだと思うかもしれないが，多くの部分はオブジェクトについてすでに用意されている性質（プロパティ）のメニューの中から適宜選んでいけばよい作業であり，その上で，基本的な場合分けや指示についてプログラム（コード）を挿入していけば完成する。さっそく，ミュラー＝リヤーの矢羽の錯視図形を題材にみてみよう。
　図はビットマップなどで描いたものが利用できて，使用するファイルを指定すればよいだ

7.2. フォームとさまざまな道具——ミュラー=リヤーの錯視を題材に　111

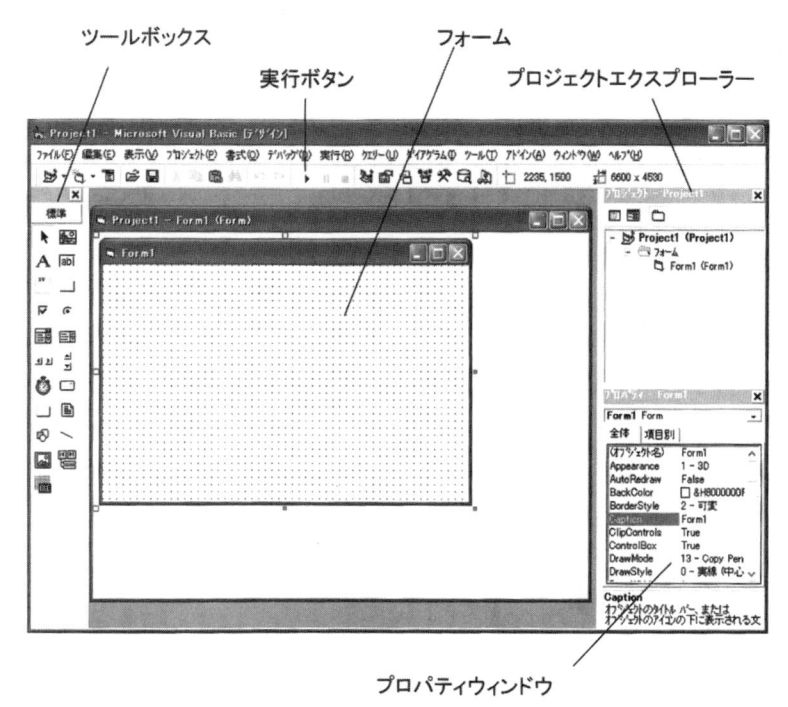

図7-2　Visual Basic6.0の最初の画面

けなので，事前にお好みの作図ができるソフトウェアで図を用意しておくとよい。ピクチャーボックスには読み込みたい画像を取り入れることができる。

あるいは，矢羽などのごく簡単な図形であるなら，フォーム上の位置を指示して線を引くように記述すればできあがる。この場合は，座標で指示を行っている。

後述するラベルに線の右端の位置が表示されるようにしておけば，どのような長さで見かけ上同じ長さに見えるかを記録することができる。何人かの人でやってみて，平均をとることもできるし，自分で何度か取り組んでみてもよいだろう（図7-3）。

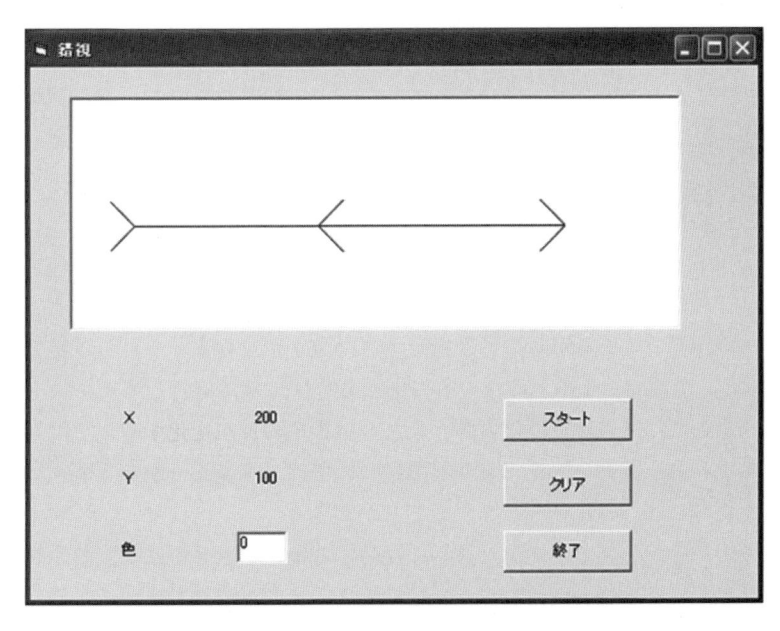

図7-3　ミュラー=リヤーの錯視図形の実験の表示

まず最初に，図をおく位置を確保して決める。左のツールボックスから使いたいツールをクリックして，フォームにおくことができる。ワープロなどでの作図の要領と同じなので難しくない。それぞれどのようなものができるか試してみるよい。いったん置いてみて不要なものはクリックした上でDeleteすれば削除される。

まず，ピクチャーボックスのツールをクリックしてフォーム上に置く。ドラッグで大きさが自在に変化するのがわかるだろう。画面右には，各オブジェクトについてそれぞれの性質を細かに決定するプロパティウィンドウがあるが，これで固定的な大きさを指定することも可能である。今は適当な大きさで図7-3のように作成して頂ければ十分である。プロパティで，好みのバックカラーを48色のパレットから選んで指定することもできる。例では，白にしてある。座標の単位の指定をプロパティの「ScaleMode」のところで，「3－ピクセル」に変えておく。

次に，ボタンを3つ作ってみる。「スタート」と「クリア」，「終了」である。コマンドボタンのツールをクリックして置きたい位置にボタンを作る。やはり，ドラッグすることで大きさを変化させることができることがわかるだろう。同様に2つめ，3つめのボタンを置く。1つめのボタンをクリックして，そのプロパティ（性質・特徴）を決める。右のプロパティウィンドウ内にあるキャプション（Caption）の項目がこのボタンの上に記される文字を表す。すぐに見当たらない場合にはスクロールして探すことができる。ここでは，キャプションを「スタート」としておく。2つめのボタンのキャプションを「クリア」，3つ目のボタンのキャプションを「終了」とすればよい。プロパティウィンドウについてはウィンドウ自体の大きさや画面上の置く位置を変更することも可能である。

> ●ツールボックスやプロパティウィンドウが画面に見あたらないときは，以下のメニューから立ち上げることができる：
> 「ウィンドウ」→「ツールボックス」
> 「ウィンドウ」→「プロパティウィンドウ」
> 「ウィンドウ」→「プロジェクトエクスプローラー」（.NETでは，ソリューションエクスプローラーやクラスビューを同様に立ち上げることができる）

また，プロジェクトエクスプローラー内のフォームを開けて，望みのフォームをダブルクリックするとフォームが表示される。いったん閉じたフォームを再び編集する場合にはこれで開くことができる。窓の上部にある「オブジェクトの表示」ボタンをクリックしても開く。

これらボタンの左に配置したのが，「ラベル」である。ラベルはただ表示が行われるオブジェクトである。ラベルを図のように一番左に3つ，中央に2つ並べて置き，左のラベルのそれぞれの「キャプション」をX，Y，色に変えると図のようになる。Xの右とYの右にはラベルが置いてあるが，これは指定された数字が自動表示される予定である。キャプションは0としておく。その下の色の右にあたる位置には，例としてテキストボックスを作成してみた。ここに適当な整数値を書き入れれば指定の色が変化するので試してほしい。

ちなみに，ボタンやラベルの配置については，メニューから「書式」→「整列」を選んでいただければ，いろいろと揃えることができる。

さて，それぞれのオブジェクトに期待する働きをさせるには，各オブジェクトをダブルクリックしてみるとよい。すると，そのオブジェクトの働きを記述する画面である「コードウ

ィンドウ」が現れる。図7-4にある一見ややこしい各々の一行目はダブルクリックした段階であらかじめ自動的に記されている。自分で書く必要はないので簡単だ。Private Sub と End Sub の間にさまざまな命令（コードという）を記していくことになる。

　消去のボタンをダブルクリックして，図のように記す。線を消去するコードだ。

　終了のボタンをダブルクリックして，図のように記す。これがプログラムを終了するコードである。

　スタートのボタンが肝心の内容だが，ダブルクリックして，図7-4のように記す。

```
Dim c, sw As Integer
Private Sub Command1_Click()
Picture1.Cls
End Sub


Private Sub Command2_Click()
End
End Sub


Private Sub Command3_Click()
Picture1.Line (50, 100)-(200, 100)
Picture1.Line (50, 100)-(30, 80)
Picture1.Line (50, 100)-(30, 120)
Picture1.Line (200, 100)-(350, 100)
Picture1.Line (220, 80)-(200, 100)
Picture1.Line (220, 120)-(200, 100)
Picture1.Line (330, 80)-(350, 100)
Picture1.Line (330, 120)-(350, 100)
End Sub
```

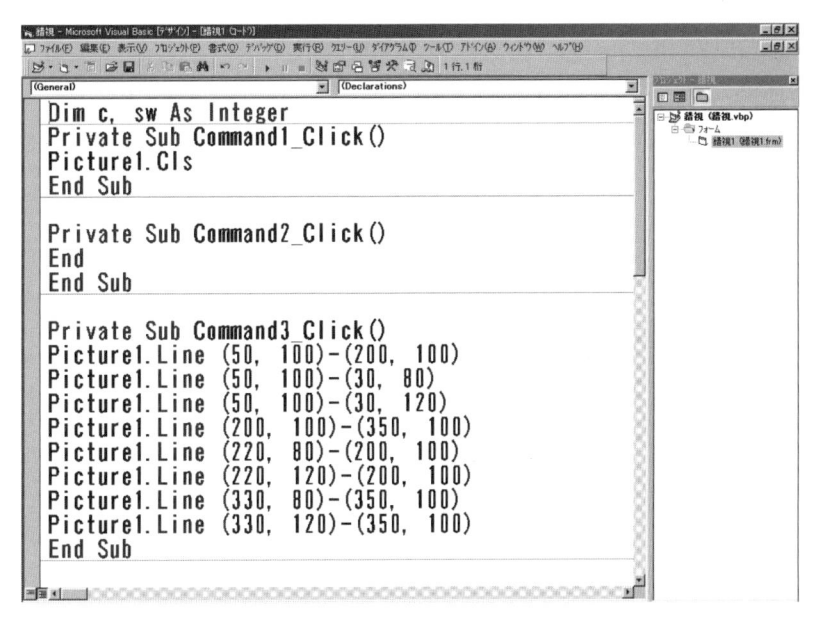

図7-4　クリアボタン，終了ボタン，スタートボタンのコード

　これが最初に書いた矢羽の図の作図，つまり線を引く命令である。なすべき作業対象をオブジェクトとすると，その性質がプロパティであり，記述は，オブジェクト．プロパティという具合にドットを介してつなげて示される。上では，直線という性質をもった「図（picture）」を作ろうとしている。オブジェクトは作るたびに番号がついてくるので（Picture1 など），記載のときには，番号の数字を書き落とさないように注意する。カッコ内の数字は座標である。なお，実際にこのようなコードを書く際には，適当な選択肢がプルダウンで候補提示されるので，そこから選んでいくと，それほど多くキー入力しなくても簡単にコマンドが書けて，また，大文字部分やスペースもあらかじめそうしておかなくても，一行書いてリターンすれば，自動的にきれいな書式に直して提示してくれるのも Visual Basic の使い勝手のよいところである。

　次に，マウスの動作について，図7-5に示す。マウスのボタンが押されたとき，「sw」という変数が1になるようにしてある。最初「sw」は0の値で始まり，ボタンが押されたら（MouseDown），1，ボタンを離した際に（MouseUp），また0に戻るようにしてある。したがって，ボタンが押され続けている間は，sw＝1のままである。swが1の状態で，マウスが動くと，「ドラッグ」の状態ということになる。そのときに，線がマウスの動きに応じて引かれるように，MouseMoveの箇所に，線を引くコードが書かれている。そして，マウス

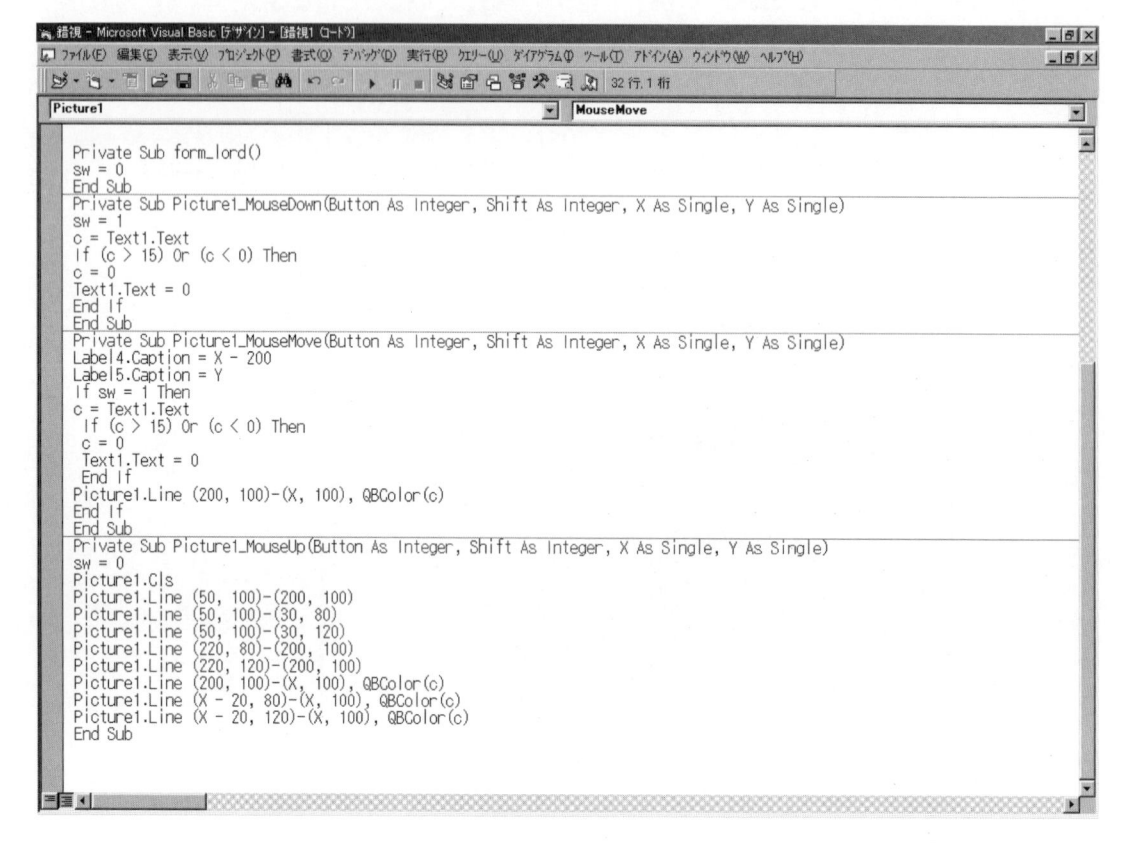

```
Private Sub form_lord()
sw = 0
End Sub
Private Sub Picture1_MouseDown(Button As Integer, Shift As Integer, X As Single, Y As Single)
sw = 1
c = Text1.Text
If (c > 15) Or (c < 0) Then
c = 0
Text1.Text = 0
End If
End Sub
Private Sub Picture1_MouseMove(Button As Integer, Shift As Integer, X As Single, Y As Single)
Label4.Caption = X - 200
Label5.Caption = Y
If sw = 1 Then
c = Text1.Text
 If (c > 15) Or (c < 0) Then
  c = 0
  Text1.Text = 0
 End If
Picture1.Line (200, 100)-(X, 100), QBColor(c)
End If
End Sub
Private Sub Picture1_MouseUp(Button As Integer, Shift As Integer, X As Single, Y As Single)
sw = 0
Picture1.Cls
Picture1.Line (50, 100)-(200, 100)
Picture1.Line (50, 100)-(30, 80)
Picture1.Line (50, 100)-(30, 120)
Picture1.Line (220, 80)-(200, 100)
Picture1.Line (220, 120)-(200, 100)
Picture1.Line (200, 100)-(X, 100), QBColor(c)
Picture1.Line (X - 20, 80)-(X, 100), QBColor(c)
Picture1.Line (X - 20, 120)-(X, 100), QBColor(c)
End Sub
```

図7-5 マウスの動作についてのコード

のボタンを離した位置で，最終的に線が決定して引かれる。

　線を引くコードの最後に書いてあるQBColorというのは色の指定で自由に変えられるものである。フォームの中で，数字を書き込むことができる箇所がテキストボックスであるが，そこに入れられた値が，Text1.Textになる。この値を変数cに代入している。QBColor（c）によって，色を決めているのであるが，この形式では15までしかないので，それ以内で色を変更するようにしている。違う値がテキストボックスに入れられた場合には，cは0に戻り，黒い線が引かれる。

　マウスによってポインタを動かしているが，動いている際，そのポインタのある座標位置がXとYである。この値がラベルの4，5のところに随時表示されるようにしている。ただし，Xの値の方は，200を減じた数にしてあり，これによって，線の長さの簡単な指標が得られる。そして，マウスのクリックによって，線の端の位置を決めて，改めてそこに矢羽を作図している。

　ここでは，細かくきっちりと線にカーソルを当てなくても，マウスの水平位置に従って線を動かせるようにプログラムした。線の指示部分のコードを変えれば，矢羽の角度を変化させることができるし，これをシステマティックに変化させることも可能であるので，独自のプログラムにぜひ挑戦していただきたい。左の矢羽の長さは座標にして150の値であり，右

の矢羽の長さがXに表示されるように座標の値から端のX座標200を引き算してあるので，これが，150よりどれくらい大きいかすぐに比べることができる。むしろ実験参加者にすぐに値がチェックしにくいようにしておくのであれば，そのまま座標のXを用いておくこともできるだろう。

7.3. プログラムの実行と保存

　記述したプログラムを実行してみるには，F5キーを押すか，メニューバーの実行ボタン（▶）をクリックする。プログラムにバグがあると，ストップして不適当なところが反転表示されるので，デバッグに便利である。Visual Basicにはかなり充実したデバッグのためのプログラムが用意されている。デバッグのためにストップしている状態のときは，プログラムの実行が終了していない。メニューの終了ボタン（■）をクリックして終わらせるか，「実行」→「終了」で終了する。

　通常，プログラムを保存するには，プロジェクトに含まれる項目情報などを保持する「プロジェクトファイル」と，作成したフォームやコードなどを保存する「フォームファイル」の2種類のファイルを保存することになる。「ファイル」→「名前をつけてプロジェクトの保存」を選ぶと，最初はフォームファイル，プロジェクトファイルが連続して保存されるようになる。フォームを保存する窓が自動的に開くので，そこにtestなどとファイル名をつけて保存する。プログラムなどを保存しておく専用のフォルダを作成して，そこを保存場所に指定することもできる。次に，プロジェクトファイルの保存の窓では，同じtestという名前にしても異なる名前でも大丈夫であるが，同じにしておく方が何か別の記録媒体に移し変える際に作業が間違いなく無難だろう。いったん保存しておけば，コードを書いている途中など随時，上書き保存を実行してせっかく書いたものが失われないように気をつけておくとよいだろう。

　プログラムを読み込むときには，Visual Basicの起動画面から，既存のファイル，あるいは，「最近使ったファイル」のシートを前面に出し，目的のファイルを選択して，「開く」ボタンをクリックすると読み込みができる。プロジェクトエクスプローラーのフォームから該当のフォームをダブルクリックするとフォームが表示される。

　Visual Basicはウィンドウズ環境で実行するプログラム作成ソフトウェアである。通常の保存状態では，Visual Basicというソフトウェアの中で動くだけであるが，プログラム単体でどのウィンドウズマシンでも動く実行ファイルとして作成することができる。これが，EXEファイルである。EXEファイル作成を行うプロセスがコンパイル（ビルト）である。Visual Basicでは，メニューの「ファイル」→「….exeの作成」を選べば，簡単にEXEファイルが作成される。EXEファイルを実行するには，そのEXEファイルをダブルクリックすればよいだけである。Visual Basic.NETではさらに簡単に通常作業画面から何度でも作成しなおすことがしやすくなっていて，デバッグも充実している。よく動作確認を行い，いったんEXEファイルを作成すれば，フリーウェアとして頒布したり，よいものを作れば販売したりすることも可能である。

7.4. 態度の類似性と対人魅力の実験デモンストレーション

　人は，他の条件が同じであれば，態度が類似している他者の方を類似していない他者よりも好む傾向がある。この効果はよく確認されていて，頑健であるようだ。筆者も実験演習で幾度も再確認している。ポイントは実験的な操作として，実験参加者と類似したあるいは非類似の他者をいかに提示するかということである。実験演習では，実験参加者にまず態度項目に回答してもらってから，それを基に類似した他者の回答，類似しない他者の回答などを設定した類似比率にそって実験者が作成し，その作成した新たな回答を「他者の回答である」という（偽りの）教示の下で実験参加者に見せる。実験参加者は，提示された回答を行った他者をイメージして好意度評定を行うというのがおよその実験の流れである（Byrne, 1961, 1969）。教示に偽りが含まれるので，実験の最後に必ずデブリーフィング（実験の真の意図の十分な説明とともに，謝罪を行い了承を得る）を行う。

　しかし，実験的操作に慣れない学習者は，自分の回答を基に質問紙の回答を操作して，それを実験参加者に提示するという一連の作業イメージが今ひとつつかみにくかったりするようである。

　このプログラムで一度学習者が体験を行うと，これからの実験でどういうことがどのような手順で行われるのか非常にイメージがつかみやすくなる。実際にプログラムを用いてコンピュータで本実験を行ってもよいが，そうでない場合でも学習者がまず簡単に体験できるので，最初のイメージ作りに利用してもよい。本プログラムは一般に質問紙法のように，記述で質問項目が現れて，参加者に数字で回答を求める場合に汎用できる。質問項目は，テキストファイルで別に作っておけばよいので，用意もわかりやすく非常に簡単である。この準備では質問を一行に1つずつ記しておくというだけの簡単なフォーマットになっている。終わりに特に記号を書き入れる必要もない。

　態度項目への回答，好意度の回答は，出力ファイル（テキストファイル）に値を書き出しているので，必要な際には，Excelや統計ソフトでそれを読み込んで計算を行うことができる。

　まず，図7-6のようにオブジェクトを配置する。ラベルを6個，ラジオボタン（オプションボタン）を4個，コマンドボタンを2個，そして，テキストボックスを下に1つ置いた。さらに，キャプションなどを入れていくと図7-7のようになる。ただし，ラベル1のところには文字が表示されていない。ラベル6のキャプションもあらかじめ書いておく必要はない。

　次に図7-8に示しているのが，ファイルからの読み込みである。スタートボタンを押せば読み込み，最初の表示をスタートさせるようにした。EOFは，データがないときにtrueの値をとるので，データがある間は，「false」であり，Whileでこの間ずっと行データを順に1行ずつ「Line Input」で読み込んでいる。koumokuという変数名を配列として最初に宣言し，例では，1－5の値で，5つの記述を読ませた。添付のプログラムで試してみる際には，「態度項目.text」の名前のテキストファイルをCドライブのルートディレクトリに移しておいていただければ読み込みがなされる。変数のデータ型を表7-1に示した。何も指定しなければ，バリアント型となり，どんなデータでも格納することができる。

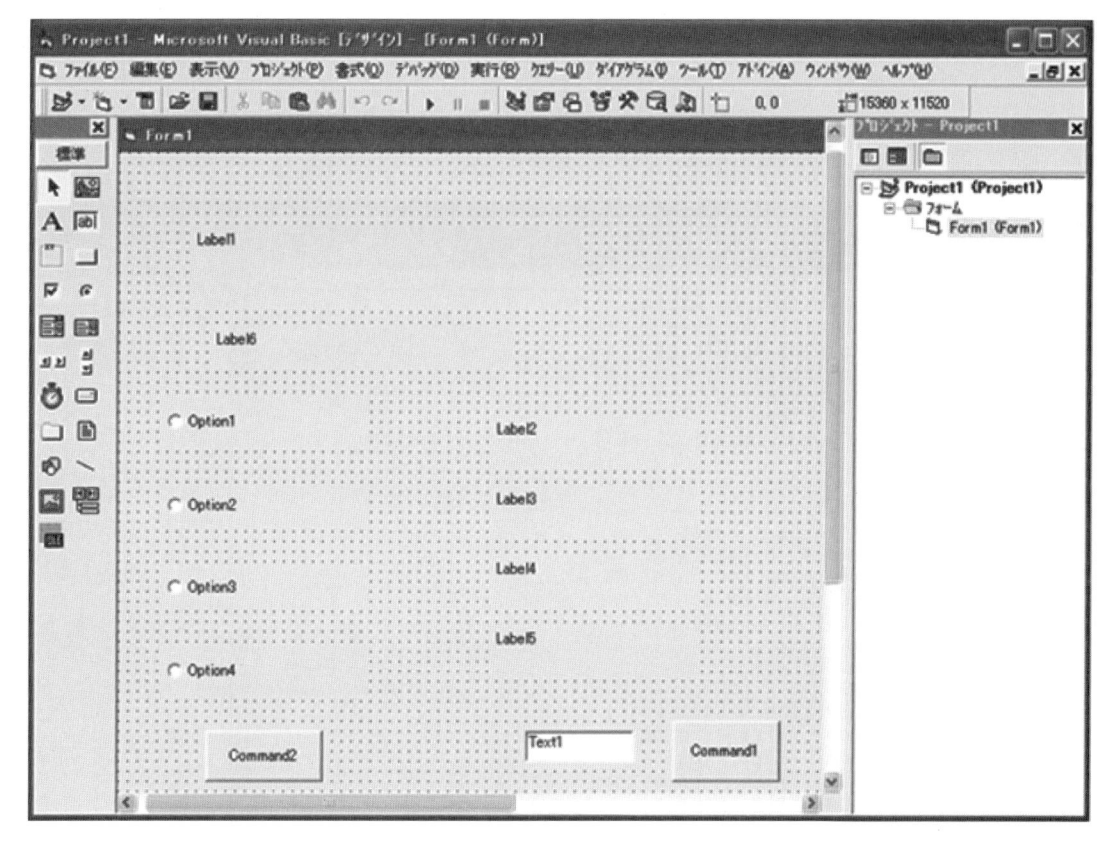

図7-6　態度の類似性実験のための基本的なオブジェクト配置

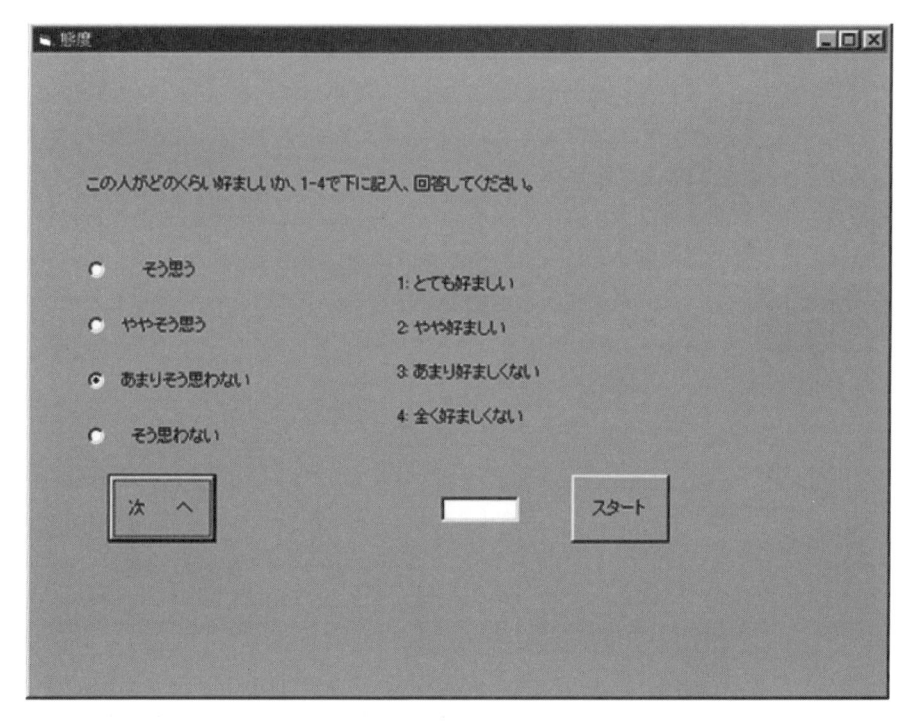

図7-7　基本のフォーム

```
Dim koumoku(10) As String
Dim hannou(11) As Byte
Dim file_name As String
Dim i As Integer
Dim j As Integer
Dim k As Integer
Private Sub Command1_Click()
i = 1
j = 1
k = 1
Option1.Value = False
file_name = "c:\態度項目.txt"
Open file_name For Input As #1
While EOF(1) = False
Line Input #1, koumoku(j)
j = j + 1
Wend
Close #1
Label1.Caption = koumoku(i)
    Option1.Value = False
    Option2.Value = False
    Option3.Value = False
    Option4.Value = False
    Text1.Visible = False
End Sub
```

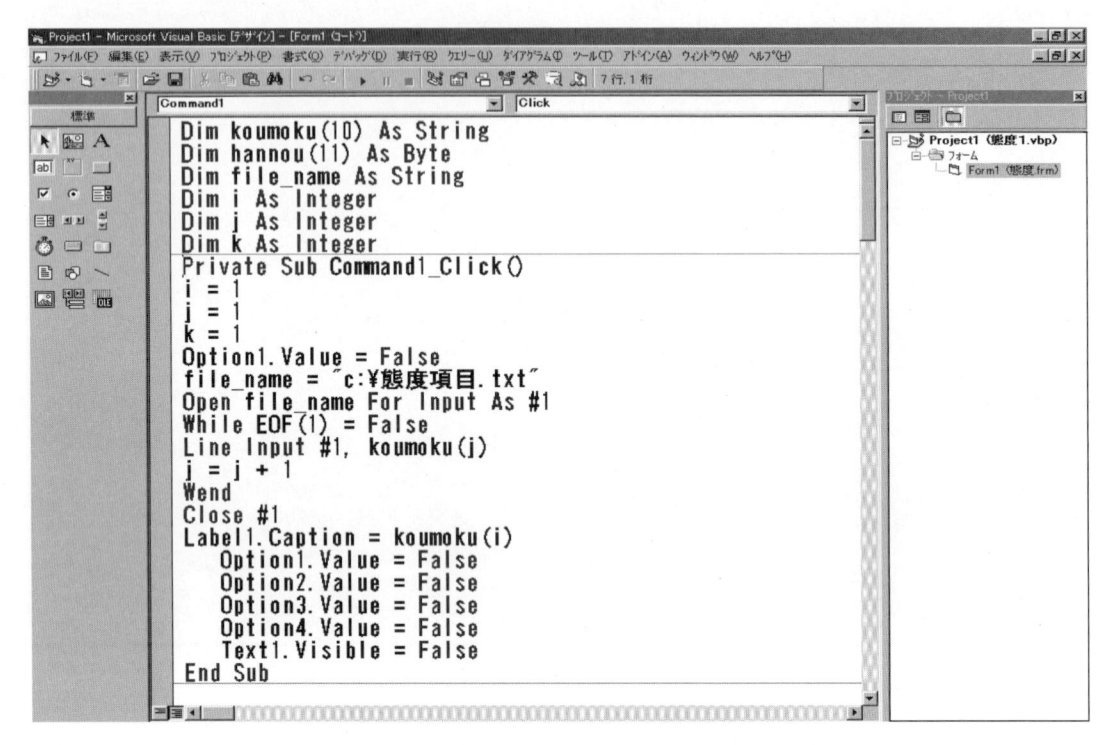

図7-8 変数の宣言とファイルからの読み込み

　項目データを読んだ後，最初の質問文をラベル1の場所に表示し，後で好意度評定をとるためのテキストボックスは必要になるまで見えないように隠している。プロパティの「Visible」の値を「False」とする。

　ラベル1上の文字の大きさ，フォントはラベル1のプロパティを変化させることで，好みのフォントにすることができる。ラジオボタンの横にある文字（キャプション）についても各ラジオボタンのプロパティによって指定ができる。もちろん，そのままのデフォルトでも十分使うことができる。

表7-1 データ型

データ型	サイズ	有効範囲
バイト（Byte）	1バイト	0～255の範囲の整数
整数型（Integer）	2バイト	-32,768～32,767
長整数型（Long）	4バイト	-2,147,483,648～2,147,483,647
単精度浮動小数点数型（Single）	4バイト	-3.402823E+38～+3.402823E+38
倍精度浮動小数点数型（Double）	8バイト	小数点以下15桁程度の実数
文字列型（String）	10バイト+半角文字数のバイト数	0個～約20億個のUnicode文字
日付型（Date）	8バイト	0001年1月1日 0:00:00～9999年12月31日 11:59:59PM

プログラム7-1に示したのが,「次へ」ボタンを押したときに,次の項目が表示される設定である。

プログラム7-1　「次へ」ボタンのクリックによる次項目の提示
```
 1  Private Sub Command2_Click()
 2  Label1.Caption=Clear
 3  i=i+1
 4  teiji:
 5  If i > 5 Then
 6    GoTo koui:
 7  Else
 8    Label1.Caption=koumoku(i)
 9    Option1.Value=False
10    Option2.Value=False
11    Option3.Value=False
12    Option4.Value=False
13  End If
14  GoTo tsugini:
```

フォームの「次へ」ボタン（Command Button2）をダブルクリックすることで,プログラムを書き始める。「Label1.Caption=koumoku(i)」によって,そのときのiにあたる番号の態度項目を表示している。その際,ラジオボタンのチェックマークはクリアされるようにしている（false状態にする）。このプログラム例では項目が5つであるから,iによってカウントしていって,iが5までは「Else」以降のステートメントで次の項目を提示することを繰り返して,6以上になったら,プログラム7-2の「koui:」の箇所にジャンプして,好意評定のための他者の回答の表示につながるようにした。このようなループは昔Basicに親しんだ方や他のプログラミングを少し経験した方にはなじみ深いものであろう。初体験の方は,流れをよくたどって,構造を体得していただくと,多くの類似の場面に活用させることができる便利な手順である。図7-9にifステートメントの型を示しておく。表7-2には,算術関数と文字列関数について基本的なものを示してある。そして,肝心の実験参加者の態度項目に対する反応は,プログラム7-4に示した,各ラジオボタンのクリックに関わるコードにおいて,そのときのiに対応する「hannou(i)」という変数名に,hannou(1)からhannou(5)まで,クリックしたボタンに応じた回答選択肢番号が順に格納されていくようにした。ボタンを2度押し直したりしたら,最後の回答が生きるようになる。

この反応取得のプログラムは,フォームのラジオボタンそれぞれをダブルクリックすることで,いつでも書き始めることができるが,ここでは,プログラム7-3までのつながった一連プログラムの後ろに示してある。

```
      If      条件式      Then              If      条件式1     Then
          ステートメント1                        ステートメント1
              .                                   .
              .                                   .
              .                                   .
      Else                                Else if  条件式2     Then
          ステートメント2                        ステートメント2
              .                                   .
              .                              Else if  条件式3     Then
      End If                                    ステートメント3
              .                                   .
              .                              Else
                                                ステートメント4
                                                    .
                                                    .
                                            End If
```

```
    比較演算子  <   より小さい    <=  以下
              >   より大きい    >=  以上
              =   等しい       <>  等しくない
    論理演算子
              And   かつ（2つの式が両方成り立つとき）
              or    または（2つの式のいずれかが成り立つとき）
              Not   否定（その式が成り立たないとき）
              Xor   排他的なまたは（2つの式の片方だけが成り立つとき）
```

図7-9　Ifステートメントの例と演算子

```
プログラム7-2　他者の回答の表示と好意評定
1  koui:
2  If i=6 Then
3     GoTo setsumei:
4  ElseIf i <=11 Then
5     k=i - 6
6     Label1.Caption=koumoku(k)
7     Select Case hannou(k)
8     Case 1
9        Option1.Value=True
10    Case 2
11       Option2.Value=True
12    Case 3
13       Option3.Value=True
14    Case 4
15       Option4.Value=True
16    End Select
17 Else
```

```
18      Label1.Caption=Clear
19      Label2.Caption="1:とても好ましい"
20      Label3.Caption="2:やや好ましい"
21      Label4.Caption="3:あまり好ましくない"
22      Label5.Caption="4:全く好ましくない"
23      Label6.Caption="この人がどのくらい好ましいか，1-4で下に記入，回答してく
        ださい。"
24      Text1.Visible=True
25        GoTo tsugini:
26      End If
27      GoTo tsugini:
```

表7-2　算術関数と文字列関数

関数	説明
Sin(n)	nのサイン（ただし，nはラジアン値）
Cos(n)	nのコサイン
Tan(n)	nのタンジェント
Abs(n)	nの絶対値
Sqr(n)	nの平方根
Exp(n)	eのn乗
Log(n)	自然対数
Int(n)	小数点以下切り捨て
Rnd(n)	0以上1未満の乱数を返す
Val(n)	文字列を数値に変換
Str(n)	数値データを文字列データに変換
Len(n)	文字列の文字数を返す
Asc(n)	文字コードの取得

プログラム7-1の続きが，プログラム7-2である。プログラム7-3まで一連のプログラムとして続いている。iが6になったときには，他者の回答表示について，プログラム7-3の「setsumei:」にジャンプして，説明（教示）が表れるようにした。

プログラム7-3　他者の回答の表示についての説明（教示）
```
1  setsumei:
2    Label1.Caption="次に，同じ質問に答えた他の大学生の例を見て下さい。"
3    Label6.Caption="次へをクリックして5問すべて見た後，質問に回答してください。"
4  tsugini:
5  End Sub
```

プログラム7-4　項目への反応の取得
```
1  Private Sub Option1_Click()
2  hannou(i)=1
3  End Sub
4
5  Private Sub Option2_Click()
6  hannou(i)=2
7  End Sub
```

```
 8
 9  Private Sub Option3_Click()
10  hannou(i)=3
11  End Sub
12
13  Private Sub Option4_Click()
14  hannou(i)=4
15  End Sub
```

　説明の後，他者の回答として，このプログラムでは自分の回答とまったく同じ回答を示すようにしている。逆の回答を表示したければ，Caseの値のところを，5-hannou(k)としておけばよい（こちらの方がプログラムの体験としてはよりおもしろいと思う：表7-3参照）。最初に実験参加者にモードをAかBで選ばせて，類似表示の場合と非類似表示の場合の両方を体験しておけるようにした方が使い勝手はよい。付録のCD-ROMには，そのような分岐があるプログラムにして収めてあるのでご参照いただきたい。そこでは，スタートの前にまずAかBかラジオボタンで選択を行ってから，スタートボタンをクリックしていただきたい。また，.NET書式の付録では，メニューのスタートからプログラムの開始を行うようにしてある。やはり，まずラジオボタンでAかBを選択してから「スタート」→「開始」で始めてほしい。

表7-3　5－hannou(k)としたときの回答の変換

k = 1	5-hannou (k) =	4	そう思わない
k = 2	5-hannou (k) =	3	あまりそう思わない
k = 3	5-hannou (k) =	2	ややそう思う
k = 4	5-hannou (k) =	1	そう思う

　実験参加者に「他者の回答」を提示する際には，自分の行った回答をもとに反応を提示する（該当のラジオボタンをオン－trueにする）ようにしている。iが6のときに，説明教示を提示してしまったので，最初の質問項目番号とは6のずれができているため，7－11のiに対応させて，各6を引き算して，1－5の反応が順に表示されるようにしてある。「Label1.Caption=koumoku(k)」によって，ラベル1の場所に再び態度質問項目が順に表示されるようにして，Select Case以下で，どのラジオボタンにチェック回答していたかを再現するようにしている。

　Select Caseのコマンドは，番号のケースの指示に従うような選択になっているものである。hannou(k)には，実験参加者が選んだ選択肢番号が入っているので，それがそのままCaseの1から4に対応するようにしてある。

　iが11を越えて，12になったら，「Else」以降のステートメントによって，好意度評定が出現するようにした。ラベル6の位置に好意度評定の教示を提示して，これまで現れていなかったラベル2－5の4行に，好意度評定の尺度が出現する。それとともに，尺度項目の下にテキストボックスが現れて，該当の番号を記入して回答するようにした。もちろん，ラジオボタンで同じように反応をとることもできるが，何かの際にテキストボックスの利用も回答採取に便利なことがあるので，それを視野に入れてプログラム内に組み込んでおいた。

テキストボックスをダブルクリックして記述したコードがプログラム7-5である。「koui=Text1.Text」によって，テキストボックスに記入された数字をkouiという変数に代入している。テキストボックスに，1－4以外の不適当な値が入ったら，「Else」の後のステートメントで，「値を入れ直して下さい」という教示が提示されるようにして，適当な数字（半角）が入力されれば，その段階で回答をファイルに書き出して即座にプログラムが終了するようになっている。書き出すためのファイル名（何でもよい。事前にファイルを作成しておく必要はない）を指定して，1－5までの態度項目番号と各態度項目への実験参加者の反応を5回ループを回ることで順次書き出して，最後に，好意度「koui」の書き出しを行い，ファイルを閉じている。

プログラム7-5　好意度の取得と出力ファイルへの書き出し

```
 1  Private Sub Text1_Change()
 2  koui=Text1.Text
 3  If koui >=1 And koui <=4 Then
 4    Open "c:\tdoutput.txt" For Output As #1
 5      i=1
 6  kaku:
 7      If i <=5 Then
 8      Print#1, i, hannou(i)
 9      i=i + 1
10      GoTo kaku:
11    Else
12      Print#1, koui
13      Close#1
14      End
15    End If
16  Else
17  Label1.Caption="値を入れ直してください"
18  End If
19  End Sub
```

添付したプログラムでは，出力の最後の行に好意度と実験条件（類似条件＝1か，非類似条件＝2か）が書き込まれるようになっている。多くの実験参加者の出力の最後の行だけExcelのようなソフトウェアに集めてしまえば，t検定などで簡単に類似度の効果の検証を行うことができて，デモンストレーションには便利である。

ネットワークなどで共有ファイルを使えるような状況では，同じ出力ファイルにAppend（追加書き込み）すれば，効率的にデータが集まる。コードにある「output」の箇所を「append」に変えるだけである。

実験の流れを維持するために，この例の場合には，読み込みや書き出しの手続きが実験参加者の知らない間に自動的に行われるようにしてある。Visual Basicは窓を設計していくので，通常よくあるようなファイルの読み込み，保存画面を出すこともももちろん可能である。これには，「コモンダイアログボックス」と呼ばれるものを呼び出す簡単な命令がある。

CommonDialog1.ShowOpen
CommonDialog1.ShowSave
CommonDialog1.ShowPrint

　一番上の命令で，おなじみのファイルの読み込み画面が出現する。まん中の例では，ファイルの保存画面，一番下の例では，印刷の画面が現れる。このような「コモンダイアログ」を利用するには，あらかじめフォームの設計の際に，コモンダイアログのオブジェクトを入れておく必要がある。実行時には見えなくなるので，配置するのはどこでもかまわない。
　メニューの「プロジェクト」→「コンポーネント」を選択し，表示される一覧の中から，「Microsoft Common Dialog Control 6.0」のチェックボックスをクリックしてオンにしておけば，ツールボックスの中にコモンダイアログのコントロール（オブジェクト）が表示されるようになるので，これをクリックして，フォームに配置すればよい。
　このように窓を設計して利用するのは，4章のインターネット実験や他のプログラミングでも用いられる。Visual Basicを用いれば，タグを記述したり，JavaScriptなどを学習しなくてもソフトウェアによる描画感覚で，オブジェクトを配置して，その動作のコードを書き込めば，いろいろなフォームを提示することができる。Visual Basicについては，入門書も多数市販されているので，関心をもったという方は，ぜひ解説書や入門書を手にとって，実際にいろいろと試してプログラミングに挑戦してみてほしい。

引用文献

Byrne, D.（1961）Interpersonal attraction and attitude change. *Journal of Abnormal and Social Psychology*, **62**, 713-715.
Byrne, D.（1969）Attitudes and attraction. In L.Berkowitz(Ed.), *Advances in experimental social psychology*, Vol.**4**. New York: Academic Press. Pp.35-89.

心理学実験プログラミングの実際

Delphi編

8.1. Delphiとは

8.1.1. Object Pascal としての Delphi

　本章ではDelphi（デルファイと読む）を使ったプログラミングを解説する。Delphiはボーランド（Borland）社が提供するWindows用のプログラミング言語である。同社はDOS時代にTurbo PascalというPC用のPascalコンパイラを安価に供給し，世界的に普及させた。特に研究者の間での普及率が高かった。DelphiはこのTurbo PascalをWindowsアプリケーション開発用に発展させた言語である。

　PascalはC言語やFORTRAN，BASIC，Javaなどと並ぶ汎用的なプログラミング言語の1つである。歴史的にいえば，アルゴリズムの記述を重視した言語であるAlgolから派生し，「構造化」（わかりやすいプログラムを書くこと）を実装して普及させた言語である。Algolから派生した経緯を考えれば，C言語とも同根であり，CとPascalの間の書換えは比較的容易である。Pascalには，コードが直感的に把握しやすい，その厳密な形式性のために誤ったコードを書きにくい，それゆえに教育・研究用として優れている，などの利点がある。世界的にみれば，社会心理学を含め，Pascalを用いる研究者人口は多い。著名な政治学者アクセルロッドもシミュレーションのプログラムをPascalで記述している。

　むろんDelphiはTurbo Pascalのような，単純なPascalコンパイラではない。「Windowsアプリケーション開発のためのObject Pascal」というべきだろう。Objectの語を付けるのは「オブジェクト指向」（後述）を備えているためである。また，DelphiはWindowsアプリケーションを作るのに便利な，さまざまな機能を装備している。つまり，Delphiは業務用の巨大プログラムの開発に対応することを想定している。

　本書の執筆段階におけるDelphiの最新ヴァージョンはDelphi 8（あるいはDelphi for the Microsoft .NET Framework）である。Delphi 8は新たに.NETでのアプリケーション開発の機能をもつに至っている。本書ではDelphiの最新ヴァージョンを前提に解説を書くことにする。ただし，本書が扱う範囲では，Delphi 8は以前のヴァージョン（Delphi 7など）と同じと考えて差し支えない。Delphi 8を持っていない読者は，ボーランド社のサイト（http://www.borland.co.jp/）から1つ前のヴァージョン（Delphi 7）の試用版を無料でダウンロードして試すことができる。Delphi 7とDelphi 8では使い勝手に若干の相違があるけれども，相違点については解説を付すことにする。

8.1.2. Pascalのプログラム

Delphiも基本的にはPascalである。まずPascalの大まかな概念を述べておこう。Pascalのプログラムは次のような構造をもつ。

　　program プログラム名;
　　宣言部
　　実行部

簡単な例がプログラム8-1にある。このプログラムは整数の変数xに10を読み込み，2倍にして表示するだけのプログラムである。最初の行はプログラムのヘッダであり，varで始まる2行目は変数xを整数として宣言している。この行が宣言部にあたる。実行部とはその下の，beginとend.にはさまれた第4〜8行である。Pascalではこの実行部のステートメントを上から下に順次実行していく。

プログラム 8-1
```
1  program chap8_1;
2  var x: integer;
3  begin
4      x:=10;
5      writeln('x=',x);
6      x:=x*2;
7      writeln('x*2=',x:2);
8      readln;
9  end.
```

元来のPascalはこうしたプログラムのコードをエディタで書くことを想定するものだった。そのプログラムをコンパイルして実行するのである。プログラミング言語としてのPascalを解説した良い参考書は数が多く，プログラム8-1のような形式のプログラム例を掲載している。

プログラム8-1のプログラムは標準Pascalで書かれており，そうしたPascalプログラムをそのまま使うことをDelphiは想定していない。ただしDelphiには標準Pascalの範囲のプログラムをコンソールアプリケーションとして実行する機能が付いている。まずプログラム8-1の内容のテキストファイルに拡張子dpr（Delphiのプロジェクトファイル（後述）であることを指す）をつけてDelphiに読み込む。次にメニューの「プロジェクト」→「オプション」→「リンカ」を選択し，「コンソールアプリケーションの作成」にチェックを入れてから「実行」ボタンをクリックする。するとプログラム8-1のプログラムが実行され，図8-1のように，Windowsのデスクトップにおけるコンソールウィンドウに結果を表示してくれる。

しかしDelphiはこのようなコンソールアプリケーションのプログラムを作るために設計されたソフトではない。Windowsの機能をフルに使えるように設計されたソフトである。したがってDelphiのプログラムは標準Pascalとは異なった形式を備えることになる。

プログラムのファイルも従来のPascalとは異なってくる。たとえばTurbo Pascalの場合であれば，1つのプログラムに対してPascalで記述した1つのソースファイル（拡張子.pas）があればよかった。しかし以下でみるように，機能を増したDelphiでは1つのプログラムに

対するファイルの数も増えることになる。

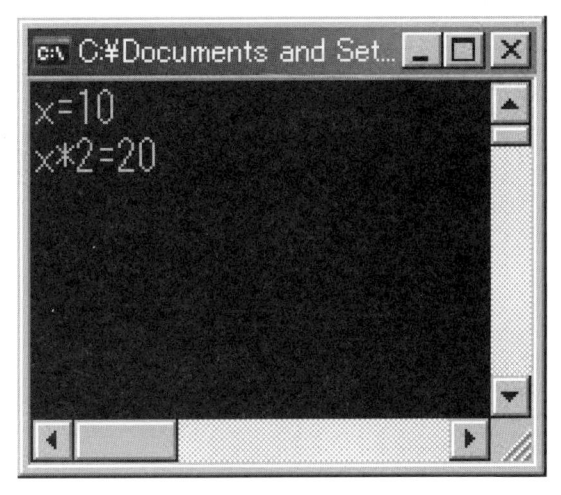

図8-1 コンソールアプリケーションの実行画面

8.1.3. Delphiを使う

まずDelphiを起動してみよう。Delphi 8を起動して「新規作成」-「VCLフォームアプリケーション」を選択すると図8-2のような画面になる（画面の表示は設定したオプションに

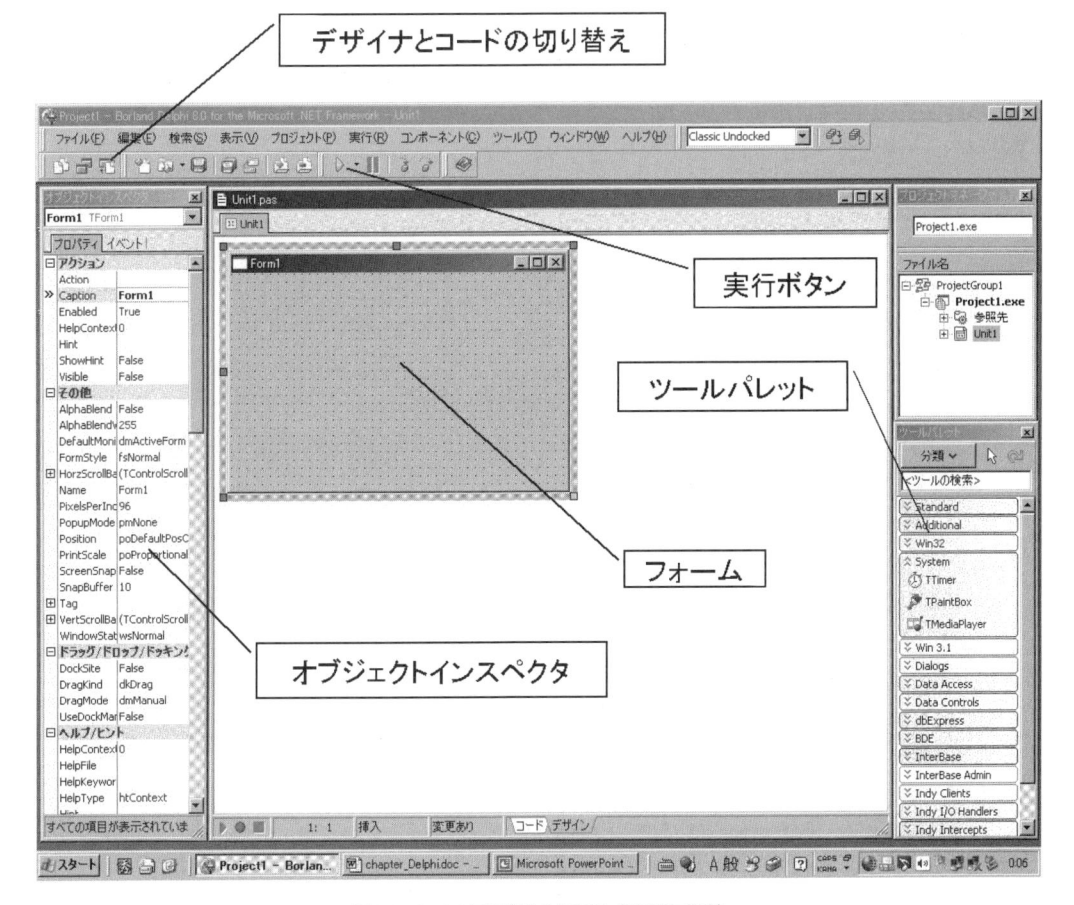

図8-2 Delphiのデザイナ画面（新規作成時）

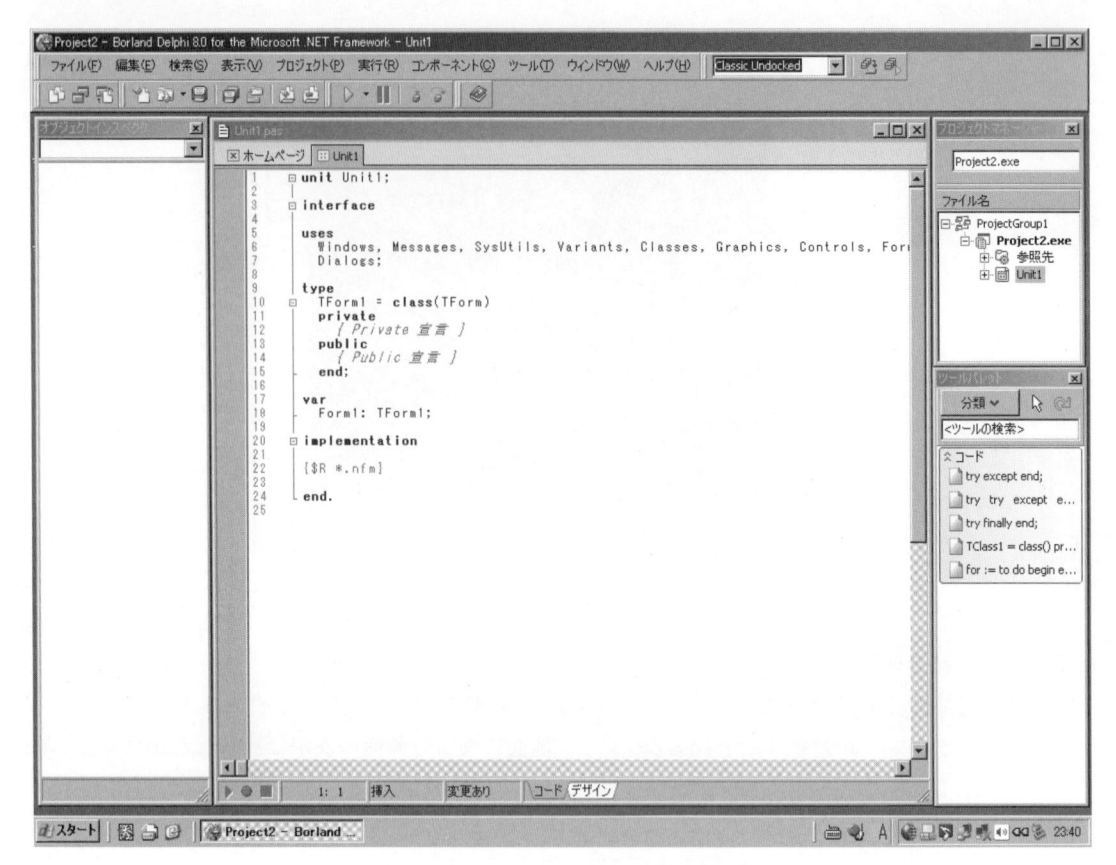

図 8-3 Delphi 8 のコード画面（新規作成時）

よって異なる）。Delphi 7 までなら最初から図 8-2 に対応する画面が現れる。図 8-2 の中央に位置するのがフォームである。フォームとはプログラムの画面上での表現体とでも呼ぶべきもので，そのプログラムをコンパイルして実行したときにデスクトップに現れるのはこのフォームである。

　図 8-2 の画面をデザイナ画面と呼ぶ。プログラマはデザイナ画面でフォームのデザインをする。たとえばフォームの大きさを変えたり，フォームに Windows アプリケーションのためのコンポーネントを付加するといった作業を，グラフィカルにマウスなどで行うのである。図 8-2 の右側のツールパレットにはアプリケーション作成に便利な数々の部品，つまりコンポーネントが並んでいる。よく使うコンポーネントは，テキストを表示する memo や edit，図を描くための PaintBox，実行を指定するボタン，タイマーなどである。これらのコンポーネントのいくつかをどう使うかは後に解説する。

　図 8-2 の「デザイナとコードの切り替えボタン」（Delphi 7 ではフォーム／ユニットの切り替えボタン）を押すと図 8-3 のように中央にプログラムのコードが現れる。画面中央がコードのエディタになっており，ここでソースコードを書きながらプログラムすることになる。

　プログラム 8-1（chap8_1）と同じ動作をするプログラムを Delphi で作成してみよう。まず，図 8-1 のコンソール画面を，テキスト文字を表示するためのメモ（memo）というコンポーネントで作ることを考えよう。そこで，図 8-2 のデザイナ画面でツールパレットの Standard に入っている Tmemo という項目をダブルクリックすると，memo コンポーネント

がフォームの上に現れる。これでフォームにメモが付いたことになる。このメモにはデフォールトでmemo1という名前が付いている。デザイナ画面でフォーム上のメモをマウスでポイントすると，画面左側のオブジェクトインスペクタでこのmemo1のプロパティ（属性）を指定ないし変更することができる。ここは単に，memo1に現れた 'memo1' という文字列を削除するだけにしておこう。オブジェクトインスペクタのプロパティの中にあるlinesをクリックすると「文字列リストエディタ」が表示される。そこに書いてある 'memo1' という文字列を削除すればよい。

次に，ツールパレットにあるTbuttonという項目を同じようにダブルクリックし，ボタン(button)を2つ，フォームに付けてみる。2つのボタンにはそれぞれ，デフォールトでbutton1, button2という名前が付いている。名前を取り替えることができるけれども，いまはそのままにしておこう。それぞれのボタンをマウスでポイントしてオブジェクトインスペクタのCaptionを，button1は 'Start'，button2は 'End' にしてみる。このプログラムの動作を，Startボタンをクリックすると作業が始まり，Endボタンをクリックするとプログラムが終了するようにデザインするためである。

ここでフォームにあるStartボタンをダブルクリックすると，画面が自動的にコード画面に切り替わり，Startボタンをクリックするという「イベント」（後述）が生じたときに行う作業を記述する手続きの行（procedure TForm1.Button1Click(Sender: TObject);）が現れる。その箇所にプログラム8-1のプログラムヘッダを除く部分に対応するコードを書けばよい。ただし書き込むコードは若干異なる。Delphiのメモへの表示は原則として文字列で行うからである。具体的には，後にみるプログラム8-3の30～32行の変数定義を書いてみる。xを整数型の変数，sを（半角で）10の文字を含み得る文字列の変数と定義するのである。その下のbeginとend;の行の間に，プログラム8-3の34～39行の6行を書いてみる。変数sに代入した文字列（数字を表す）をform1.memo1.lines.add(s)で表示する。このButton1Clickという手続きで，Startボタンを押したときのプログラムの作業内容が書けたことになる。次に「デザイナとコードの切り替えボタン」でデザイナ画面に戻り，Endボタンをダブルクリックしてみる。するとまたコード画面に切り替わり，同様にEndボタンをクリックしたときの動作を決める手続きの行が現れる。そのbeginとend;の行の間に，プログラムの終了を宣言するclose; という文を入れてみる。

これでchap8_1と同じ動作をするDelphiのプログラム(chap8_2)ができたのである。メニューの実行ボタンをクリックするとプログラムが実行され，今作ったフォームが画面に現れる（図8-4）。さらにStartボタンをクリックするとmemoの画面に計算結果が表示される。Endボタンをクリックするとプログラムは終了する。

ここまで読めば読者は，DelphiがWindowsアプリケーションを開発する言語であることを実感できたのではないかと思う。たとえば，Delphiにmemoやファイル入出力のコンポーネントを貼り付ければ，簡単なテキストエディタならすぐに作ることができる。ツールパレットでTMediaPlayerと表記されるコンポーネントを付ければ簡単なCDプレイヤーをすぐに作ることができる。そうしたアプリケーションの作り方はDelphiの参考書の中に見出すことができる。

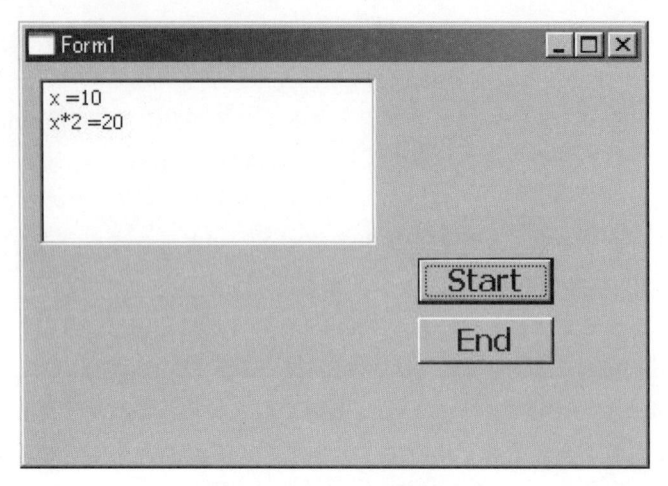

図8-4 chap09_2の実行結果

8.2. Delphiの基本特性

　この節ではDelphiがどのような特性をもっているかを簡単に説明しよう。なお，ここに述べるDelphiの特性はWindows用の言語であればほぼ共通に有するものであり，Delphiに固有という訳ではない。

8.2.1. 統合開発環境

　図8-2，8-3に見るようなグラフィカルなプログラミング環境を統合開発環境（IDE）と呼ぶ。統合開発環境のキーワードは2つである。第1はRad（Rapid Application Development），つまりアプリケーション開発の簡便性である。たとえばchap8_2程度の簡単なアプリケーションであっても，ボタンやメモを自前でプログラムしようとするとえらく面倒なことになる。統合開発環境はコンポーネントを貼り付けるなどの単純な操作で，この面倒な作業を代替しているのである。第2は2-Way Tool，つまりデザイナ画面の作業とコード画面の作業の連携である。8.1.3.でみたように，デザイナ画面で作業すればそれに対応するソースコードがある程度自動生成，自動変更される。つまりプログラマは，プログラムのソースコードのすべてを自分で書く必要はない。逆にソースコードの指定によってグラフィカルなフォームの形態を操作することもできる。

8.2.2. プロジェクトファイルとユニットファイル

　Delphiのプログラムは複数のファイルで構成されている。それぞれが異なった拡張子をもつ。ファイルが何個になるかはプログラムの条件やDelphiのヴァージョンによって異なるけれども，Delphi 8では10個前後のファイルで1つのプログラムが成り立っている。ファイルの数が多いのは，異なった種類の設定を別々のファイルに書き込んでいるからである。
　しかしファイルの多くは統合環境の中で自動生成されるため，プログラマが注意を向ける必要があるのはプロジェクトファイル（.dpr）とユニットファイル（.pas）の2つであり，プログラマが自分でソースコードを書くのは通常はユニットファイルだけである。なお最新ヴァージョンのDelphi 8の統合開発環境では，プロジェクトファイルは拡張子.bdsprojのフ

ァイル名で表示される。

プログラム 8-2 は上記の chap8_2 のプロジェクトファイル（chap8_2.dpr）のソースコードである（このリストでは見やすさのため，削除しても実行できる行は削除してある）。一見するとこのプロジェクトファイルは Pascal アプリケーションのメインプログラムであることがわかる。最初の行がプログラムヘッダであり，最後の 5 行がプログラムの実行部に当る。begin と end. の間のステートメントはアプリケーションの初期化・生成・実行を指示するメソッドである。ヘッダと実行部の間は宣言部に当り，アプリケーションで使用するユニットを宣言する uses 節などを含んでいる。この宣言部の中で，chap8_2a.pas のユニットファイルに収められたユニットを使うことを宣言している。

プログラム 8-2

```
 1  program chap8_2;
 2
 3  {%DelphiDotNetAssemblyCompiler'c:\borland\common files\borland
    shared\ bds\shared assemblies\2.0\Borland.Vcl.dll'}
 4
 5  uses
 6    System.Reflection,
 7    System.Runtime.CompilerServices,
 8    SysUtils,
 9    Forms,
10    chap8_2a in 'chap8_2a.pas' {Form1};
11
12  {$R*.res}
13
14  [STAThread]
15  begin
16    Application.Initialize;
17    Application.CreateForm(TForm1, Form1);
18    Application.Run;
19  end.
```

元来の Pascal プログラムでは，メインプログラムを含むすべてのソースコードを拡張子 .pas のファイルに収めていた。Delphi ではメインプログラムをプロジェクトファイルとして記述し，他の Pascal のソースコードのほとんどをユニットファイル（.pas）に収めている。

プロジェクトファイルとユニットファイルが分離していることは，1つのプロジェクトファイルが複数のユニットファイルを扱えることを意味している。ここではわかりやすさのために，1つのユニットファイルを使う場合だけを考えよう。なお，プロジェクトファイルは統合開発環境において自動生成されるため，プロジェクトファイルの中でソースコードを自分で書く必要はほとんどない。

プログラム 8-3 はユニットファイル（chap8_2a.pas）の中身である。プロジェクトファイルとユニットファイルは拡張子の前のファイル名を同一にできないため，拡張子の前のファイル名を少し違えてある。

プログラム 8-3

```
1   unit chap8_2a;
2
3   interface
4
5   uses
6     Windows,Messages,SysUtils,Variants,Classes,Graphics,Controls,Forms,
7     Dialogs,Borland.Vcl.StdCtrls,System.ComponentModel;
8
9   type
10    TForm1=class(TForm)
11      Memo1: TMemo;
12      Button1: TButton;
13      Button2: TButton;
14      procedure Button1Click(Sender: TObject);
15      procedure Button2Click(Sender: TObject);
16    private
17      {Private 宣言}
18    public
19      {Public 宣言}
20    end;
21
22  var
23    Form1: TForm1;
24
25  implementation
26
27  {$R*.nfm}
28
29  procedure TForm1.Button1Click(Sender: TObject);
30  var
31      x: integer;
32      s: string[10];
33  begin
34      x:=10;
35      s:='x='+IntToStr(x);
36      form1.memo1.lines.add(s);
37      x:=x*2;
38      s:='x*2='+IntToStr(x);
39      form1.memo1.lines.add(s)
40  end;
41
42  procedure TForm1.Button2Click(Sender: TObject);
43  begin
44      close
45  end;
46
47  end.
```

unitで始まる最初の行がユニットヘッダである（unit ユニット名;）。ユニット名はユニットファイル名の拡張子（.pas）の前の部分を表す。次のinterface（行3）からimplementation（行25）の前までをインターフェース部と呼ぶ。インターフェース部ではこのユニットで使う他のユニットや変数・定数，手続き・関数（の中身のではなくヘッダ）の宣言，などを行う。

まずusesから始まる3行は，このユニットで呼び出す他のユニットの指定である。どれだけのユニットを呼び出す必要があるかはプログラムの作業内容によるし，Delphiのヴァージョンによっても異なる。統合開発環境を使えばこのユニットの指定部分は自動的に生成され，プログラマが自分で書く必要はない。

type（行9），およびTForm1 = class（TForm）からend;（行20）の間で，このユニットで使うフォームのクラス（8.2.3.で説明する）を定義している。フォームに付加したMemo1とButton1，Button2もコード上はここで宣言される。行14，15のprocedureで始まる行14，15は，フォームにおいて定義される2つの手続きのヘッダの宣言である。インターフェース部で宣言するのは手続きのヘッダだけであり，手続きの具体的な内容は下の実現部で記述される。なお，「`private`」と「`public`」はこれらの指定の可視性を宣言するのに使うが，簡単のためにここでは無視しよう。

varで始まる行22，23はこのユニットの全域で利用する（つまりユニット内ではグローバルな）変数を定義している。ここではこのプログラムで用いるフォーム（Form1）を定義しただけである。フォーム自体もコードでは変数として扱われることに注意を要する。また，例えばこのユニット全域で有効なa = 10という定数を宣言するなら，この箇所に「`const a=10;`」という行を挿入すればよい。

implementation（行25）とend.（最終行）までを実現部と呼ぶ。最初にある{$R*.nfm}はコンパイラ指令である。このコンパイラ指令も自動的に生成されるものであり，ここではスキップしよう。このコンパイラ指令を除くと，実現部はインターフェース部でヘッダを宣言した2つの手続きから成り立っている。これらの手続きはTForm1というクラスのフォームにおいて定義されているため，実現部の手続き名には冒頭に「`TForm1.`」を付ける。ただし「`TForm1.`」の付いた手続きの内部で手続きを定義するときは，「`TForm1.`」は付けない。

このプログラム全体がどのように動くかは，実現部で記述した2つの手続きの中身で決まってくる。その中身については8.1.3.で述べた通りである。

8.2.3. オブジェクト指向

DelphiはObject Pascalであり，現在使われている多くの開発言語と同様に，オブジェクト指向を備えた言語である。しかしオブジェクト指向そのものは抽象的かつ難解な議論であり，またオブジェクト指向性をフルに使うとすると長い解説を要する。ここではプログラム8-3を説明するのに必要な事項に限定して解説しておこう。

大雑把にいえば，Delphiなどのオブジェクト指向言語ではプログラミング上の要素を「オブジェクト」と捉える。実体的にはオブジェクトはデータの集まりであるが，視覚的にはフォームやコンポーネントも一種のオブジェクト（ないしその視覚的な表現体）である。

このオブジェクトの構造を指定する情報がクラス（ないしオブジェクト型）である。クラ

スはフィールド，メソッド，プロパティなどを備えており，クラスから定義されるオブジェクトもフィールド，メソッド，プロパティを有している。フィールドとはそのクラスで定義したオブジェクトで使う変数などを指す。メソッドとはオブジェクトで使う手続きや関数である。プロパティとはフィールドやメソッドにアクセスするための，オブジェクトのもつさまざまな属性である。実際上は，プロパティはDelphiの中であらかじめ決められているクラス属性と思えばよい。CaptionやColorがプロパティの例であり，Delphiではオブジェクトインスペクタで視覚的に指定したりコードによって指定することができる。

　同じクラスで定義した複数のオブジェクトは同じ構造をもつことになる。たとえばプログラム8-3の行12，13ではButton1とButton2をTButtonという同じクラスで定義している。つまりこの2つのボタンは同じ構造をもつオブジェクトである。にもかかわらずこの2つは同じ実体ではない。両者はともにCaptionというプロパティをもつが，Button1のCaptionの中身は「Start」であり，Button2のCaptionは「End」である。ミケとタマが同じ猫でありながら別の猫であるのと同じである。

　typeで始まるプログラム8-3の行9〜20は，このプログラムで用いるフォーム＝オブジェクト（Form1）のクラス（TForm1）を定義する箇所である。この箇所ではまず，TForm1をTFormという「上位クラス」から派生させている。また，TForm1を1つのMemoと2つのButtonをもつものと定義する。さらに，ここでヘッダを宣言した2つの手続き（行14，15）がTForm1がもつメソッドである。TForm1というクラスのオブジェクトとしてForm1を宣言しているのが行22，23である。このプログラムの動作は，TForm1で定義したForm1を2つのメソッドを使うことによって決まることになる。

　Delphiでコードを書くときにも基本的な命令文がクラスの制約を受けていることを理解する必要がある。たとえば行36のform1.memo1.lines.addという手続きは（　）内の文字列をmemoに1行として追加する。この手続きはForm1に付けたMemo1というオブジェクトのlines（テキスト行）というプロパティで使えるaddというメソッドである。linesはさらにTStringというクラスで定義され，そのTStringがaddというメソッドをもっている。addのメソッドをもつプロパティを定義していないクラスのオブジェクトではaddのメソッドは使えない。同様に，たとえば何らかのオブジェクトで描画をするときにはそのオブジェクトのCanvasというプロパティを使い，Canvasで定義されたメソッド（たとえば線を引いたり円を描いたり）を使うことになる。

8.2.4. イベント駆動

　Delphiの特徴の1つはプログラムの動作がイベントによって開始される点である。イベントの最もわかりやすい例は，chap8_2で用いた，ボタンを「クリックする」（OnClick）というイベントである。

　標準Pascalに準拠したPascalの教本を読めば，プログラムはbeginとend.の行の間のメインプログラム内のステートメントを上から順に実行し，その間に出会う手続きや関数をその都度呼び出すように書かれているのが普通である。このようなプログラム書法をすることもむろんDelphiでは可能である。メインプログラムにあたるコードをユニットファイルのFormCreateという手続きに書けばよい。メインプログラムで呼び出す関数や手続きはFormCreate内部の関数，手続きとして定義すればよい。しかしDelphiでは原則として，何

らかのイベントによってそのイベントに対応する手続きが実行される。実はFormCreateという手続きも，フォームが作成されるというイベント（OnCreate）に対応した手続きである。

プログラム8-3では，Form1のメソッドとして定義したButton1ClickとButton2Clickの2つの手続きが書いてある。Startボタンをクリックすれば手続きButton1Clickが，EndボタンをクリックすればButton2Clickが実行されるのである。このようにあるイベントが生起したときに実行される手続きをイベントハンドラと呼ぶ。プログラム8-3にあるように，イベントハンドラには引数（パラメータ）として Senderを入れる必要がある。パラメータSenderは定められた上位クラス TObjectで定義され，何がイベントを受け取ったかを伝える情報を含んでいる。

むろんユニットファイルの実現部にはイベントハンドラ以外の手続きも書くことができる。具体例は次章のサンプルを参照して欲しい。

8.3. 文字列呈示のプログラム

それでは実験用のプログラムをDelphiで作ってみよう。ここでは第1章の最初に登場した，文字列呈示用のPowerPointファイル（char.ppt）と同じ動作をするプログラムを作ってみる。

8.3.1. プログラムのデザイン

char.pptは次のような動作をするものだった。画面全体を黒くして中央に「Enterキーを押すと実験が始まります」という文字列を表示する。次にEnterキーを押すと一定の時間間隔で凝視点（＋），刺激語（ミカンなど），空白（背景と同じ黒）が呈示される。最後に実験が終了したことを示す文字列を表示する。通常は，Escキーを押せばプログラムは終了する。

このchar.pptと同じ動作をするプログラムの作り方にはいくつの方法があるだろう。ここでは次の方針をとってみる。まず，画面全体を黒くするためには，プログラムを実行して表示されるフォームを画面より大きく表示して，フォームの色を黒く塗ればよい。プログラムを起動したときにこのフォームが画面に現れ，最初の指示の文字列をフォームに書くのである。次にEnterキーを押すと刺激語などの呈示が開始するように，「キーを押す」というイベントに対応したイベントハンドラ手続きをフォームで定義する。さらにタイマー（Timer）というDelphiのコンポーネントを使い，一定時間が経つというイベントで駆動する手続きで刺激語などを表示すればよいだろう。

8.3.2. Delphi プログラム

このデザインにしたがって作ったDelphiプログラムが付録CD-ROMに収録したchap8_3である。chap8_3は画面が1024×768であることを前提にしている。そのユニットファイルchap8_3a.pasの中身がプログラム8-4である。まずインタフェース部ではフォームのクラスを指定している。このフォームに付けるコンポーネントはTTimerをクラスとするTimer1というタイマーだけである。フォームのメソッドとしてOnKeyDown, Timer1Timer,

FormCreateの3つの手続きを用いる。

プログラム 8-4
```
 1  unit chap8_3a;
 2
 3  interface
 4
 5  uses
 6    Windows,Messages,SysUtils,Variants,Classes,Graphics,Controls,
 7    Forms, Dialogs, ExtCtrls;
 8
 9  type
10    TForm1 = class(TForm)
11      Timer1: TTimer;
12      procedure OnKeyDown(Sender: TObject; var Key: Word;
13        Shift: TShiftState);
14      procedure Timer1Timer(Sender: TObject);
15      procedure FormCreate(Sender: TObject);
16    private
17      { Private 宣言 }
18    public
19      { Public 宣言 }
20    end;
21
22    const
23      pre_order='121323123';//呈示刺激を指定する文字列
24  var
25      Form1      : TForm1;
26      iStep      : byte;//呈示のステップのカウンタ
27      iStm       : byte;//刺激語のカウンタ
28      n_present  : byte;//呈示する刺激語数
29
30  implementation
31
32  {$R*.dfm}
33
34  procedure TForm1.OnKeyDown(Sender: TObject; var Key: Word;
35    Shift: TShiftState);//キー入力で呼び出す手続き
36  begin
37      if  Key=VK_ESCAPE then close;{Escキーのとき}
38      if (Key=VK_RETURN) and (iStep=0) then{Enterキーのとき}
39      begin
40          timer1.enabled:=true;
41          Form1.Canvas.Rectangle(Left,Top,Width, Height);
42      end;
43  end;
44
```

```
45  procedure TForm1.Timer1Timer(Sender: TObject);//タイマーで呼び出す
    手続き
46    const
47        s_focus   : string[6] = '  ＋  ';//凝視点
48        s_blank   : string[6] = '      ';//空白
49        s_stimuli : array[1..3] of string[6] = ('リンゴ','ミカン','
          ブドウ');
50        s_ending  : array[1..2] of string[26]
51                  = ('    実験が終了しました','実験者の指示をお待ち下さい');
52    var
53         p_ord    : byte;//呈示手順のＩＤ
54         s_id     : byte;//刺激のＩＤ
55
56  begin
57        timer1.enabled:=false;
58        iStep:=iStep+1;//ステップカウンタの更新
59        if iStep mod 3=1 then iStm:=iStm+1;//刺激語カウンタの更新
60        p_ord:=(iStep-1) mod 3;
61        if iStm <= n_present then begin
62           s_id :=StrToInt(copy(pre_order,iStm,1));
63           with Canvas do begin
64              Rectangle(0,0,Width,Height);
65              case p_ord of
66                0: TextOut(350,300,s_blank);
67                1: TextOut(350,300,s_focus);
68                2: TextOut(350,300,s_stimuli[s_id]);
69              end; {of case}
70           end;{of with Canvas }
71        end; {of if iStm <=}
72        if iStm > n_present then
73           with Canvas do begin
74              if p_ord=1 then begin
75                 Rectangle(0,0,Width,Height);
76                 Font.Size:=28;
77                 TextOut(300,350,s_ending[1]);
78                 TextOut(300,450,s_ending[2]);
79              end
80              else
81                 TextOut(350,300,s_blank);
82           end;{of with Canvas }
83        if (iStm <= n_present) or (p_ord=0) then timer1.enabled:= true;
84  end;
85
86  procedure TForm1.FormCreate(Sender: TObject);//起動時に実行する手続き
87  begin
88      Left:=-5; Top:=-5;//フォームの左端の位置
89      Width:=1036; Height:=778;//フォームの縦横の大きさ
90      with Canvas do begin//Canvasの使用開始
```

```
 91            Brush.Color:=clBlack;//ブラシの色
 92            Rectangle(Left,Top,Width,Height);//矩形をブラシの色で塗る
 93            Pen.Color:=clWhite;//ペンの色
 94            Font.Size:=36; Font.Style:=[fsBold];//フォントのサイズとスタイル
 95            TextOut(100,350,'Enterキーを押すと実験が始まります');//文字列を表示
 96            Font.Size:=96;//フォントサイズの再定義
 97        end;
 98        iStep:=0; iStm := 0;//カウンタの初期設定
 99        n_present:=Length(pre_order);//文字列定数pre_orderの文字数
100        with timer1 do begin {タイマーの設定開始}
101            enabled:=false;//タイマーをオフにする
102            interval:=1200;//タイマーの呼び出し間隔をミリ秒で指定
103        end; {of with timer1}//タイマーの設定終了
104    end;
105
106 end.
```

　このプログラムを実行するとフォームの生成に対応するFormCreateの手続きが実行される。この手続きはまず，フォームを置く画面上の位置，大きさを指定する。Left, Top, Width, Lengthは何れもフォームのプロパティであり，これらはデザイナ画面のオブジェクトインスペクタでも指定することができる。たとえばLeftは正確にはForm1.Leftであるが，Form1内部の作業なのでForm1.を省略することができる。次にwith Canvas do begin（行90）とend;（行97）までで，フォームのCanvasプロパティを使ってフォームにおける描画を行う。ブラシの色を指定し，そのブラシの色（黒）でフォームを塗りつぶす（フォームいっぱいに黒い矩形を描く）。次にペンの色を白に指定し，フォントを設定して教示の文字列を表示し，後に使うフォントサイズを指定する。ここに登場する変数や手続きはCanvasのプロパティ，メソッドである。たとえばBrush.Colorは正確にはCanvas.Brush.Colorであるが，with Canvas doの内部での作業であるため，Canvas.を省略している。この手続きではさらに，初期値の設定を行い（行98, 99），タイマーをオフにしてタイマーの呼び出し間隔を1.2秒に設定して終わる。

　このFormCreateの実行が終わった段階では，画面は教示の文字を表示したまま静止している。ここでEnterキーを押すと，キーイベントが生じたことになり，手続きOnKeyDownが呼び出される。キーはEnterキーであり，iStepは初期設定のままのゼロであるから，タイマーがオンになり（行40），画面が再び塗りつぶされて（行41）文字は消える。なお，OnKeyDownはEnterなどの特殊なキーが押されたというイベントに反応する手続きである。通常の文字キーを押すときには手続きOnKeyDownPressを使う。

　1.2秒が経過するとタイマーイベントが生じる。そのときに呼び出されるのが手続きTimer1Timerである。この手続きの冒頭ではタイマーがオフになる（行57）。次にカウンタのiStepの値は1増える。呈示する刺激語を指定するiStmも，iStepが3つ増えるごとに1増えることになる。

　1つの刺激語の呈示は3つのステップからなっている。第1のステップで凝視点を表示し，第2ステップで刺激語を表示し，第3ステップで空白を表示する。この表示を指定するのが

0～2の値をとる p_ord である（行60）。刺激語のカウンタ iStm が呈示刺激を指定する文字列（pre_order）の範囲内であれば（行61のif文），i_ord の値に応じて，case文を用いて表示する文字列を選択する（行65 - 69）。呈示すべき刺激語を呈示し終えたとすれば（行72のif文），刺激呈示後の教示を画面に表示する（行77，78）。そして，次のステップがある限りはタイマーをオンに戻す（行83）。

　すべての刺激語を呈示し終えた段階では，画面は教示文を表示したまま静止している。この段階でもう一度 Enter キーを押しても，iStep はゼロより大きくなっているので，プログラムは何もしない。しかし Esc キーを押せば close が実行され（行37），プログラムが終了する。

8.3.3. デザイナ画面での操作

　chap8_3 を作るにあたっては，プログラム8-4のソースコードでは表記していない若干の操作をデザイナ画面のオブジェクトインスペクタで以下のように行っている。プログラム実行後に指定を変更しないオブジェクトのプロパティは，オブジェクトインスペクタで指定した方が便利である。

　まずフォーム Form1 のプロパティ BorderStyle を bsNone に指定した。フォームの最上部の Caption が表示される部分を消すためである。また，Windows のタスクバーの上にフォームを置くために，FormStyle を fsStayOnTop に指定している。さらにプロパティの Font で表示する文字のフォントを MSゴシック，文字の色を白に指定している。

　また，イベントハンドラの手続きを定義するときにはオブジェクトインスペクタのイベントのページを使うと便利である。イベントのページの OnCreate というイベントの項の右側のセルに FormCreate と入力すると，下に begin と end; の行を持つ手続きの表示（行86）がエディタの中に現れ，また TForm1 を定義する箇所にその手続きのヘッダが作成される（行15）。同様に OnKeyDown の手続きはイベントのページの OnKeyDown の右のセルに OnKeyDown と入力すればエディタの中に作成される。Timer コンポーネントをフォームに付けた後にタイマーをポイントし，オブジェクトインスペクタのイベントのページの OnTimer の右のセルに Timer1Timer と入力すれば，この手続き行がエディタに作成される。また，chap8_3 では手続き FormCreate の中で描画を行っているので，同様にフォームの OnPaint というイベントの右のセルで FormCreate を指定しておく必要がある。

8.4. 結　び

　本章では実験用プログラムとして chap8_3 を解説した。このプログラムは単純なプログラムであるけれど，拡張すればより機能の高いプログラムを Delphi で作ることはできる。

　まず chap8_3 では，呈示する文字列や呈示順序，呈示数などをソースファイルの中に書き込んでいた。むろん Delphi を起動すれば呈示する文字列や呈示順序などを変更することもできる。しかし文字列や呈示順序を書いた別のテキストファイルを読み込んで表示するようにできれば設定の変更には便利である。付録に付けた chap8_4 はそのようなプログラムである。

　また，社会心理学では短い文字列ではなく，センテンスを被験者に呈示して実験を行うこ

とも多い。錯誤相関(illusory correlation)の実験での刺激呈示はその例である。錯誤相関の典型的な実験では，2つの集団の成員についての行動事例（センテンス）を被験者に呈示する。付録に付けたchap8_5はこの錯誤相関の実験で使うことを想定したプログラムである。chap8_4と同様に，呈示する刺激文は別のテキストファイルから読み込むので，刺激文の変更をすることが容易である。

　本章では専ら，何らかの文字列を呈示するプログラムを例にしてきた。しかしDelphiは静止画像や動画，音声などを扱うこともできる。適切にプログラムすればネットワークを介した集団実験を制御するプログラムを開発することもできる。

　Delphiによるプログラミングに興味をもった読者は次の3つの事項を学習することが望ましい。第1は特定の言語を学ぶ以前の，プログラミング言語に共通する基本的なコンセプトの学習である。プログラミング言語の参考書は知らず識らずに一定の基礎知識があることを前提にしていることが多いからである。第2はPascalそのものの学習である。特定の言語ソフトの使い勝手は，Delphiを含め，OSやプラットフォームやソフトのヴァージョンによって変わることがある。しかしPascalそのものはある程度不変であり，アルゴリズムの学習にもPascalは適している。第3は表題にDelphiをうたったDelphiの参考書を参照することである。巻末の資料で適当と思える参考書を紹介しておく。

9 シミュレーション・プログラミングの実際

Delphiの応用

9.1. コンピュータシミュレーション

　この章ではDelphiを用いた計算モデルの作成を解説する。計算モデルの作動を実験することが計算機実験，つまりコンピュータシミュレーションである。

　シンボリックな体系で記述したモデルには大別して3つの種類がある。第1は自然言語で記述した言語モデル，第2は数理モデル，第3が計算機の言語で対象をモデル化した計算モデルである。その何れのモデルでも，モデルの帰結（予測）を導くこと，つまり思考実験としてのシミュレーションを行うことができる。しかし言語モデルは厳密さに難があり，数理モデルはモデル構築の柔軟性に欠ける面がある。計算モデルは数理モデルのような一般性のある結論は導けないものの，モデル構築の柔軟性によって効率的に帰結を導出することができる。計算モデルがさまざまな研究分野で導入され普及したのはそのためである。社会心理学においても，認知領域はもちろん，社会的影響，対人関係，集団過程，群集行動，社会的ジレンマなどの領域で計算モデルの適用例を多く見出すことができる。

　計算モデルによるシミュレーション（以下，シミュレーションと略する）のためには古くからシミュレーション専用の言語ないしソフトが開発されていた。現在のWindowsないしMacOSでは，Stella，EX・TD（Extend），VisSimなどが選択対象といえる。これらのソフトは一様にヴィジュアルなモデル構築を支援し，積分などの多様な計算モジュールや便利な結果表示のモジュールを備えている。その利便性や，自分でプログラムして誤りを犯すリスクを考えると，こうしたシミュレーションソフトを用いるのは有力な選択肢である。

　しかし，シミュレーション専用のソフトは，一定のパタンにあったモデル，たとえば力学系のモデルや待ち行列などを構築する利便性を達成している反面，他のパタンのモデルを構築するには不便なことがある。たとえば，マルチエージェント型のシミュレーションを行うのは別仕様のソフトが必要になってくる。また，ヴィジュアルなモデル構築はモデルが複雑になるとわかりやすいとはいえない。

　Delphiなどの汎用の開発言語で計算モデルを構築する利点と欠点は専用のソフトを使う場合の逆である。プログラマは白紙の状態から計算手順を考え，ソースコードを書かなければならない。しかし他方で，モデル構築の自由度と柔軟性を得ることができるし，原則としてどのようなタイプのモデルにも対応できる。ある程度定まった計算の手法については既存のライブラリを利用することで対処できるだろう。

この章では社会心理学における計算モデルの実例を示しながら，Delphi でどのように計算モデルを作れるかを解説してみる。何を取り上げるかについては次の基準を設定した。第1は実際の研究論文で使われた，したがってある程度は社会心理学的に意味のあるモデルの再現プログラムを用いる，という点である。第2は，プログラムがこの本で説明できる程度に単純なことである。以下で取り上げる2つの例は，全体のソースコードは長くみえても本質的な計算の部分はきわめて短く，解説を要する計算手法を使う訳でもない。

9.2. 内集団の多様性認知——Linville らの計算モデル

9.2.1. モデルの背景

はじめに「内集団の多様性認知」を説明する Linville, Fischer & Salovey (1989) のモデルを取り上げる。このモデルは単純でありながら，記憶依存型の認知の要点をよく押さえている。

人が内集団と外集団に異なった認知をもつことはよく知られている。まず人は，外集団成員より内集団成員を好意的に認知する（ingroup favoritism）。また，人は外集団成員より内集団成員を多様であると認知する傾向がしばしば報告されている。ここで取り上げる現象は後者，つまり内集団の多様性認知という効果である。

この効果の成立にはさまざまなルートが想定できる。第1に，社会的アイデンティティ理論のように，一定の動機づけによって人は内集団をより多様と認知するかも知れない。「多様性」は望ましい特性と解釈される可能性もある。黒い羊効果のように内集団の望ましくない成員をより悪く（もしくは望ましくない成員の比率をより多く）認知するなら，内集団は結果としてより多様に認知されるかもしれない（逆に黒い羊効果自体が内集団成員の多様性認知の結果であるかもしれない）。第2に，人は内集団成員との相互作用を予期しやすいために内集団成員を外集団成員より綿密に情報処理し，その結果，内集団成員をより多様と認知するかもしれない。第3に，外集団には予めステレオタイプが定着している場合が多く，外集団成員の認知が stereotype-driven である可能性もあるだろう。

しかし Linville らは上記のような要因によらずとも内集団成員が外集団成員より多様と認知される，と考えた。内集団は外集団より熟知度（familiarity）が高い，つまり接触するイグゼンプラ（成員事例）の数において内集団が外集団より高い。この熟知度の差が多様性認知の差となると考える。

内集団のイグゼンプラには多く接するので内集団をより多様に認知する，とは，言葉でいえばその通りのような気もする。しかしこの結論は論理的にどのように導けるのか？

9.2.2. Linville らのモデル

Linville らがそのモデルで仮定するのは単純化したイグゼンプラ（exemplar）の記憶依存型の認知である。観察する行動事例（イグゼンプラ）は集団所属（行為者が内集団成員か外集団成員か）と1次元の属性の値をもっていると仮定する。属性には1から7までの値（水準）がある。属性の値は集団所属にかかわらず同じ確率分布で生じる。イグゼンプラの集団所属と属性は誤りなく認知されるとしよう。

観察者は1期間で一定数のイグゼンプラに順次接し，確率的にそのイグゼンプラを長期記

憶に移すと考える。接したイグゼンプラが長期記憶に貯蔵される確率（*PLearn*）は0.5であるが，極端な属性値（1か7）の場合は記憶の確率が上がる（*PLearn* = 0.9）。ただしイグゼンプラの記憶には確率的に忘却が生じる（*PForget* = 0.1）。観察者が内集団や外集団に対する判断を形成するときには，集団所属の値（C_i）をプローブ（probe）として長期記憶内を検索する。プローブに合うイグゼンプラは確率的に（*PRetrieve* = 0.75）再生されるが，極端な属性値（1か7）のイグゼンプラでは再生の確率は高まる（*PRetrieve* = 0.95）。プローブに合わないイグゼンプラの再生確率はゼロである。再生されたイグゼンプラは活性化の強度を持つ。

観察者が認識する対象集団の属性値の分布は，再生したイグゼンプラの強度の和に比例すると考える。A_jをある属性値とし，$SAS(C_i, A_j)$を集団カテゴリC_iで再生した属性値がA_jのイグゼンプラの活性化強度の総和とすれば，C_iでA_jの属性値をもつ成員の比率は次の$P(A_j/C_i)$で決まる。

$$P(A_j/C_i) = \frac{SAS(C_i, A_j)}{\sum_{k=1}^{m} SAS(C_i, A_j)}$$

ただし活性化の強度はすべてのイグゼンプラで1.0と仮定するので，$P(A_j/C_i)$は再生したイグゼンプラの中でA_jの値をもつものの比率と等しくなる。

9.2.3. フォームのデザイン

上記のモデルをDelphiでコード化しプログラムしたのがp_group1である。付録のCD-ROMに収録したp_group1.exeという実行ファイルをクリックして起動すると，デスクトッ

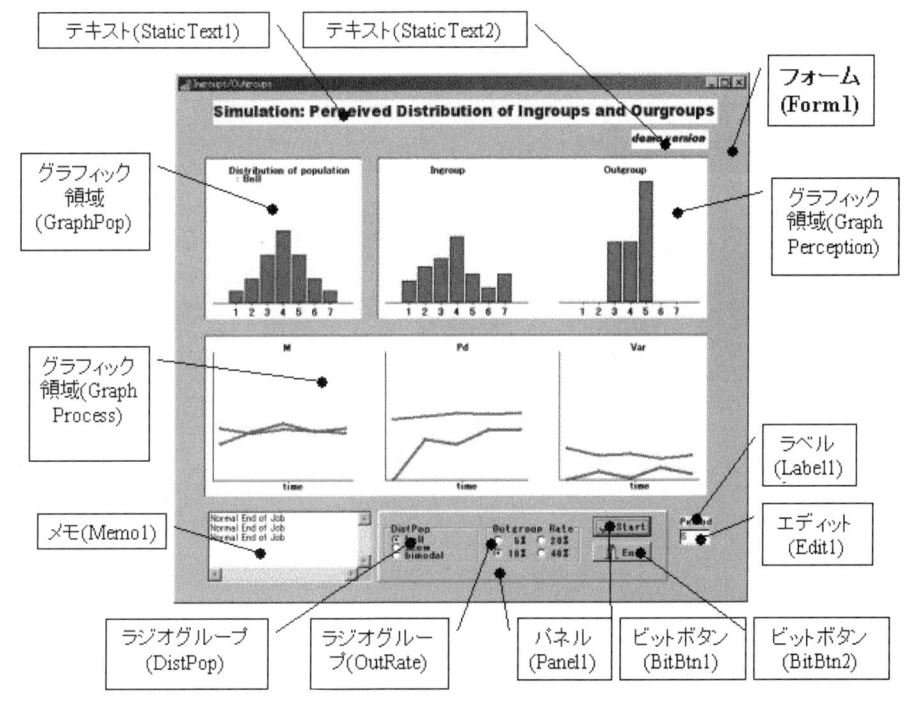

図9-1　p_group1のフォーム

プに図9-1のようなウィンドウが現れる．図9-1はこのプログラムのフォームを表す．

シミュレーションのプログラムで重要なのはその結果ないし経過をいかに視覚的に表示するかである．計算だけをして後で解析するという方法もある．しかしシミュレーションの経過を表示することでコードの誤りを見つけられることもあるし，現象に関する新たな発見もある．p_group1ではフォームに3つの描画（グラフィック）領域のコンポーネント（クラスはTPaintBox）を使っている．GraphPopというグラフィック領域は属性の母集団分布を表示する．ラジオグループDistPopで別の分布を選択すればGraphPopの表示も変化する．GraphPerceptionは，内集団と外集団のそれぞれに対する分布知覚を，GraphProcessはシミュレートした多様性指標の時間的経過を表示する．

9.2.4. ユニットファイルのデザイン

p_group1のユニットファイルの中身は付録のCD-ROMに収録したファイルの中のp_group1a.pasである．ここで全体を出すには長いので，プログラム9-1にこのユニットファイルの中身を，フォームのクラスTForm1の宣言部を中心に載せている．プログラム9-1からこのユニットファイルのデザインがわかる．まず行7～19にこのフォームに付けたコンポーネントが現れる．このフォーム内の手続きは行20～27の8つ，そのうち作業の流れを制御するのはFormCreate，BitBtn1Click，BitBtn2Clickの3つのイベントハンドラである．まずプログラムが実行されると同時にFormCreateが実行される．この手続きは図9-1の画面を設定するだけである．Startボタン（BitBtn1）がクリックされるとBitBtn1Clickが呼び出される．この手続きはRunSimulationを呼び出し，1回のシミュレーションを実行する．Endボタン（BitBtn2）がクリックされるとBitBtn2Clickが呼び出され，プログラムを終了する．その他のDrawGraphPop，ClearGraphPerception，ClearGraphProcess，DistPopClickは描画の手続きであり，計算の本質にはかかわらない．

プログラム 9-1

```
 1  unit p_group1a;
 2
 3  interface
 4  ……途中省略……
 5  type
 6    TForm1=class(TForm)
 7      StaticText1: TStaticText;
 8      StaticText2: TStaticText;
 9      GraphPop: TPaintBox;
10      GraphPerception: TPaintBox;
11      GraphProcess: TPaintBox;
12      Memo1: TMemo;
13      Panel1: TPanel;
14      BitBtn1: TBitBtn;
15      BitBtn2: TBitBtn;
16      DistPop: TRadioGroup;
17      OutRate: TRadioGroup;
18      Label1: TLabel;
```

```
19        Edit1: TEdit;
20        procedure DrawGraphPop(id:byte);//GraphPopを描く
21        procedure ClearGraphPerception;//枠だけのGraphPerceptionを描く
22        procedure ClearGraphProcess;//枠だけのGraphProcessを描く
23        procedure FormCreate(Sender:TObject);//起動時の作業指定：起動時画面の
          描画
24        procedure RunSimulation;//シミュレーションプログラム
25        procedure BitBtn1Click(Sender:TObject);//'Start'ボタン（シミュレー
          ション1試行実行）
26        procedure BitBtn2Click(Sender:TObject);//'End'ボタン（プログラムの終了）
27        procedure DistPopClick(Sender:TObject);//RadioButtonのDispPopク
          リック時の作業
28  ……途中省略……
29     end;
30
31     const
32         PopSize     : array[1..2] of integer=(200, 200);//GraphPopの縦横幅
33  ……途中省略……
34     var
35         Form1       : TForm1;
36
37  implementation
38  ……実現部を省略……
39  end.
```

9.2.5. シミュレーション手続き

このモデルの本質的な部分は手続き RunSimulation である。そこで RunSimulation がどのようにできているかをみてみよう。

1）変数・定数・型の宣言

プログラム9-2は RunSimulation 冒頭の変数，定数，型の宣言部分のコードである。まず const 以下の3行で，シミュレートする期間（Nperiods）と1期で観察者が出会うイグゼンプラの数（Nencounters）を宣言している。つまりこのプログラムは，5期間，計100個のイグゼンプラに出会う状況をシミュレートすることになる。

プログラム 9-2

```
1  procedure TForm1.RunSimulation;
2    const
3        Nperiods      = 5;
4        Nencounters   =20;
5    type
6        exemplar_type = record
7                            group: byte;
8                            attribute: array[1..5] of byte;
9                            strength: real;
```

```
10                          end;
11         memory_set    = set of 1..Nencounters;
12         index_type    =array[1..2,1..Nperiods] of real;
13         null_type     =array[1..2,1..Nperiods] of boolean;
14     var
15         exemplar      : array[1..Nencounters] of exemplar_type;
16         WorkingMemory : memory_set;
17         LongTermMemory: array[1..500] of exemplar_type;
18         OutgroupRate  : real;
19         NOutGroup     : byte;
20         LTMsize       : byte; {size of long term memory}
21         iperiod       : integer;
22         Pdistribution : array[1..2,1..7] of real;
23         index_M,index_Pd,index_Var: index_type;
24         ex_null       : null_type;
```

次のtype以下の行では変数の型を定義している。イグゼンプラの型をレコード型として定義する。イグゼンプラは集団所属（group），属性（attribute），活性化強度（strength）という要素をもつ。groupとattributeはbyte型（0から255までの整数）であり，strengthは実数型（real）である。これらの要素をexemplar_typeというレコードとしてまとめている（attributeは配列で定義され，5つの要素をもつが，このシミュレーションでは1番目の要素しか使わない）。var以下の変数の宣言部では，exemplarという変数（一期で出会うイグゼンプラ）をexemplar_typeをもつデータの配列として宣言している。つまり，Nencounters（=20）個のexemplarがすべて，group, attribute, strengthの要素をもつのである。また，長期記憶を表す変数LongTermMemoryもこのexemplar_typeとして定義している。

memory_setはプログラムの途中で登場するWorkingMemoryの型であり，1からNencountersまでの整数を要素とする集合（集合型）として定義する。変数宣言部（var以下）でWorkingMemoryという変数をmemory_setで定義している。

index_typeはシミュレーションの結果を表す指標（変数のindex_M, Index_Pd, index_Var）の型として定義しており，実数の2次元配列となっている。なお，index_Mは属性値の集団ごとの平均，index_Pdとindex_Varは属性値のバラツキの指標である。index_Pd[i, j]はi番目の集団（i=1なら内集団，i=2なら外集団）のj期のPd指標の値である。指標変数の型宣言をするのは，指標の変化をGraphProcessに描画する際に指標変数をパラメータ（引数）とするのに便利なためである。

null_typeは論理型(boolean)の配列として定義している。null_typeで定義する変数はex_nullと手続きdraw_indexの変数nullであり，同様にex_nullをパラメータとして使う便宜のためにここで型宣言をしている。

2）計算手順

手続きRunSimulationの末尾のbeginからend;に至るまでのメインプログラム部分がプログラム9-3である。プログラム9-3の中で呼び出される手続きはこのメインプログラムの前で記述されている。

プログラム 9-3

```
 1  begin
 2      initialize;
 3      repeat
 4          initialize_period;
 5          generate_exemplar;
 6          Learning;
 7          forgetting;
 8          add_to_LongTermMemory;
 9          retrieval_perception;
10          indices;
11          graphs;
12          slowdown;
13      until iperiod=Nperiods;
14      finale;
15  end; {of RunSimulation}
```

まず，このRunSilulationは手続きinitializeで計算の初期設定を行う。乱数の宣言であるrandomizeもinitializeに入っている。initializeの次のrepeatからuntil iperiod = Nperiods; までがループをなし，このループは期間の数だけ，つまり現在の期間を表す変数iperiodの値がNperiodsになるまで，繰り返される。

9.2.2.のモデルをコード化しているのがこのループ内の諸手続きである。はじめに手続きinitialize_periodでその期間における初期設定を行う。次の手続きgenerate_exempLarは，その期間に観察者が接するイグゼンプラを発生させる。手続きLearningでは長期記憶への貯蔵が，手続きforgettingで忘却が生じる。手続きadd_to_LongTermMemoryは忘却分を勘案した長期記憶の調整を行う。手続きretrieval_perceptionではその期間での再生，および再生に基づく属性値分布の認知を行う。次に手続きindicesで結果指標の計算をし，手続きgraphsで結果指標をグラフに描画する。手続きslowdownは時間稼ぎの手続きであり，シミュレーションの過程を可視的にするためにプログラムの実行を遅らせる働きをしている（時間稼ぎが必要なのはデモ用のプログラムだけである）。

以下ではこのrepeat……untilのループ内の主な手続きを解説しておこう。

3）イグゼンプラの発生

手続きgenerate_exemplarの作業はイグゼンプラを作ってgroup，attribute，strengthの値を代入するだけである。この手続きのソースについては付録CD-ROMにあるp_group1a.pasをご覧いただきたい。1期に生じるイグゼンプラ数はNemcounters（＝20）と決まっている。そのうちの外集団成員の比率（OutGroupRate），および20のうちの外集団事例の数（Noutgroup）がinitializeで決まる。さらにイグゼンプラの何番目を外集団事例にするかも乱数で決める。しかる後，Nencountersの数だけイグゼンプラを発生させ，exemplar変数に値を代入する。イグゼンプラのattributeの値はユニットファイル全域で定義された確率分布の定数PLevelから一様乱数を用いて求める。groupの値はここまでで決まっており，

strengthにはすべて1.0を代入する。

4）記　憶

　Learning，forgetting，およびadd_to_LongTermMemoryの3つの手続き（プログラム9-4）によってイグゼンプラは長期記憶に格納される。まず，Linvilleらのアイディアには登場しないWorkingMemoryという集合型の変数を使う。WorkingMemoryはRunSimulationの変数宣言部で宣言された変数であり，RunSimulation内のどの手続きでも使うことができる。

```
プログラム9-4
 1  {***** Learning *****}
 2    procedure Learning;
 3      var
 4          i      : byte;
 5          PLearn : real;
 6      begin
 7          WorkingMemory := [];
 8          for i:=1 to Nencounters do begin
 9             if(exemplar[i].attribute[1]=1) or (exemplar[i].attribute[1]=7)
10             then PLearn:=0.9
11             else PLearn:=0.5;
12             if random <= PLearn then
13                WorkingMemory:=WorkingMemory+[i];
14          end; {of i loop}
15      end; {of Learning}
16
17  {***** forgetting *****}
18    procedure forgetting;
19      const
20          PForget =0.1;
21      var
22          i   : byte;
23      begin
24          for i:= 1 to Nencounters do
25             if(i in WorkingMemory) and (random <= PForget) then
26                WorkingMemory:=WorkingMemory-[i];
27      end; {of forgetting}
28
29  {***** add exemplars to LongTermMemory *****}
30    procedure add_to_LongTermMemory;
31      var
32          i   : byte;
33      begin
34          for i:=1 to Nencounters do begin
35             if(i in WorkingMemory) then begin
36                LTMsize:=LTMsize+1;
37                LongTermMemory[LTMsize]:=exemplar[i];
38             end; {of if}
```

```
    39              end; {of i loop}
    40         end; {of add_to_LongTermMemory}
```

　手続きLearningの冒頭でまず，WorkingMemoryを空にする。そして次にfor iのループで，接触したエグゼンプラ確率PLearnをいったんWorkingMemoryに格納する。

　手続きForgettingではそのWorkingMemoryに入っているイグゼンプラを，確率PForgetでWorkingMemoryから抜くのである。

　手続きadd_to_LongTermMemoryでは，WorkingMemoryにいったん格納され，かつ忘却を免れたイグゼンプラをLongTermMemory[LTMsize]として，つまり最初からの通し番号LTMsize番目の長期記憶要素として記憶する。LTMsizeとはそのときの長期記憶内のイグゼンプラ数である。注意すべきは，変数exemplarとLongTermMemoryとは同じ型（exemplar_type）で定義されていることである。そこで`LongTermMemory[LTMsize]:=exempLar[i];`とだけ指定すれば，exemplar[i]のもつgroup, attribute, strengthの値はそのままLongTermMemory[LTMsize]に代入される。

5）再生と属性分布知覚

　イグゼンプラの再生と集団の属性分布認知を手続きretrieval_perceptionで行う（プログラム9-5）。イグゼンプラの属性値が極端であるか否かによって再生確率（PRetrieve）を変え，長期記憶から再生されるイグゼンプラを決める。そして集団i，属性値jの活性化強度をSAS[i, j]に加算していく。このSAS[i, j]の値に比例して，集団iにおける属性値jのイグゼンプラの推定比率をPdistribution[i, j]に代入する。

プログラム 9-5
```
 1  {*****    retrieval & distribution perception     *****}
 2    procedure retrieval_perception;
 3      var
 4          i, j      : byte;
 5          PRetrieve: real;
 6          SAS       : array[1..2,1..7] of real;
 7          id1, id2 : byte;
 8          ss        : real;
 9      begin
10          for i:=1 to 2 do
11              for j:=1 to 7 do
12                  SAS[i,j]:=0.0;
13          for i:=1 to LTMsize do begin
14              if(LongTermMemory[i].attribute[1]=1)
15                or(LongTermMemory[i].attribute[1]=7)
16              then PRetrieve:=0.95
17              else PRetrieve:=0.75;
18              if random < PRetrieve then begin
19                  id1:=LongTermMemory[i].group;
20                  id2:=LongTermMemory[i].attribute[1];
```

```
21                        SAS[id1,id2]:=SAS[id1,id2]+LongTermMemory[i].strength;
22                    end; {of if random <}
23                end; {of i loop}
24                for i:=1 to 2 do begin
25                    ss:=0.0;
26                    for j:=1 to 7 do ss:=ss+SAS[i,j];
27                    if ss > 0.0 then
28                    begin
29                        for j:=1 to 7 do
30                            Pdistribution[i,j]:=SAS[i,j]/ss;
31                    end
32                    else
33                    begin
34                        for j:=1 to 7 do Pdistribution[i,j]:=0.0;
35                        ex_null[i,iperiod]:=true;
36                    end; {of if ss > 0.0}
37                end; {of i loop}
38          end; {of retrieval_perception}
```

問題は，SAS[i, j]の合計である変数 ss の値がゼロであることが生じ得ることである。特にもともとのイグゼンプラ数の少ない外集団について ss の値はゼロになりやすい。発生されるイグゼンプラ数が少ない上に，そのすべてが記憶されるとは限らず，記憶されたイグゼンプラが再生されるとも限らないからである。そこで if ss > 0.0 の else の begin……end;においてssがゼロのときの処理を施す。すなわち，論理型変数である ex_null[i, iperiod]に，集団iのssがiperiod期においてゼロであるときに真（true）を代入する。この ex_null の値はその後の計算結果の処理に用いる。このプログラムでは，手続き indices で計算した指標を手続き graphs で表示する際に利用する。また，計算試行を多数繰り返してその合計の結果を表示するプログラム（後述の p_group2）では，ss = 0.0 となったケースを指標の平均値の算出から除外するために用いる。

6）指標の計算

手続き indices では Linville らが用いた3つの指標を期間ごとに計算する。index_M[i, j]は集団iのj期における attiribute の値の平均値である。index_Pd と index_Var は観察者が知覚した属性値の分布の，集団・期間ごとのバラツキの指標である。index_Var は知覚した分布の分散にあたる。index_Pd が表す Pd は次の式で計算される。

$$P_d = 1 - \sum_{i=1}^{m} P_i^2$$

ただし P_i は知覚した分布における属性値の水準iの比率である。指標 P_d はエントロピと同様に，属性が名義尺度と考えた場合のバラツキの程度を表している。

9.2.6. シミュレーションの結果

p_group1を実行するとこのシミュレーションの1試行が画面に表示される。仮想の観察

者が知覚した内集団・外集団の分布はGraphPerceptionに描かれ，3つの指標の期間間の変化は線グラフとしてGraphProcessに描かれる。母集団の分布型を変化させたければ左側のDistPopのラジオグループで選択を行い，イグゼンプラにおける外集団成員の比率を変化させたければ右側のOutRateのラジオグループで選択を行えばよい。

　Linviulleらの論文が紹介するシミュレーション結果では，index_Mの平均値は内集団／外集団で差がなく，index_Pdとindex_Varの平均値は内集団で高い，つまりイグゼンプラの多い内集団で分布はバラついて認知される。p_group1はこのパタンの結果を出すこともあるけれど，試行によっては逸脱するパタンも示す。そこで読者は，このプログラムが本当にLinvilleらのモデルを再現しているのか，と疑問に思うかも知れない。

　そのために用意したのが付録のCD-ROMに収録したp_group2というプログラムである。このプログラムはp_group1に若干の手を加え，1000試行を行ってその指標の平均値をGraphProcessに表示するようにしてある。Linvilleらが描く通りの結果であることを確認できるはずである。

9.3. 組織における男性支配——Martellらの計算モデル

　前節では内集団の多様性認知という，個人心理のメカニズムのモデルを扱った。次により「社会的」な計算モデルの例を取り上げよう。

9.3.1. モデルの背景

　世の中にはジェンダーステレオタイプがある。sexismといってもよい。このステレオタイプは多くの場合，女性にとって不利に働く。たとえば，同じ成功を収めたとしても行為者が男性であればその成功の原因が本人の能力にあると認知されるのに対し，女性であれば運や課題の容易さに成功が帰属されやすい，といった結果が報告されている。世の中での成功が能力本位の評価に基づくとしても，こうしたステレオタイプの存在は女性の社会進出を阻む効果をもつと考えられる。

　しかしこのステレオタイプの効果をどう評価するかについては1つの議論があり得るだろう。確かに女性へのバイアスは有意な効果として析出されるとしても，過去の研究で評価に男女差が及ぼす効果は評価の分散の1～5％を説明するにすぎない。つまり女性の不利益は意外と小さい。そこで，女性の不利な立場は認めるとしてもその是正のために社会的費用の大きな措置，たとえば女性を優遇するアファーマティヴアクションの採用をすべきかどうかには，疑問がある，といった議論である。

　こうした議論に反論し，Martellらはある単純なシミュレーションによって「小さなバイアスが女性を大きく傷つける」と結論づけるのである。

9.3.2. Martellらのモデル

　Martellらは次のようなモデルを考えた。まず8つの階層レベルのある組織を仮定する。階層レベルは下から上に行くにしたがって成員規模が大きくなるピラミッド構造になる。最下層レベルは500人，最上層レベルは10人からなっている。この組織に成員が配置される。成員は性別と業績を示すスコアをもつ。スコアは平均50，標準偏差10の正規乱数で決まる。

ただし男性成員はバイアスによって業績を過大に評価され，スコアの分散の一定比率を説明する分のボーナススコアを加算される。

　この組織で次の過程が生じると仮定する。時間は離散的な期間（period）として進行する。まず初期状態では各階層レベルに，スコアとは関係なしに男女が同数ずつ配置されている。1期間のうちに15％の成員が，階層とはかかわりなくランダムに退職する。その結果生じた空席に，1つ下のレベルの成員から，スコアの高い順に着任させる。一番下のレベルでは外部から新規に成員を雇用する（新たな成員を発生させる）。このモデルでは，昇進はレベルを追って生じ，中間レベルを通り越して新人がトップに抜擢されることはない。しかし最下層レベルで「入社」した非常に優秀な新人は，最短で8期間後にはトップに着任することができる。

　以上の前提の下でシミュレーションを行えば，組織は初期状態からどのように変化するであろうか？　昇進はスコアに基づくので，上位レベルでスコアが高くなることは明らかである。また，男性はボーナススコア分が有利であるので，組織の上位で男性が多くなるもの確実である。問題はこの「小さなバイアス」で男性支配がどの程度，どのような様態で生じるか，という点である。

9.3.3. フォームのデザイン

　付録のCD-ROMに収録したfeminist.exeというプログラムをクリックすると図9-2のようにフォームが画面に現れる。配置したコンポーネントはこの画面から視覚的に確認できる。テキスト，グラフィック領域，メモ，パネル，ラジオグループ，ビットボタン，エディット，ラベルを使った点はp_group1と同じである。異なるのは，新たにボタン（TButton型），スクロールバー（TScrollBar型），そしてこの画面には現れないタイマー（TTimer型）のコンポーネントを配置したことである。

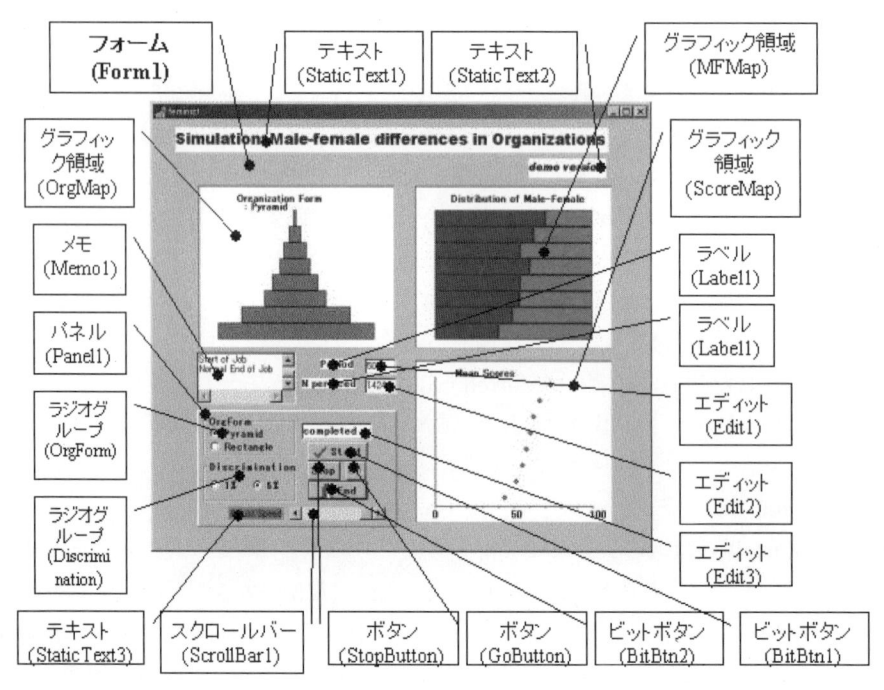

図9-2　feministのフォーム

グラフィック領域では，まず左上のOrgMapで組織構造を表示する。組織の各レベルでの男女比率は右上のMFMapで横バーで示す。右下のScoreMapにおいて各レベル成員の平均スコアを表示している。

feministがp_group1と異なる点の1つは，シミュレーションの途中で実行を停止できるようにした点である。シミュレーションのデモを提示しながら途中で解説を入れるような場合を考慮している。Stopボタンは，Startボタンをクリックして開始したプログラムの実行を中断させるのに用いる。Stopボタンで中断させた実行はGoボタンをクリックすると再開する。

ラジオグループOrgFormでは組織構造をMartellらと同じPyramidにするか，あるいはどのレベルも同じ規模の矩形型（Rectangle）にするかを選ぶことができる。この選択はその場でOrgMapの表示に反映される。ラジオグループのDiscriminationでは，スコア分散における男女差の説明分（つまりボーナススコアの大きさ）を5％にするか1％にするかを選択できる。またスクロールバーによりシミュレーションの進行速度を変えることができる。

9.3.4. ユニットファイルのデザイン

feministのユニットファイルの中身は付録のCD-ROMに収録したファイルの中のfeminista.pasである。プログラム9-6にその全体の構造だけを取り出して表示している。行7〜27にこのフォームに付けたTimer以下の21個のコンポーネントを記している。行28〜42に，このフォーム内で使う1つの関数と14の手続きのヘッダが書いてある。

プログラム 9-6

```
 1  unit feminist4a;
 2
 3  interface
 4  ……途中省略……
 5  type
 6    TForm1 = class(TForm)
 7      Timer1: TTimer;
 8      StaticText1: TStaticText;
 9      StaticText2: TStaticText;
10      StaticText3: TStaticText;
11      OrgMap       : TPaintBox;
12      MFMap        : TPaintBox;
13      ScoreMap     : TPaintBox;
14      Memo1        : TMemo;
15      Panel1       : TPanel;
16      BitBtn1      : TBitBtn;
17      BitBtn2      : TBitBtn;
18      StopButton   : TButton;
19      GoButton     : TButton;
20      Discrimination: TRadioGroup;
21      OrgForm      : TRadioGroup;
22      Edit1        : TEdit;
23      Label1       : TLabel;
```

```
24        Edit2      : TEdit;
25        Label2     : TLabel;
26        Edit3      : TEdit;
27        ScrollBar1 : TScrollBar;
28        function   normal(m, s: real): real;//正規乱数の発生
29        procedure reordering(tLevel: byte);//組織成員の並べ換え
30        procedure DrawOrgMap;//OrgMapの描画
31        procedure DrawMFMap(initial: boolean);//MFMapの描画
32        procedure ClearScoreMap;//枠だけのScoreMapの描画
33        procedure InitialScreen(Sender: TObject);//初期画面の設定
34        procedure FormCreate(Sender: TObject);//起動時の処理
35        procedure initialize;//シミュレーション条件の初期化
36        procedure SimOnePeriod;//1期間のシミュレーション
37        procedure BitBtn1Click(Sender: TObject);//Startボタンのクリック時処理
38        procedure BitBtn2Click(Sender: TObject);//Endボタンのクリック時処理
39        procedure StopButtonClick(Sender: TObject);//Stopボタンのクリック時処理
40        procedure GoButtonClick(Sender: TObject);//Goボタンのクリック時処理
41        procedure OrgFormClick(Sender: TObject);//ラジオグループOrgForm
          クリック時の処理
42        procedure timer1timer(Sender: TObject);//タイマーイベント呼び出し
43   ……途中省略……
44   end;
45
46   const
47        OrgMapSize   : array[1..2] of integer=(250,200);
48        MFMapSize    : array[1..2] of integer=(250,200);
49        ScoreMapSize : array[1..2] of integer=(250,200);
50        Nincumbents  = 1424;
51        Nlevels      = 8;
52   type
53        incumbent_type = record
54                              id      : integer;
55                              employed: boolean;
56                              female  : boolean;
57                              score   : real;
58                              Level   : byte;
59                         end;
60        organization_type= array[1..Nlevels] of integer;
61   const
62        SizeOfLevel  : array[0..1] of organization_type
63                     =((500,350,200,150,100,74,40,10),
64                       (178,178,178,178,178,178,178,178));
65   var
66        Form1        : TForm1;
67        LevelSize    : organization_type;
68        incumbent    : array[1..Nincumbents] of incumbent_type;
69        Nfemale      : array[1..Nlevels] of integer;
70        MeanScore    : array[1..Nlevels] of real;
```

```
71          replaced        : boolean;
72          iperiod         : integer;
73          MFdif           : real;
74          global_id       : integer;
75          ScoreX          : array[1..2,1..Nlevels] of integer;
76
77  implementation
78  ……実現部を省略……
79  end.
```

　関数 normal は正規乱数（期待値 m，標準偏差 s の正規分布に従う乱数）を与える関数である。あらかじめ組み込まれている乱数 random は0から1までの値をとる一様乱数を与える関数であり，その random から正規乱数を作る。特定の確率分布に従う乱数を一様乱数から作るアルゴリズムはいろんなアルゴリズムの解説書で記述されている。

　feminist を実行させるとフォームが作られ，手続き FormCreate が実行される。FormCreate は Go ボタンを無効にし，タイマーの呼び出し間隔を50ミリ秒に設定しつつタイマーをオフにする。そして手続き InitialScreen を呼び出して初期画面を作成する。ここで「Start ボタンをクリックする」というイベントをユーザが起こすと手続き BitBtn1Click が呼び出される。このとき，タイマーを初めて有効にし，逆に Stop ボタン以外のボタンは無効にする。さらにシミュレーション条件の初期化（たとえば組織人員の初期配置の決定）を手続き initialize で実行する。BitBtn1Click がするのはこれだけであるが，タイマーを有効にしたので，指定した間隔の時間が経過すると手続き timer1timer が実行される。timer1timer は手続き SimOnePeriod を呼び出す。この SimOnePeriod は1期間だけのシミュレーションを行う。さらに時間間隔が経過すると SimOnePeriod で次の1期間のシミュレーションを実行する。このようにして複数期間にわたるシミュレーションを実行していくのである。

　Start ボタンをクリックして複数期間の1試行のシミュレーションが終了したら，もう一度 Start ボタンを押せば二度目のシミュレーションが実行され，End ボタンを押せばプログラムが終了する。しかし開始したシミュレーションを途中で止めたければ Stop ボタンを押せばよい。プログラムは「Stop ボタンをクリックした」というイベントを受け取り，現在実行中の SimOnePeriod が終了した時点で手続き StopButtonClick に移る。StopButtonClick ではまずタイマーを無効にし，有効にすべきボタンを有効にする。タイマーは無効になっているから，SimOnePeriod は呼び出されず，シミュレーションは止まったままである。この状態で Go ボタンを押すと再びタイマーが有効に設定されるから，中断した状態から SimOnePeriod を再開することになる。

　feminist ではシミュレーションの作業は SimOnePeriod 以外に，手続き initialize などに分散している。しかもある時点で実行して得た SimOnePeriod 内部の変数の値を次に実行する SimOnePeriod に受け継がせる必要がある。そのため，シミュレーションで使う変数・定数の一部をユニットファイルの冒頭で定義してユニットファイル全域で有効にしている（行46〜75）。配列の定数の OrgMapSize，MFMapSize，ScoreMapSize はそれぞれのグラフィック領域の縦横の大きさであり，Nincumbents は組織の成員数，Nlevels は組織階層のレベル数である。ピラミッド型／矩形型での各レベルの人員数は定数 SizeOfLevel が与える。

変数の型を定義する type において，組織成員をレコード型の incumbent_type で定義している。組織成員は5つの変数の値のセットである。id には成員の発生順の一連番号が割り当てられる。emplyed は，組織に在職していれば真（true）である。女性であれば female が真となる。score には正規乱数で決めた実数値のスコア値（男性の場合はボーナススコアをプラスする）が入る。level はその成員が属する階層レベルである。type の下の変数定義部（var）では，成員を表す変数 incumbent を incumbent_type の配列として定義している。incumbent の中に格納されているデータは，組織に現在属している成員のデータである。

9.3.5. シミュレーションの手続き

シミュレーションの主要な計算は手続き SimOnePeriod の中にある。この手続きのメインプログラムが SimOnePeriod の末尾の begin ～ end; である（プログラム 9-7）。

```
プログラム 9-7
 1  begin
 2      timer1.enabled:=false;
 3      initialize_period;//期間の初期化
 4      attrition;//組織成員の退職
 5      promotion;//昇進
 6      employment;//新規雇用
 7      indices;//指標の計算
 8      graphs;//期間データの描画
 9      slowdown;//時間稼ぎ
10      timer1.enabled:=true;
11      if replaced then finale;//シミュレーション終了処理
12  end; {of SimOnePeriod}
```

まず作業のため timer1.enabled := false; でタイマーを無効にし，手続き initialize_period で現在の期間番号を決める。次の手続き attrition では退職者を決める。作業としては確率 ProbQuit で現成員の employed に偽（false）を代入するだけである。

promotion の手続き（プログラム 9-8）において組織内の昇進を処理する。最上位から順にレベル2（下から2番目のレベル）までのレベルを取り出し，そのレベルの成員のデータ番号の範囲（istart から iend まで）を求める。次にその範囲のそれぞれの成員につき，もし空席（employed が偽）であれば下のレベルから昇進させる成員を検索する。成員は手続き reordering によって各レベル内でスコアの降順に並べ換えされているから，上から探して最初にいた空席でない成員をあてればよい。昇進させる成員のデータを空席の成員の変数に代入し，昇進した成員のもとの変数には手続き null_incumbent によって空席データを入れておく。もし組織内に選べる成員がいなくなれば（番号の Nincumbents を過ぎれば）検索を止め，空席はそのままにしておく。

```
プログラム 9-8
 1  procedure promotion;//昇進
 2      var
```

```
3            iLevel      : integer;
4            istart, iend: integer;
5            ip          : integer;
6            icandidate  : integer;
7            go_ahead    : boolean;
8
9        procedure null_incumbent(itarget: integer);
10         begin
11             with incumbent[itarget] do begin
12                 id:=0;
13                 employed:=false;
14                 score:=0.0;
15                 level:=0;
16             end;
17         end; { of null_incumbent }
18
19       begin
20            istart:=1;
21            for iLevel:=Nlevels downto 2 do begin
22                if ilevel < Nlevels then
23                    istart:=istart + LevelSize[iLevel+1];
24                iend   :=istart + LevelSize[iLevel] - 1;
25                icandidate:=iend;
26                for ip:=istart to iend do
27                if not incumbent[ip].employed then begin
28                    repeat
29                        go_ahead:=false;
30                        icandidate:=icandidate + 1;
31                        if icandidate > Nincumbents then go_ahead:=true
32                        else
33                            if incumbent[icandidate].employed then
                                go_ ahead: =true;
34                    until go_ahead;
35                    if icandidate <= Nincumbents then begin
36                        incumbent[icandidate].Level:=iLevel;
37                        incumbent[ip]:=incumbent[icandidate];
38                        null_incumbent(icandidate);
39                    end; {of if icandidate <= Nincumbents}
40                end; {of if not incumbent[ip].employed}
41            end; {of iLevel}
42       end; {of promotion}
```

組織の欠員を埋めるのが手続き employment である。新規の成員は無限母集団から無作為抽出する人員であるから，初期条件として成員を決めたのと同じ手続きで成員を発生させ，その値を決める。性別は男女確率半々で無作為に決めている。ピラミッド構造の組織の場合，この新規採用が生じるのは最下レベルにおいてだけである。ラジオグループ OrgForm で組織構造を矩形にすれば下の2レベルで新規採用が生じることになる。

本質的な計算はここまでである。後は手続きindicesでレベルごとの女性数（Nfemale）と平均スコア（MeanScore）を求め，手続きgraphsで画面に表示する。1期間のシミュレーション結果は次にSimOnePeriodを呼び出したときの出発点となり，順次シミュレーションが進行する。シミュレーションの終了条件はMartellらの原論文に従い，最初からいた成員がすべてその後に採用した成員に入れ替わることである。終了条件が充たされると論理型の終了判定変数 relpaced に手続き indices において真が代入され，手続き finale の実行となる。finaleではタイマーを無効にするので，SimOnePeriodは呼び出されなくなる。

9.3.6. シミュレーションの結果

feministはシミュレーションの1試行をデモンストレイトするプログラムである。したがって多数回の試行を行った集計結果のパタンから逸脱する結果を出すこともある。多数回の結果を出したければfeministを手直しし，たとえば条件ごとに100試行を繰り返すようにプログラムを書き換えればよい。そのように書き換えて計算結果を集計すれば次のようなパタンを見出すことができる。

組織がピラミッド構造の場合，まず第1に，レベルが上がるほど平均スコアは単調に高くなる。第2に，最下層レベルでは女性の比率が高く，レベルが上がるほど女性比率が低下する。Martellらにとって重要なのはむろん2番目の結果である。つまりわずかなバイアスが男性中心の権力関係を作るというのである。

しかし組織構造を矩形に指定したとき，確かに上位レベルでは平均スコアと男性比率は上昇するけれど，その他の点ではピラミッド構造の場合とは違ったパタンが生じる。つまり中間レベルで平均スコアが落ち込み，女性比率が高まる傾向が生じる。なぜこのような傾向が生じるかは練習問題として考えてみてほしい。

9.4. 結び

この章ではDelphiによる2つのシミュレーションプログラムを解説した。これらのプログラムは研究用としては単純なプログラムであり，解説を要するような計算手法も使っていない。たとえば認知系のシミュレーションであれば，今日の主流はニューラルネット風の考えを導入したモデルである。また，社会のシミュレーションであればマルチエージェント型のシミュレーションが多い。そして課題に応じて進化的計算手法を導入することもある。計算モデルの適用についてはそれぞれの分野での適用を解説した書籍・論文を参照してほしい。

しかしここでいいたいのは，耳障りの良い計算手法を導入するかどうかは本質的には重要でないことである。最も重要なのは，この章において配慮したように，背景となる問題が何であり，その問題の認識からいかなるアイディアやモデルを考えるか，という点である。それゆえ，シミュレーションを学ぶ上で最も重要なのは，第1に関心のある研究領域について高い理解を達成すること，第2に対象をモデル化する感覚を養うことであるといわねばならない。

引用文献

Linville, P.W., Fischer, G.W., & Salovey, P.（1989）Perceived distributions of characteristics of in-group and out-group members: Empirical evidence and a computer simulation. *Journal of Personality and Social Psychology*, **47**, 165-188.

Martell, R.F., Lane, D.M., & Emrich, C.（1996）Male-female differences: A computer simulation. *American Psychologist*, **51**, 157-158.

資 料

　本書の前半では，PowerPoint，Super Lab，Inquisitといったソフトウェアを用いた心理学実験の方法を紹介したが，実験用ソフトウェアは他にも多く開発・公開されている。また，実験用に開発されたハードウェアでは，一般にソフトウェアよりも精度の高い実験制御が可能である。ここでは，そうしたハードウェアや本書では取り上げられなかったソフトウェアをいくつか紹介する（資料1・資料2）。ここで紹介するソフトウェアは，いずれもMicrosoft DirectXを利用しているが，それぞれの制限等の詳細については各ソフトウェアのWebサイトやアーカイブ同梱のドキュメント等でご確認いただきたい。

　また，本書の後半では，JavaScript，HSP，Visual Basic，Delphiといった言語で心理学実験プログラムを開発する方法を紹介したが，いずれも当該の章を読んだだけでは十分でない。資料3として各章の執筆者による読書ガイドを示すので，是非参考にしていただきたい。

　さて，今日ではインターネット上で多くの有用情報が公開されており，それらを適切に利用することにより多くの技術的な問題の解決が可能となろう。そこで，資料4として第2，4，6章の執筆者によって選定されたWebサイトを紹介する。

　本書に関する情報は，以下のWebサイトに掲載されている。記述の正誤やソフトウェアのバージョンアップ等に関する最新情報については，そちらをご覧いただきたい。
　　　http://chatblanc.net/pcex/

資料1．ハードウェアの紹介

AVタキストスコープ

　国内で多く使用されている岩通アイセック社の最新シリーズはIS-703である。基本ユニットの他，外部機器とデジタル信号で同期を行うための中継ボックスなどが別売されている。実験プログラムは付属のソフトウェアTachionにより作成する。
　　　http://www.iw-isec.co.jp/tachisto.htm

VSG2/5

　Cambridge Research Systems社による視覚実験用PCIボード。処理はすべてボード上のチップによって制御されるため，パフォーマンスはパーソナル・コンピュータのスペックに依存しない。色やコントラストの分解能が高く，視知覚実験用ハードウェアとしても好適で

ある。

> http://www.crsltd.com/catalog/vsg25/

国内ではナモト貿易株式会社計測器事業部が取り扱っている。

> http://www.namoto.com/

資料2. ソフトウェアの紹介

E-Prime

Psychology Software Tools 社による PC/AT 互換機用ソフトウェア。Microsoft DirectX を利用しており，RAD（Rapid Application Development）環境で実験プログラムを開発することが可能である。細かな設定は E-Basic という Visual Basic for Applications に似たスクリプトで記述する。専用のレスポンス・ボックスやフットペダルが別売されている。

> http://www.pstnet.com/products/e-prime/

国内ではアイ・ビー・エス・ジャパン株式会社が取り扱っている。

> http://www.ibsjapan.com/EPRIME.htm

Psychophysics Toolbox

David Brainard 氏，Denis Pelli 氏，Allen Ingling 氏による視覚実験用ソフトウェア。Macintosh 版と Windows 版が無償で配布されているが，いずれも Matlab が必要である。Windows 版では Microsoft DirectX を利用している。

> http://www.psychtoolbox.org/

DMASTR（DisplayMaster）

アリゾナ大学（The University of Arizona）の K.I.Forster 氏と J.C.Forster 氏による PC/AT 互換機用ソフトウェア。語彙決定課題や RSVP 課題のような言語処理課題における反応時間の測定と分析のために設計された。Microsoft DirectX を使用しているが，無保証（as is）である。

Web ページでは，Pentium が搭載された Windows 95/98 上で動作するバージョンと，386 以上の CPU が搭載された DOS 上で動作するバージョンが無償で配布されている。

> http://www.u.arizona.edu/~kforster/dmastr/dmastr.htm

資料3. 読書ガイド

第4章

本章で扱われた HTML や JavaScript に関しては，書店で関連書籍を入手できる。最近のものは，図表が充実し，初心者にも理解できるようさまざまな工夫がされているので，好みのものを選ぶと良いだろう。(1) から (3) はその代表となる本である。心理学研究を行うにあたり参考となる本は，まだ少ないが，(4) の本がよく知られているので一度目を通すと良いだろう。

(1) 梅村信夫　2001　Webプログラミング〈1〉はじめてのHTML & JavaScript　翔泳社
(2) アンク　2002　HTMLタグ辞典　翔泳社
(3) ノマド・ワークス　1999　これ一冊でわかる!!HTML―やさしいホームページの作り方　新星出版社
(4) Birnbaum M.（Ed.）2000 Psychological experiments on the internet. SanDiego: Academic Press.

第5章

　具体的なプログラミングの方法を学習しながら，コンピュータの仕組みやプログラムの動作原理を学ぶことは非常に有用である。初学者にとっては（1）や（2）が助けとなろう。また，Windows上で動作するプログラムを開発するには，Windowsそのものについてもある程度の知識をもっている方がよい。最初の一冊としては（3）を勧めたい。
　なお，本書ではCによるプログラミングについては取り上げなかったが，これからCを学びたい方には（4）や（5）を勧めたい。（6）はCのバイブルとも呼ばれる名著であるが，初学者には難解であり，一通りCについて学んだ方に勧めたい。

(1) 矢沢久雄　2001　プログラムはなぜ動くのか：知っておきたいプログラミングの基礎知識　日経BP社
(2) 矢沢久雄　2003　コンピュータはなぜ動くのか：知っておきたいハードウェア＆ソフトウェアの基礎知識　日経BP社
(3) 天野 司　2002　Windowsはなぜ動くのか：知っておきたいアーキテクチャの基礎知識　日経BP社
(4) Oualline S.　1997　望月康司（監訳）　1998　C実践プログラミング　第3版　オライリー・ジャパン（Oualline, S.　1997　*Practical C Programming.* 3rd ed. O'Reilly & Associates.）
(5) 結城 浩　1998　改訂第2版　C言語プログラミングレッスン　入門編　ソフトバンク・パブリッシング
(6) カーニハン B.W.・リッチー D.M.　1988　石田晴久（訳）　1989　プログラミング言語C ANSI規格準拠　共立出版（Kernighan, B.W., & Ritchie, D.M.　1988　*The C Programming Language.* 2nd ed. Prentice Hall.）

第6章

　(1)～(3)はHSPの開発者らによる解説書である。(1)ではHSPプログラミングの実際が平易に解説されており，(2)は具体的なプログラミングの方法を読者の目的から逆引きできるよう構成されている。また，(3)ではゲーム・プログラミングに関するさまざまなテクニックが紹介されている。これらは，すべてCD-ROM付きである。(4)～(5)はプログラミング初学者向けの入門書，(6)は雑誌「TECHWin」での連載をまとめたムックである。(6)の付録CD-ROMには多くのサンプル・プログラムやプラグインなどが収録されている。

(1) おにたま・悠黒喧史・うすあじ　2004　最新HSP 2.61 Windows9x/NT/2000/XPプログラミング入門　秀和システム

(2) おにたま・悠黒喧史・うすあじ　2001　HSP 2.55 Windows95/98/2000/Me/XPスクリプトプログラミング逆引きテクニック　秀和システム
　(3) おにたま・悠黒喧史・うすあじ　2003　HSPゲームプログラミング・クックブック　秀和システム
　(4) うすあじ　2002　はじめてのHSP　工学社
　(5) 大槻雄一郎　2004　12歳からはじめるHSPわくわくゲームプログラミング教室　ラトルズ
　(6) おにたま　2004　無料ツールでゲームプログラミングHSP編　エンターブレイン

第7章

Visual Basic 6.0の入門書として，豊富な例とともに学習できる。
　(1) 玉川理英　1999　入門Visual Basic 6.0 for Windows　きんのくわがた社
　(2) エールシステムズ株式会社・いなば光太郎　2002　30分で納得　はじめてのVisual Basic　明日香出版社

Visual Basic.NETについて，やさしく書かれた入門書。さまざまなプログラム例が提示されている。
　(3) 瀬戸　遥　2004　Visual Basic.NETプログラミング基礎講座　ソシム株式会社
　(4) 池谷京子　2003　Visual Basic.NETではじめるWindowsプログラミング　ナツメ社

Visual Basic.NETのプログラムについて，段階を追って体系的に学びたい人にきちんと理解しやすい入門書
　(5) 横井与次郎　2002　VB.NETオブジェクト指向プログラミング入門　メディア・テック

少し応用的な技が多く取り上げられている。Windowsアプリケーション設計向きである。
　(6) Ｃ＆Ｒ研究所　2002　Visual Basic.NET　実践技＆上級技大全　ナツメ社

Visual Basicの本ではないが，これからのWindowsベースのサーバーとつないだインタラクションのあるプログラミングを目指していく人の導入として，将来性のある.NETリモーティングの学習のために。
　(7) 鄭立　2003　これからはじめる.NET Framework: .NETリモーティング編　秀和システム

第8章

　Delphiなどの言語を学ぶ以前に，現時点のプログラミング言語に共通のコンセプトを理解するのに適している参考書が，(3)，(6) である。Pascalに関する参考書には，たとえば (1) や (5) がある。(1) の方が読みやすい。しかし (5) はPascal提唱者自身による解説であり，(5) の中の表記はDelphiのマニュアルにも継承されている。
　Delphiそのものの参考書の選択にはいくつか問題がある。第1に，この原稿の執筆段階で

は，最新バージョンであるDelphi 8に準拠した参考書は見当たらない。かつて良い本があっても現在は対応するバージョンが古くなっていることがよくある。第2に，Delphiそのものの参考書はPascal部分の解説が希薄であるため，他の言語の経験のある人を除けば，Delphiの参考書だけで学習することは勧められない。第3に，Delphiの参考書にはコンポーネントなどの使い方の解説本が多く，記述に体系性がない。第4に，解説本によって重点に個性があるので，読者の要望によって勧めるべき本は異なる。

Delphiのテキストとして勧めるのが無難なのは（2），（4）である。（8）は大学のテキスト用に書いた分，薄いながら体系性のある良書である。Delphiの古いバージョンを前提にしているものの，この本の範囲では支障はない。解説本には，たとえば（7）がある。

ボーランド社のサイト（http://www.borland.co.jp/bookinfo/delphi.html）でDelphiの関連図書を掲示しており，参考になる。なお，筆者もホームページでDelphiの練習問題をダウンロードできるようにしている（http://homepage1.nifty.com/eiji_takagi/class/）。

(1) 古郡廷治　1989　Pascal入門　サイエンス社
(2) 服部 誠　2003　Borland Delphi 7 オフィシャルコースウェア 基礎編　アスキー
(3) 伊藤華子　2002　パソコンプログラミング入門以前（第2版）　毎日コミュニケーションズ
(4) 井上 勉　2003　Borland Delphi 7 オフィシャルコースウェア 応用編　アスキー
(5) イェンゼン, K., & ヴィルト, N.　1993　PASCAL（原著第4版）　培風館（Jensen, K. & Wirth, N.　1991　*PASACAL: User Manual and Report, 4th ed*. NY: Springer-Verlag.）
(6) 日経ソフトウェア（編）　2003　日経ソフトウェアのやさしいプログラミング教室　日経ＢＰ社
(7) 真田 薫　2003　はじめてのObject Pascal　秀和システム
(8) 山崎秀記　1999　Delphiによるプログラミング入門　培風館

第9章

社会心理学におけるシミュレーションの意義や適用例を解説しているのが（5）である。通領域的なシミュレーションの良いテキストは見当たらない。（2）は副題が『心と行動がわかる心理学シミュレーション』であり，まさにDelphiによってさまざまな心理学シミュレーションのプログラム例を紹介する好著である。シミュレーションために最も役立つのは基本的なアルゴリズムの学習である。（2）はPascalで書かれたアルゴリズム集であるが，現時点では（4）の方が入手しやすい。現在の社会科学におけるシミュレーションの志向を知るのによいのが（1）である。

(1) Epstein, J.M. & Axtell, R.　1999　人工社会：複雑系とマルチエージェント・シミュレーション　構造計画研究所（Epstein, J.M. & Axtell, R.　1996　*Growing Artificial Societies*. Washington, DC: Brookings Institution Press.）
(2) 岡本安晴　1999　Delphiでエンジョイプログラミング　CQ出版社
(3) 奥村晴彦　1987　コンピュータアルゴリズム事典　技術評論社
(4) 奥村晴彦　1991　C言語による最新アルゴリズム事典　技術評論社
(5) 高木英至　（近刊）　社会現象の計算機シミュレーション　竹村和久（編）　社会心理学の新しいかたち　誠信書房

心理学実験プログラミング

　これまでに出版された心理学実験プログラミングに関する書籍を以下に示す。BASICでのプログラミングを前提にしたものが多く，Windowsに対応したものはないが，掲載されているアルゴリズムの中にはWindows上でさまざまな実験を実現するための参考となるものも多い。

　(1) 阿部純一・舟川政美　1988　パーソナル・コンピュータによる心理学実験プログラミング　ブレーン出版
　(2) R. J. バード　1981　中谷和夫(監訳)　1985　心理学のためのコンピュータ入門　サイエンス社（Bird, R.J.　1981　*The computer in experimental psychology*. Academic Press.）
　(3) 市川伸一・矢部富美枝　1985　パーソナル・コンピュータによる心理学実験入門　ブレーン出版
　(4) 金子秀彬・吉田俊郎・伊田政司・森山哲美　1990　心理学に必要なコンピュータ技術　北樹出版
　(5) 野澤　晨　1986　パソコンBASIC心理学実験　東海大学出版会
　(6) 苧阪直行　1983　心理学ラボラトリ・コンピュータシリーズ2　コンピュータ・コミュニケーション　ナカニシヤ出版
　(7) 苧阪直行　1983　心理学ラボラトリ・コンピュータシリーズ3　コンピュータ・コントロール　ナカニシヤ出版
　(8) 吉村浩一・山上　暁　1983　心理学ラボラトリ・コンピュータシリーズ1　BASIC入門　ナカニシヤ出版

資料4.　インターネット上の情報

第2章

　SuperLab開発元のCedrusのサイトである。商品の発注はもちろん，SuperLabに関するさまざまなサポート情報を得ることができる。

　　　　http://www.cedrus.com/

第4章

　John H. Krantz, Ph.Dによって運営されているPsychological Research on the Netのサイト。たいへん充実しているサイトであり，ここで，現在行われている主流なインターネット研究を把握することができるだろう。

　　　　http://psych.hanover.edu/research/exponnet.html

　インターネット研究の作成支援ソフトが入手可能なサイトや研究支援を行っているのは以下のサイトである。

　　　　Formsite　　　　　　　http://www.formsite.com/
　　　　Ioxphere　　　　　　　http://www.ioxphere.com/surveys.asp
　　　　PsychData.net　　　　http://www.psychdata.net/

第6章

HSP の開発元である Onion Software の公式サイト：最新の正式版や β 版の配布が行われており，掲示板は非常に盛況である．関連サイトへのリンクも充実している．

　　　http://www.onionsoft.net/hsp/

Vector の HSP カテゴリ（Windows > プログラミング > Hot Soup Processor）
　　　http://www.vector.co.jp/vpack/filearea/win/prog/hsp/

HSP Users Group：Onion Software 公認のユーザ会の公式サイト．HSP ユーザによるさまざまな活動が行われている．

　　　http://garde.esprix.net/hsp-users/

HSP Mailing-List：Onion Software 公認のメーリングリスト．投稿される記事は，技術的な質問やそれらに対する回答が中心である．

　　　http://garde.esprix.net/hsp-ml/

索引

A
Append 123

B
buttonタグ 54

C
Canvas 138
Cedrus Corporation 9
CSV形式 98

D
Delphi 126
DirectX 78, 105

E
EX・TD（Extend） 141

F
for文 75

H
HTML 52

I
if〜else文 70
ifステートメント 119
if文 70
Inquisit 25

J
JavaScript 55

M
MCI 96

O
Object Pascal 133

P
Pascal 126

R
Rad 130
RGB 90

S
Select Case 122
Stella 141
SuperLab 9
switch文 71

T
2-Way Tool 130

V
value属性 54
VisSim 141
Visual Basic 109
VRAM 78

W
while文 75

あ
アルゴリズム 81
イグゼンプラ 142
一様乱数 155
イベント 10, 110, 134
　　　──駆動 134
インクリメント演算子 68
引数 61
インターネットによる研究 45
インタプリタ 77
インデント 62
インプット 14
エスケープ文字 99
エラー処理 86
演算子
　　　関係── 68
　　　算術── 67
　　　代入── 69
　　　デクリメント── 68
　　　論理── 69
オブジェクト 110, 133
　　　──指向 133
オフスクリーン・バッファ 107

か
階層 151
仮想画面 91
関数 76
キャプション 112
教示画面 31
繰り返し処理 72
黒い羊効果 142
計算モデル 141

語彙決定課題　26
コード　23, 110
　　──画面　128
　　終了──　97
　　制御──　99
コマンドボタン　112
コメント　62
コモンダイアログボックス　123
コンソールアプリケーション　126
コンパイラ　77
コンピュータシミュレーション　141
コンピュータ不安　49
コンポーネント　128

さ

錯誤相関（illusory correlation）　140
錯視　109
作成ステップ　10
サブルーチン　76
ジェンダーステレオタイプ（sexism）　151
時間制御　33
時間待ち　103
式の評価　86
刺激間隔（遅延時間）　22
システム変数　86
実行ファイル　87
出力ファイル　116
条件判断　70
常駐教示　29
真理値表　69
垂直帰線期間　78
垂直走査周波数　78
垂直同期信号　78
ステレオタイプ　151
ストループ　10
　　──課題　9
スライド　2
スライドショー　1
　　目的別──　4

正規乱数　155
潜在連合テスト　37
組織　151

た

ターゲット　26
態度の類似性　110
ダイナミックインタラクティブ　47
代入　63
タイマ　80, 156
多重ループ　74
多様性認知　142
チェックボックス　53
中間コード　77
注視点　21
長期記憶　143
ツールパレット　128
ツールボックス　112
定数　65
テキストボックス　109
デザイナ画面　128
デバッグ　86, 115
統合開発環境　130
トライアル　10
ドラッグ　113

な

内集団　142
二重送信　50

は

配列　65, 97
反応キー　11
反応時間パラダイム　44
ピクチャーボックス　111
評価　151
ビルト　115
フィードバック　20
フィールド　134
フォーム　52, 110, 133
　　──ファイル　115

プライミング　26
プライム　26
フラグ　83
プラグイン　88
フル・スクリーン　93
フレーム　33
フローチャート　81
プローブ　143
プロシージャ　110
プロジェクトエクスプローラー　112
プロジェクトファイル　115, 130
ブロック　10
プロパティ　110, 134
変数　63
　　──の型　64, 85
　　──のデータ型　116

ま

待ち時間　22
マルチ・ステートメント　62
マルチエージェント　141
マルチタスク　79
マルチメディア・タイマ　80
ミュラー＝リヤー　110
無限ループ　74
命令　61
メソッド　134

や

ユニットファイル　130
予約語　64

ら

ラジオボタン（オプションボタン）　53, 109
ラベル　112
乱数　82, 155
リフレッシュレート　33
リンキングステップ　10

著者略歴

坂本正浩（さかもと・まさひろ）
帝京大学文学部非常勤講師
日本橋学館大学人文経営学部非常勤講師
聖徳大学児童学部非常勤講師
第1章・第5章・第6章・資料

及川昌典（おいかわ・まさのり）
日本学術振興会特別研究員（東洋大学）
第2章・第4章

大江朋子（おおえ・ともこ）
清泉女学院大学人間学部講師
第3章

北村英哉（きたむら・ひでや）
東洋大学社会学部教授
はしがき・第7章

高木英至（たかぎ・えいじ）
埼玉大学教養学部教授
第8章・第9章

パーソナル・コンピュータによる心理学実験入門：
誰でもすぐにできるコンピュータ実験

2004年　9月20日　初版第1刷発行
2008年　10月20日　初版第2刷発行

定価はカヴァーに表示してあります

編　者　北村英哉
　　　　坂本正浩
出版者　中西健夫
出版社　株式会社ナカニシヤ出版
　　　　〒606-8161　京都市左京区一乗寺木ノ本町15番地
　　　　　　　　　Telephone　075-723-0111
　　　　　　　　　Facsimile　075-723-0095
　　　　　　Website　http://www.nakanishiya.co.jp/
　　　　　　Email　iihon-ippai@nakanishiya.co.jp
　　　　　　郵便振替　01030-0-13128

装丁・白沢　正／印刷製本・ファインワークス
Printed in Japan.
Copyright © 2004 by H. Kitamura & M. Sakamoto
ISBN978-4-88848-886-0